GOVERNMENTAL ACCOUNTING

국가 · 지방자치단체

정부회계

윤재원 · 조형태 · 이계형 · 황선필

신영사

머리말

국민의 인간다운 생활을 위해 국가와 지방자치단체는 공공서비스를 제공한다. 그리고 그 공공서비스는 세대가 바뀌어도 지속가능해야 하며, 공공서비스의 총량은 안정적으로 유지되거나 증대되어야 한다. 따라서 공공서비스의 재원을 운용하는 정부 재정활동은 효율적이고 성과지향적으로 그리고 투명하게 이루어져야 한다. 그리고 정부회계는 그 재정활동의 내용과 성과에 관한 유용한 정보를 생산 및 제공하는 데 도움이 되어야 한다.

정부회계가 2007년에 지방자치단체 수준에서, 그리고 2009년에는 국가(중앙정부) 수준에서 발생주의·복식부기 회계시스템을 도입한 이후로, 2012년부터 공인회계사 객관식 회계학 과목에 정부회계가 포함되었으며, 공무원임용 분야에 회계직이 신설되는 등 나름의 자리를 잡았고, 공무원 연금개혁 등을 포함하여 어느 정도의 성과도 보였다. 또한 최근에는 중앙정부 수준에서 현금흐름표를 작성하도록 하여 민간에서 적용되고 있는 발생주의·복식부기 회계시스템을 보다 확장하고 있는 상황이다. 그러함에도 불구하고, 정부회계 정보의 유용성 증대 등 정부회계의 역할을 제고해야 한다는 주장은 계속 제기되고 있다.

본서는 이러한 정부회계에 관한 기초 지식을 제공함과 동시에, 실무 적용을 위한 기초 역량 함양을 목표로 하여 집필되었다. 대학에서 회계학·행정학 등을 전공하는 학생들의 교과서로 활용되고, 재정·회계 분야 종사자에게 표준적 참고 자료로 이용되고자 하였다. 이에 따라 국가회계와 지방자치단체회계를 통합적으로 다루되, 각 제도의 법적 근거, 회계기준 체계, 회계처리 방법, 재무제표 작성 및 분석 방법을 설명하였다. 아울러 결산절차와 재정정보공시제도 등을 포함하여, 학습자가 정부회계의 이론과 실제를 균형 있게 이해하도록 구성하였다. 또한, 2024년에 대폭 개정된 정부회계제도 내용을 반영하였다.

본서는 정부회계의 발생주의·복식부기 시스템 도입에 1세대 역할을 하셨던 김경호 교수님, 전중열 교수님, 김혁 교수님의 저서(복식부기 정부회계)를 계승한 책이다. 이 자리를 빌려 이 책을 쓰도록 허락해 주신 교수님들께 감사말씀을 드린다. 또한, 2024년 정부회계 개정사항에 대해 여러 가지 자료 제공과 조언을 해주신 한국조세재정연구원 국가회계재정통계센터의 진태호 팀장님께도 감사의 말씀을 전한다. 앞으로 우리나라 정부회계제도를 학생, 공무원 및 일반 국민들에게 널리 알리고 정부회계제도의 발전에 일조할 수 있도록, 계속적으로 본서의 내용을 보완하는 데 최선을 다할 것이다.

2025년 8월

저자 일동

차 례

제 I 부 정부회계의 의의

CHAPTER 1

발생주의 정부회계의 이해

CHAPTER 2

예산의 개념과 예산회계

제 Ⅱ 부 국가회계

CHAPTER 3

국가회계의 법령체계와 범위

CHAPTER 4

재정상태표

CHAPTER 5

재정운영표

CHAPTER 6

순자산변동표, 현금흐름표 및 국세징수활동표

CHAPTER 7

국고금회계와 기금회계

CHAPTER 8

국가회계결산 및 예산회계연계

제 Ⅲ 부 지방자치단체회계

CHAPTER 11

재정운영표

CHAPTER 12

순자산변동표

CHAPTER 13

지방자치단체회계결산 및 예산회계연계

PART I

정부회계의 의의

chapter 1

발생주의 정부회계의 이해

제1절 정부회계의 의의

1. 정부회계의 개념과 특징

(1) 정부회계의 개념

일반적으로 회계(accounting)는 회계실체(accounting entity)의 경제적 사건을 측정하고 기록하여 그 결과를 보고함으로써 정보이용자들이 적절한 의사결정을 할 수 있도록 하는 시스템 또는 제도로서 이해되고 있다. 회계는 역사적으로 정보이용자들의 정보요구에 따라 발전해 왔다. 초창기에는 회계담당자의 수탁책임(stewardship)을 위한 회계가 발전했으나, 현재는 자본시장의 발달과 함께 투자 및 신용 의사결정에 유용한 회계정보(useful information)의 제공이라는 목적을 위해서 회계가 발전하고 있다.

정부회계(governmental accounting)는 중앙정부나 지방자치단체와 같은 정부조직의 재정활동에 대한 회계를 말한다. 정부조직의 재정활동은 국방, 치안, 교육과 같은 서비스를 제공하기 위해서 조세를 부과하거나 채권 등을 발행하여 재원을 조달하고 재화나 용역을 취득 및 사용하는 활동을 말한다. 정부가 제공하는 서비스를 일컬어 공공재(public goods and services)라고 하며, 공공재의 제공은 사적재(private goods and services)와는 달리 국민 각자가 부담하는 조세와 제공받는 서비스 사이에 직접적인 관련이 없다는 특징이 있다.

재정은 국민의 대표기관인 의회의 심의를 받은 예산에 의해서 집행되고 있으며, 예산과 결산을 위주로 하는 정부회계는 현금주의에 의해서 이루어져 왔다. 최근에는 우리나라를 위시하여 세계의 많은 국가에서 현금주의회계의 문제점을 개선하기 위한 발생주의회계의 도입을 중심으로 하여 정부회계 개혁을 추진하고 있다.

(2) 정부회계의 특징

1) 비영리회계

정부회계가 기업회계와 다른 근본적 이유는 정부조직은 민간기업과 달리 영리추구를 목적으로 하지 않고 공공서비스를 제공한다는 조직의 목적 또는 속성을 들 수 있다. 정부회계는 정부가 본래의 목적인 공공서비스 제공을 얼마나 잘 수행했는지에 대한 정보를 제공하게 되며, 기업회계와 같이 일정기간에 얼마나 이익을 얻었는지를 보여주는 것이 아니라는 차이점이 있다. 정부회계는 기업회계처럼 수익이 비용보다 많은 순이익을 보인다고 해서 정부의 기능을 잘 수행하였다고 할 수 없다는 점을 유의해야 한다. 순이익을 내기 위해서 정부가 서비스기능을 축소하는 경우 정부가 제대로 활동을 했다고 할 수 없기 때문이다. 이런 면에서 정부회계보고서상의 재무적 정보가 정부활동을 충분히 전달하지 못할 수도 있음을 감안해야 한다. 따라서 정부활동을 평가하는 경우에 비재무적 정보를 참조해야 하며, 업무수행평가(performance evaluation)가 민간기업보다 매우 어렵다는 문제점이 있다. 예를 들어 정부회계의 수익은 민간기업과 같이 재화나 용역 시장에서의 수요를 나타내는 것이 아니라는 점을 고려해야 한다.

2) 예산회계

정부는 민간기업과 달리 시장에 의해서가 아니라 예산에 의해서 활동범위가 정해진다. 정부회계에서 예산은 매우 큰 영향력을 갖고 있다. 예산은 정부가 제공할 서비스수준에 따라 지출규모를 확정하고 지출을 충당할 수 있는 수입규모를 확정하는 방식으로 수립된다. 예산수입의 대부분은 조세로써 이루어지며, 조세는 법률에 의해서만 부과되고 예산은 국민의 대표기관인 국회에서 심의되고 의결되도록 하여 정부활동 규모를 통제하고 있다.

정부활동이 예산에 의해서 통제되기 때문에 정부회계는 현금의 수입과 지출에 대해 엄격한 관리와 기록을 하는 특징과 함께, 민간기업의 재무제표보다는 예산을 중심으로 하는 예산결산보고서가 재무보고의 주된 관심이 되어 왔다.

3) 법령에 의한 관리 및 제약

정부의 서비스는 공권력에 의해 집행되기 때문에 법령에 의해서 강한 통제를 받는다. 정부서비스를 위한 지출은 예산에 의해서 통제되며 예산은 국가재정법에 따라서 운영되고 있다. 만일 예산에 없는 활동이 필요할 경우 임의로 지출할 수 없으며, 반드시 추가경정예산을 수립하여 의회의 동의를 얻은 후에야 집행할 수 있다. 이는 국민의 대표기관이 행정부 활동을 견제하고 감시하기 위한 제도이다. 그러나 이러한 통제로 인하여 민간기업에 비해서 업무의 효율성이 낮아지는 문제점을 안고 있다. 또한 예산의 집행에 따른 기록이나 절차는 법령의 규정에 따라서 이루어져야 하며 정부조직의 회계보고책임이 정부회계의 주요 목적이 된다.

4) 다수의 회계실체

정부조직은 서로 다른 목적을 가진 조직들에 의해서 서비스를 제공하는 경우가 많기 때문에 미국을 위시한 여러 나라에서는 특정목적으로 설정된 각각의 펀드를 회계실체로 보아 펀드회계를 발전시키고 있다. 각 펀드는 펀드제공자가 원하는 방식에 의해 각각의 서비스를 제공하며 그 용도로 자금을 사용하기 때문에 자원의 유입과 유출을 기록하고 보고하는 체계를 갖추게 된 것이다. 미국의 경우 정부활동을 위한 정부형 펀드, 사업활동을 위한 사업형 펀드, 수탁자금을 위한 수탁형 펀드회계를 유지하고 있다. 우리나라 역시 예산 및 결산을 일반회계와 특별회계 및 기금으로 분류하여 다수의 회계실체에 따르는 별도의 회계처리 방식을 유지하고 있다.

5) 소유권 개념의 부재

정부는 민간기업과 달리 소유권 개념을 적용할 수 없다. 민간기업의 주인인 주주는 기업을 팔거나 해산할 수 있지만 정부의 주인인 국민은 정부를 팔거나 해산할 수 없다. 이러한 성격으로 인해서, 기업회계에서 사용하는 자산에서 부채를 차감한 자본의 개념을 정부회계에서는 사용할 수 없다는 특징이 있다. 소유권 개념의 부재로 인하여 정부회계는 민간기업의 주주입장에서 중요시되는 시장가격이 별로 중요하지 않게 되고, 정부회계의 목적에 적합한 가치를 반영해야 한다는 회계상의 문제점이 발생한다.

2. 정부회계의 목적

정부회계의 목적은 정부회계보고서를 이용하는 정보이용자의 의사결정에 적합한 회계정보 및 정부조직의 수탁책임에 대한 정보를 제공하는 것으로 정의할 수 있다. 미국의 정부회계기준위원회(GASB : Governmental Accounting Standards Board)는 정부회계보고서의 가장 중요한 목적으로서 회계보고책임을 들고 있다.[1] 이는 기업회계의 가장 중요한 목적이 투자자나 채권자의 의사결정에 유용한 정보의 제공이라는 점과 비교해 볼 때 정부회계의 특징이 무엇인지를 잘 알게 해준다. 정부회계의 목적은 이외에도 재정상태에 대한 정보제공, 재무성과에 대한 정보제공 및 정책결정을 위한 정보제공과 같은 여러 가지 목적을 갖는다.

(1) 회계보고책임

회계가 발전하게 된 근본적인 이유 중 하나는 소유주가 자기 재산을 다른 사람에게 맡긴 후 자기 재산을 어떻게 관리하였는가에 대한 결과를 알고 싶어하는 필요성과 함께, 재산의 관리를 맡은 자가 자신이 재산관리를 성실하게 수행했다는 수탁책임(stewardship)을 보고하는 관계로부터 찾을 수 있다. 이같이 재산의 관리를 위탁받은 경영자나 정부의 조직이 수탁책임을 회계정보로써 보고하는 것을 회계보고책임(accountability)이라고 하며, 정부회계의 가장 중요한 목적이라고 할 수 있다.

정부회계에 있어서 납세자나 국민의 대표기관인 의회는 정부가 정당하고 효율적으로 자원을 사용하여 서비스를 잘 수행하였는지에 대한 정보를 회계보

---

1) GASB Concepts Statement No.1, “Objectives of Financial Reporting”(1987).

고서에서 얻게 되며, 지방자치단체는 회계보고서를 작성하여 보고함으로써 회계보고책임을 완수하는 것이다. 이 같은 회계보고책임 목적은 대리인 관계(agent model)에 있어서 수탁인의 업무수행을 위탁인이 감시하고 평가하는 정보를 제공하는 기능을 갖는 것이며, 수탁인의 모럴해저드(moral hazard) 문제를 해결하는 수단으로서의 역할을 담당하는 것이다. 즉 지방자치단체가 법규에 정해진 대로 업무수행을 잘하였는지, 세금을 낭비하거나 부정을 행하지는 않았는지, 실제 집행결과가 예산에 잘 따랐는지 등을 검토하게 함으로써 정부가 모럴해저드를 행하지 않도록 하는 것이다.

회계보고책임에는 다음의 세부목적이 포함된다.

① 예산의 적합성 및 법규준수 : 이는 정부가 자원을 조달하고 지출한 내용이 예산에 따라서 적법하게 이루어졌는지를 회계보고서로 나타내어야 한다는 것이다. 또한, 예산 이외에도 수수료징수 등이 법규나 계약의 내용과 합치되는지를 밝혀야 한다는 것이다.

② 기간간의 형평성(interperiod equity) : 이는 회계보고서가 한 해의 세입이 그해의 서비스제공을 위한 지출을 감당하기에 충분한지에 대한 정보를 포함해야 한다는 것이다. 또한, 금년에 납세자가 제공받은 서비스의 원가가 장래의 납세자에게 떠넘겨졌는지에 대한 정보도 보고해야 한다는 것이다.

③ 서비스원가 및 성과측정자료 : 이는 정부가 제공한 서비스의 원가가 얼마이며 각 부서가 업무를 얼마나 효율적으로 수행했는지를 판단할 수 있는 정보를 제공하는 것을 말한다. 이러한 정보는 정부의 업무수행에 대한 성과를 경제성, 능률성 및 효과성으로 평가할 수 있도록 하며, 장래의 투표를 위한 결정이나 자금제공결정 등에 이용된다.

④ 관리통제정보 : 이는 정부가 맡고 있는 자산이 부정이나 낭비 없이 관리되고 있으며, 정부회계가 국가재정법이나 국가회계기준에 따라서 적절하게 이루어지고 있는지 등 재정활동의 관리통제에 관한 정보를 제공하는 것을 말한다.

(2) 재정상태 및 재무건전성의 정보제공

정부회계는 정부의 재정상태가 어떻게 되어 있으며 행정서비스를 제공하는 데 있어서 어려움이 없는지, 그리고 앞으로의 자금지출에 있어서 충분한 자금이 확보되어 있는지 등의 정보를 제공하는 기능을 갖고 있다. 이는 민간기업의 회계보고서가 재무상태와 함께 유동성 및 현금창출능력을 알 수 있도록 하는 기능과 같은 목적이다. 재정상태와 재무건전성의 정보는 다음과 같은 세부목적을 포함한다.

① 재무상태에 관한 세부정보 : 정부회계보고서는 정부가 보유하는 자산 및 부채에 관해서 세부적으로 종류나 금액에 관한 정보를 제공해야 한다. 여기에는 재무적 자원뿐 아니라 고정설비시설과 같이 장래에 사용될 수 있는 경제적 자원의 정보도 포함시켜야 한다.

② 재무건전성에 관한 정보 : 회계보고서는 정부의 재무건전성을 평가할 수 있는 정보를 제공해야 한다. 특히 앞으로의 부채상환능력을 평가할 수 있는 정보가 제공되어야 한다.

(3) 정부재정의 운영성과보고

정부회계는 정부의 서비스제공에 따른 운영성과를 보고하는 목적을 갖는다. 여기서는 지방자치단체의 재정운영으로 재정상태가 어떻게 변동되었는지에 대한 정보와 함께 지방자치단체의 서비스활동별 수입 및 지출(원가) 정보를 제공하는 세부목적을 포함한다.

① 자금의 조달(세입)과 사용(세출)에 대한 정보 : 정부회계보고서는 정부가 자금을 어떻게 조달하였는지 종류별로 그 원천을 밝히고, 자금의 사용을 활동별 또는 기능별로 보고해야 한다. 이 정보에는 서비스활동별 원가정보를 제공하는 것과 함께 조세수입 등 세입과 세출의 균형에 관한 정보 등을 포함한다.

② 재무건전성의 변동정보 : 한 해 동안의 재정활동 결과 순자산이 더 호전되었는지 아니면 악화되었는지 대한 정보를 제공한다.

(4) 계획수립 및 정책결정을 위한 정보제공

정부회계는 정부가 앞으로의 계획을 수립하거나 정책을 결정하는 데 필요한 재무적 정보를 제공하는 목적을 갖는다. 이러한 계획수립이나 정책결정에는 예산편성시의 조세수입과 관련된 정책결정, 사업투자규모나 사업투자안의 선택과 같은 사업계획수립, 수수료수준결정, 경제적 여건변동에 따른 재정상태의 예측 등이 포함된다.

국가회계기준은 제4조에서 공공회계책임을 적절히 이행하였는지를 평가하기 위한 다음 세 가지 정보를 재무제표가 제공하도록 규정하고 있다.

① 국가회계실체의 재정상태 및 그 변동과 재정운영결과에 관한 정보
② 국가사업의 목적을 능률적 · 효과적으로 달성하였는지에 관한 정보
③ 예산과 그 밖의 관련 법규의 준수에 관한 정보

3. 정부회계의 이용자

(1) 국 회

민간기업은 그 기업의 소유주인 주주가 재무제표를 가장 활발하게 이용한다. 마찬가지로 정부회계의 경우 국민을 대표하는 국회가 가장 중요한 이용자가 된다. 국회는 정부가 작성한 예산을 승인하고 정부의 행정서비스 활동에 대한 자금의 사용관계를 재무보고서를 통하여 판단할 수 있기 때문에 정부회계보고서의 중요한 이용자가 되는 것이다. 국회의 경우 정부의 수탁책임과 서비스활동의 효율적인 이행여부 등이 정부회계보고서로부터 얻는 중요한 정보이다.

(2) 투자자와 채권자

정부에서 국채를 발행하여 사업을 추진하는 경우, 이를 취득하는 투자자나 채권자는 해당 정부가 재무적으로 건전하고 채무를 원활하게 상환할 수 있는지 여부에 대한 정보를 필요로 한다. 특히 지방채의 경우 지방자치단체의 재정이 파산

에 이르러 원리금을 상환하지 못하는 경우가 발생하고 있기 때문에, 외국의 경우 투자자와 채권자는 민간기업의 재무제표에서 얻는 정보와 같은 정보를 정부회계보고서에서 얻고자 한다.

(3) 납세자 및 유권자

납세자는 자신이 정부에 납부한 세금이 정당하고 효율적으로 사용되고 있는지에 대해 알고 싶어 하며 정부회계는 이러한 정보를 제공해 준다. 정부가 제공하는 서비스와 납세자가 부담하는 세금이 직접 관련성을 갖는 것은 아니지만 정부의 회계보고서를 통해서 정부활동의 정당성과 효율성 등을 판단할 수 있는 정보를 얻게 된다.

유권자 역시 자신이 선출한 공직자가 업무를 성실하고 유능하게 수행하였는지에 대해서 알고 싶어 하며 정부회계보고서가 공직자의 업무수행 성과에 대한 정보를 제공해 준다. 또한, 행정서비스의 집행내역을 검토하여 차기 선거에서 어떤 공직자들을 선택할 것인지에 대한 판단을 할 수 있게 한다.

(4) 규제기관 및 시민단체

정부기관 중 하급기관은 상급기관 및 외부의 규제기관으로부터 감독을 받으며, 규제기관은 자신이 감독하는 정부기관의 업무수행에 대한 재무적 정보를 필요로 한다. 특히 지방자치단체에 대해 중앙정부가 국고보조금을 지원하는 경우 지방자치단체가 국고보조금을 사용하여 목적한 서비스사업을 잘 수행하였는지에 대한 정보를 필요로 한다.

또한, 언론이나 시민단체의 경우 법적인 규제권리는 없지만 정부활동에 대한 감시를 하기 위하여 정부회계보고서를 요구하여 분석하고 비판하며 언론매체를 통해서 입장을 표명하고 있다.

(5) 기타의 이용자

정부는 회계정보의 작성자임과 동시에 주요한 정보의 이용자이다. 과거의 실적에 대한 정보를 근거로 하여 미래의 계획을 수립하고 예산과 실적을 대비하여 업무의 효율성과 개선점 등을 분석하기 위하여 정부회계정보를 이용하고 있다.

정부의 업무를 담당하는 공무원 역시 정부에 고용된 직장인으로서 정부회계정보를 임금협상 등에 이용하기 위해 필요로 한다.

정부와 계약을 맺고 재화나 서비스를 제공하는 사업가는 정부의 활동규모, 즉 예산의 규모와 사업내용, 또는 정부 재정의 건전성 등에 대한 정보를 필요로 하는 등 정부회계의 이용자는 매우 다양하게 구성되어 있다.

4. 정부회계제도

(1) 정부회계의 구분

정부회계는 중앙정부의 재정활동을 대상으로 하는 국가회계와 지방자치단체의 재정활동을 대상으로 하는 지방자치단체회계로 구분된다. 또한 정부회계는 정부의 활동목적에 따른 예산체계로서 일반회계, 특별회계 및 기금회계로 나눈다. 이는 정부의 활동이 단일한 목적이나 조직에 의해서 이루어지는 것이 아니라 다수의 활동이나 회계실체(accounting entity)에 의해서 이루어지는 것을 반영하기 위한 것이다. 이는 미국 등의 펀드회계에서 여러 종류의 펀드회계를 유지하는 것과 같은 성격의 것이다.

정부회계는 회계처리방식에 따라 예산회계와 재무회계로 구분된다. [도표 1-1]은 정부회계의 구분을 보여준다.

[도표 1-1]
정부회계의 구분

<table>
<tr><th>구 분</th><th colspan="6">회계구분</th></tr>
<tr><td>대상 재정활동</td><td colspan="3">국가회계</td><td colspan="3">지방자치단체회계</td></tr>
<tr><td>회계실체</td><td colspan="2">일반회계</td><td colspan="2">특별회계</td><td colspan="2">기금회계</td></tr>
<tr><td>회계처리방식</td><td colspan="3">예산회계</td><td colspan="3">재무회계</td></tr>
</table>

(2) 국가회계와 지방자치단체회계

1) 국가회계

국가회계는 중앙정부의 재정활동을 대상으로 하는 회계이다. 국가회계는 예산회계를 중심으로 이루어져 왔으나 2009 회계연도부터 시범운영하던 발생주의·복식부기 방식에 따른 재무회계를 2011 회계연도부터 공식적으로 도입하였다. 국가회계법 제14조는 예산회계와 재무회계에 의한 결산보고서를 다음과 같이 작성하도록 하고 있다.

① 결산개요
② 세입세출결산
③ 재무제표
- 재정상태표
- 재정운영표
- 순자산변동표
- 현금흐름표

④ 성과보고서

2) 지방자치단체회계

지방자치단체회계는 지방자치단체의 재정활동을 대상으로 하는 회계이다. 지방자치단체회계 역시 예산회계 중심으로 이루어져 왔으나 2007 회계연도부터 발생주의·복식부기 방식에 따른 재무회계를 도입하였다. 지방회계법 제15조에서 지방자치단체의 결산서의 구성항목으로 재무제표를 작성할 것을 규정하고 있다.

[도표 1-2]는 국가회계와 지방자치단체회계를 요약 비교하고 있다.

[도표 1-2]
국가회계와 지방자치단체회계의 비교

구 분	국가회계	지방자치단체회계
근거법령	국가회계법	지방회계법
보고실체	국가, 중앙관서, 기금	특별시, 광역시, 도, 특별자치도, 시, 군, 구
시행시기	2009.1.1 (공식적으로는 2011.1.1)	2007.1.1
재무제표	재정상태표 재정운영표 순자산변동표 현금흐름표	국가회계와 동일(현금흐름표 제외)

(3) 예산체계에 의한 회계구분

1) 일반회계

일반회계는 정부조직의 일반적인 서비스활동을 위한 회계를 말하며 특별회계나 기금회계에 속하지 않는 모든 회계를 지칭한다. 일반회계의 세입은 주로 조세로 충당되며 세출은 예산에 따라 활동이나 기관별로 집행되고 있다. 지방자치단체회계의 근간인 세입세출예산 회계보고가 일반회계에 근거하고 있다.

2) 특별회계

특별회계는 특정한 사업을 운영하거나, 특정한 자금을 운영하거나, 특정한 세출을 위해서 특정세입으로 충당하기 위해 구분하여 회계를 하기 위한 경우에 법률에 의해서 특별회계를 설치하여 운영하도록 하는 것이다. 예를 들어 상수도사업과 같이 특정한 사업을 운영하는 데 따르는 회계를 말한다. 특별회계 중에서 기업과 유사한 방식으로 운영되는 특별회계는 기업특별회계 또는 공기업특별회계로 구분될 수 있다. 그 외 특별회계는 기타특별회계라고 부른다.

3) 기금회계

기금이란 정부가 특정한 목적을 위해서 특정한 자금을 기금으로 설치하여 운영하기 위한 것이다. 기금의 경우 일반회계나 특별회계와는 달리 세입세출예산에 의하지 아니하고 운용할 수 있도록 되어 있어 방만하게 운용되는 등 통제의 문제가 제기되고 있다.

제2절 정부회계의 현황

현행의 정부회계는 회계처리방식에 따라 단식부기인 예산회계와 복식부기인 재무회계로 이루어져 있다.

읽을거리 우리나라 정부회계의 뿌리2)

정부회계가 체계화되기 시작한 것은 1500년대부터이다. 현재 세계의 모든 나라들이 사용하고 있는 정부회계시스템은 여러 요인이 있지만 의회와 행정부의 관계, 정치 및 경제적 여건, 국민의식 수준 등의 역사적 전통에 의하여 정립되었다. 일단 정립된 후의 변화는 외국으로부터의 새로운 예산편성 및 회계기법 등의 전파, 정치체제의 변화, 경제상황, 국민의식의 변화, 정보의 발달, 기술수준의 향상 등 여러 원인으로 여러 발전단계를 거쳐, 한 단계로부터 경험축적과 사회적 요구에 따라 다음 단계로 넘어가는 현상을 보이고 있다.

세계의 정부회계 흐름은 크게 두 가닥으로 분류할 수 있다. 하나는 불문법(Common Law)에 해당하는 Anglo-Saxon 계통의 국가들과 이의 영향을 받은 국가들, 즉 Anglo-American 그룹 또는 English Tradition 그룹이 있다. 또 다른 그룹은 성문법(Civil-Law)을 표방하는 대륙형(Continental, Roman-Germanic) 계통의 국가들과 이의 영향을 받은 국가들이다. 우리나라는 일본의 영향으로 대륙형 그룹에 속한다. 이 구분은 단순히 정부회계제도에 국한되는 것이 아니고 재정관리시스템 전반에 걸쳐 상당한 차이가 있다.

대륙형 계통의 재정관리제도는 중앙집중식 국고(금고)관리, 정부 전체의 결산보고의 통합, 책임회계의 채택(회계담당자별 계산증명), 중앙은행의 국고관할 등의 특징이 있다. 감사기구도 그 운영이나 감사결과의 처리방식이 위원회형태를 취하고 있다. 또한 정부나 지방자치단체 등 공공기관의 회계기준이 모두 법률이나 조례 등 규정으로 제정되어 있어 모든 국가기관이나 지방자치단체의 회계시스템이 통일되어 있다.

대륙형 계통의 정부회계제도는 Cameral Accounting System 또는 Cameralistic Accounting System이라 한다. Cameral은 라틴어의 "Camara" 또는 "Camera"에서 유래된 것이며 9세기경에 이 의미는 토지소유자의 금고가 속하는 위치를 가리키는 말이었다. 독일어의 "Kammer"는 조세의 행정을 다루는 회의가 열리는 방 또는 공무집행 장소를 가리키는 말이었다. Wysocki에 의하면 "Cameralism"은 18세기에는 넓은 의미로는 정부경제과학을 가리키는 말로, 좁은 의미로는 공공조직의 회계방법을 가리키는 말로 사용되었다.

Cameralistic 방법의 기원을 보면 1539년 스웨덴 국왕 Gustav Vasa가 정부경제의 중심적 행정을 다루기 위한 Chamber(Kammaren)를 설립하였다. 그 후계자인 Gustav Adolf 국왕(1611~

2) 이경섭, 「정부회계의 개혁」(감사원 2000.1) pp.10~15의 내용을 수정한 것임.

1. 예산회계와 지출원인행위회계

현행의 정부회계는 예산회계와 지출원인행위회계를 현금주의로 처리하는 방식이다. 예산회계와 지출원인행위회계는 정부가 현금주의에 의한 예산통제를 하기에 매우 적합한 회계방식이다.

1632)은 이 기구를 재무관리부와 회계관리부로 분리하였다. 재무관리부는 예산을 관장하고 회계관리부는 회계를 관장하는 기구였다. 회계관리부는 기존의 회계시스템을 재구성하였으며 그 주목적은 복식부기를 사용하여 전체 왕국의 공공지출의 더 나은 관리통제를 위한 회계시스템을 마련하는 데 있다. 이렇게 다듬어지고 개발된 스웨덴 정부회계시스템인 Kammaren은 그 후 독일, 오스트리아, 이탈리아 등에 전파되었으며 특히 Austro-Hungarian 제국의 여왕 Maria Teresia (1717～1780)에 의하여 확산되었다. 이러한 회계기법을 Cameralistic Accounting이라 부르기 시작하였으나 원래의 복식부기 기본형태와 달리 단식부기(Single Entry)로 변환되었다.

Cameral Accounting System의 특징은 다음 세 가지로 요약할 수 있다.

① Cameral Accounting에서는 현금통제와 자금관리가 회계의 중심이 된다.

② 공공부문 경제에서 예산이 회계의 중심역할을 하게 된다. 회계의 목적은 예산집행을 통제하는 데 있다.

③ Cameral Accounting에서는 종합적인 재무상태표가 없다. 회계의 중심은 예산의 지출과 수입을 대조하는 데 있다. 물론 예산집행에 따라 자산이나 부채의 변동이 수반되지만 체계적으로 장부에는 표시되지 않는다. 그렇다고 자산이나 부채의 관리를 위한 계산을 하지 않는 것은 아니다. 유가증권, 물품, 재산, 채무 등은 그 증감계산을 기록관리하며 그 결과를 의회에 보고하고 있다.

우리나라의 정부회계제도는 일본의 정부회계제도와 거의 유사하며 일본은 바로 위 Cameral Accounting System과 같은바, 이는 정확히 문헌으로 제시된 바는 없지만 일본이 19세기말에 정부회계관리시스템을 만들면서 독일의 성문법 체계와 회계시스템을 받아들인 데 원인이 있는 것 같다. 우리나라가 일본의 정부회계제도와 유사한 것은 정부수립 후에 최초로 구 재정법(예산회계법), 물품관리법, 국유재산관리법, 지방재정법과 회계관계직원등의책임에관한법률, 감사원계산증명규칙 등을 일본의 해당 법률을 참고로 하여 성안하였으며 이에 의하여 정부 및 지방자치단체 회계시스템이 정립되었기 때문이다. 이후 미국의 성과주의 예산 등의 예산편성기법 등과 기금제도의 영향으로 다수의 기금이 존재하는 등 정부회계에 약간의 변화가 있었으나 회계시스템의 기본 골격은 변함이 없다.

(1) 예산회계

예산회계는 정부의 예산이 편성되면 회계연도초에 예산금액을 장부에 기록하여 실제 예산집행이 예산의 범위 내에서 이루어지도록 통제하는 회계시스템이다. 예산회계에서는 회계의 계정과목을 예산과목을 그대로 사용하여 처리하는데, 이는 예산상의 정보를 요구할 때 실제 사용된 내용도 예산과목에 맞추어 보고되어야 하기 때문이다. 우리나라의 세입세출결산서는 예산회계에 의한 보고서의 전형적인 예이다. 미국의 경우 역시 펀드회계의 정부형 펀드는 복식부기방식에 의해서 예산배정액을 분개하여 표시하고 있다.

예산회계제도하에서는 원장이나 보조부의 계정을 예산과목에 따라서 설정하여 처리하고 있으며 예산상의 회계책임 단위 기관별로 회계처리를 한다. 우리나라의 예산회계는 세입과 세출을 분리하여 각각 세입회계와 세출회계를 하고 있다.

예산회계는 현금과 단기채권, 채무의 변동, 즉 재무자원의 변동에 측정의 초점을 맞추고 있기 때문에 비화폐성자산의 변동은 회계처리에서 제외되고 있다. 예를 들어 자산교환과 같은 기존자산의 변동은 예산회계에서 처리하지 않는다.

[도표 1-3]은 예산회계와 복식부기회계를 비교하여 나타낸 것이다.

[도표 1-3]
예산회계와 복식부기회계의 비교

구 분	예산회계	복식부기회계
의 의	예산의 집행실적 기록 (장－관－항－목)	재정운영성과 및 재정상태 보고 (수익과 비용, 자산과 부채 등)
회계방식	현금주의 · 단식부기	발생주의 · 복식부기 (기업형)
결산보고서	세입세출결산서	재무제표(재정운영보고서, 재정상태보고서 등)
보고형식	회계단위별 분리보고	회계단위간 연계와 통합보고
가치지향	예산집행통제, 법규준수	투명한 공개, 효율적 집행
자기검증기능	없음	대차평균의 원리에 의한 회계오류의 자동검증

(2) 지출원인행위회계

지출원인행위회계(Encumbrance Basis Accounting)는 예산통제를 하기 위하여 정부가 재화나 용역의 주문을 할 때 예산상의 금액을 차감하도록 하는 회계처리방식이다. 지출원인행위회계는 계약회계 또는 채무부담회계라고도 한다. 이 회계방식은 현금이나 재무자원의 유출에 대한 의무가 발생하는 시점에서 예산배정액을 차감함으로써 예산상 얼마의 금액이 남아 있는지를 알 수 있게 하여 예산의 초과지출을 방지하고 예산의 관리를 원활하게 하도록 하는 장점이 있다.

우리나라의 지출원인행위회계는 자금관리 목적으로 예산집행을 한 경우 지출원인행위부라는 장부에 차감기록함으로써 예산배정액 중 남아 있는 예산액을 알 수 있도록 운영하고 있다.

미국의 정부회계 역시 부채상환펀드를 제외한 정부형 펀드는 모두 지출원인행위회계를 사용하고 있다. 미국은 이를 일종의 비망대조계정인 지출원인행위계정(encumbrances)과 지출원인행위유보계정(reserve for encumbrances)을 이용하여 회계처리하고 있다.

2. 재무회계 : 복식부기회계

예산회계는 일반적으로 단식부기회계이다. 단식부기는 현금의 입금과 출금을 기록하는 방식으로, 예를 들어 정부가 건물을 구입하면 지출부에 현금의 지출사실만 기록할 뿐 건물의 취득을 장부상에 기록하지 않는다. 건물과 같은 재산을 관리하기 위해서는 별도의 고정자산대장이라는 비망기록을 통해서 관리를 하게 된다. 일부 국가들에서는 예산회계도 복식부기방식을 적용하고 있다.

재무회계는 복식부기회계이다. 복식부기는 자산, 부채, 순자산(자본)의 변동을 측정하기 위한 거래처리방식이다. 즉 거래가 발생하면 이를 자산, 부채 또는 순자산이 변동되었는지를 파악하여 각 계정의 차변과 대변으로 나누어 기록한다. 복식부기는 자산합계는 부채와 순자산의 합계라는 대차평균의 원리에 따라 회계거래의 완전성과 오류발생을 검증할 수 있는 기록방식이다.

자산＝부채＋순자산으로 표현되는 것을 회계등식 또는 재무상태표 등식이라고 한다. 예를 들어서 건물을 취득하면 건물이라는 자산의 증가와 현금의 감소가 건물과 현금이라는 별도의 계정에 증가와 감소로 기록되며, 현금을 차입하면 현금의 증가와 차입금이라는 부채의 증가로 기록된다.

정부회계는 대부분의 나라가 예산회계시스템하에서 현금주의와 단식부기를 채택하고 있지만 영국과 미국, 호주, 뉴질랜드 등 정부회계개혁을 시행한 나라는 재무회계로서 발생주의와 복식부기 제도를 운영하고 있다.

많은 나라들이 정부회계를 단식부기로 운영하고 있는 이유는 각 부서가 대부분 자체의 자금원천을 갖지 못하고 승인된 예산에 의해 활동자금을 지출함으로써 자금유출에 대한 일방기록만을 유지하기 때문이다.

일반적으로 복식부기는 단식부기에 비해 다음과 같은 장점을 갖는다.

① 단식부기에서는 자산이나 부채를 하나의 회계시스템에서 처리하지 않고 별도의 비망기록을 통해서 관리하게 되므로 자산이나 부채에 대한 관리나 정보가 취약한 점이 있으나, 복식부기에서는 하나의 회계시스템에서 처리하므로 자산 및 부채의 관리 및 재정상태의 파악이 쉽게 된다.
② 단식부기는 오류가 있어도 이를 자체적으로 검증하는 시스템이 없지만 복식부기는 자기검증기능이 있기 때문에 오류나 부정 적발이 쉽다.
③ 발생주의하의 복식부기를 도입하면 수익과 비용의 측정이 가능하여, 정부활동의 성과측정을 위한 순원가(net cost) 정보를 제공한다.

3. 재무제표

발생주의 · 복식부기를 사용하는 재무회계는 결산보고서로서 재무제표를 작성한다. 일반적으로 재무제표(Financial Statements)는 정부부처가 소유하고 있는 자산, 부채 및 순자산의 정보를 제공하는 재무상태표, 일정기간 동안 재정운영결과를 보여주는 재정운영표, 그리고 재정상태표상 순자산이 어떻게 변동되었는지를 보여주는 순자산변동표를 포함한다.

현행 국가회계기준 제5조는 우리나라 정부의 재무제표는 재정상태표, 재정운영표, 순자산변동표 및 현금흐름표로 구성되어 있고 재무제표에 대한 주석(footnotes) 역시 재무제표에 포함되고 있음을 규정하고 있다.

재정상태표는 정부가 소유하고 있는 자산, 부채의 명세 및 상호관계를 나타내며 자산, 부채 및 순자산으로 구성되어 있다. 자산은 금융자산, 유·무형자산 및 기타 자산으로 구분하여 재정상태표에 표시된다. 부채는 차입부채, 충당부채 및 기타 부채로 구분하여 재정상태표에 표시된다. 순자산은 기본순자산, 적립금 및 잉여금, 순자산조정으로 구분된다.

재정운영표는 회계연도 동안 수행한 정책 또는 사업의 원가와 재정운영에 따른 원가의 회수명세를 보고한다. 재정운영표는 프로그램순원가, 재정운영순원가, 재정운영결과로 구분하여 표시한다.

순자산변동표는 재정상태표상의 순자산이 한 회계연도에 어떻게 변동되었는지를 보여준다. 순자산변동표는 기초순자산, 재정운영결과, 재원의 조달 및 이전, 조정항목, 기말순자산으로 구분하여 표시하도록 되어 있다.

현금흐름표는 국가활동을 운영활동, 투자활동, 재무활동으로 나누어 각 활동별 현금흐름을 파악하도록 되어 있다.

제 3 절 복식부기정부회계

1. 회계의 기초이론

(1) 복식부기의 개념

일반적으로 기업이나 정부와 같은 조직이 조직의 활동에 따르는 자금의 수입·지출과 함께 자산·부채의 변동 등을 기록하여 보고하는 것이 회계의 핵심적인 과제라고 할 수 있다. 기업이나 정부의 활동결과로 자산이나 부채가 변동되면 이를 거래(transaction)가 발생했다고 하는데, 이 거래를 회계장부에 기록하는 데에는 단식부기와 복식부기라는 2가지 방식이 사용되고 있다.

단식부기(single entry book-keeping)는 예산회계처리에서 보는 것처럼 현금의 수입과 지출을 각 과목별로 기록하는 방식이다. 예를 들어 수입의 경우, 조세수입, 국채발행수입과 같이 수입의 성격에 따라 분류해서 기록하고, 지출의 경우,

인건비, 물품비와 같이 지출의 성격에 따라 분류해서 기록하고 집계하는 방식이다. 단식부기는 자산과 부채 및 지분의 변동에 대한 기록보다는 현금의 수입과 지출 기록에 중점을 두기 때문에 자산이나 부채의 변동은 별도의 기록을 통해서 파악해야 하는 불편함이 있다.

복식부기(double entry book-keeping)는 현금의 수입과 지출뿐만 아니라 경제주체의 자산과 부채 및 자본(지분)의 변동을 함께 기록하는 방식을 말한다. 복식부기시스템에서는 자금의 운용결과로 나타나는 자산합계가 자금의 조달원천을 나타내는 부채와 지분의 합계와 항상 일치되도록 기록을 하는데, 이때의 「자산=부채+순자산」을 회계등식 또는 재무상태표 등식이라고 한다. 예를 들어 조세수입으로 현금을 받으면 현금이라는 자산의 증가에 대한 기록과 함께 조세수입이라는 수익의 기록을 동시에 하게 되며, 수익은 결과적으로 순자산의 증가로 나타나도록 한다. 즉, 이 거래는

현금의 증가(자산의 증가)=수익의 발생(순자산의 증가)

으로 기록되어 회계등식에 일치하는 결과를 보여준다. 만일 인건비를 지불하면 현금의 감소와 비용의 발생을 동시에 기록하는데, 비용은 지분의 감소를 가져오므로 이 거래의 결과는

현금의 감소(자산의 감소)=비용의 발생(순자산의 감소)

으로 나타난다.

(2) 계 정

복식부기시스템에서는 거래가 발생하면 이를 체계적으로 기록하기 위하여 계정(account)을 이용한다. 예를 들어 현금의 입출금과 함께 잔액을 계산하기 위해 현금계정을 설정하여 기록하고, 차입금의 증감과 잔액을 계산하기 위하여 차입금계정을 설정하여 기록하는 것이다.

회계(accounting)를 나타내는 영어의 'accounting'이 계정(account)을 나타내는 영어의 'account'에서 나온 것처럼 계정은 회계기록의 중심이 되는 것이며 계정

[도표 1-4]
계정의 예

현금계정				계정번호 11
일 자	적 요	차 변	대 변	잔 액
10월 2일	조세수입	1,000,000		1,000,000
4일	인건비 지급		200,000	800,000

을 집합해둔 장부를 원장(ledger)이라고 한다. 계정은 [도표 1-4]에서 보는 것처럼 계정의 이름과 함께 계정의 번호(code)가 있어서 집계를 쉽게 하도록 되어 있으며 그 계정의 증가와 감소를 별도의 칸(column)인 차변과 대변으로 나누어 기록한 후 남은 잔액을 표시하도록 되어 있다.

이때 차변과 대변이라는 용어는 회계의 발전과 함께 나타난 것으로 어떤 계정이든지 계정의 왼쪽을 차변(debit)이라고 부르고, 계정의 오른쪽을 대변(credit)이라고 부르도록 하고 있다.

[도표 1-4]에서 보는 것처럼 현금계정의 경우에도 왼쪽 칸은 차변, 오른쪽 칸은 대변으로 표시되어 있는 것을 알 수 있다.

회계의 계정은 정부예산에 따른 일반회계, 특별회계와 같은 회계실체(accounting entity)가 회계책임을 보고하기 편리한 방식으로 구분하여 각각의 성격대로 설정을 하는데, 일반적으로 자산, 부채, 순자산 및 수익과 비용의 계정으로 크게 나눌 수 있다.

자산(asset)계정은 회계실체가 소유하거나 지배하고 있으며 미래의 경제적 효익(future economic benefit)을 기대할 수 있는 자원을 기록하기 위한 계정을 말한다. 자산계정의 예로는 현금과 예금, 물품, 채권, 유가증권, 건물 등이 있다.

부채(liability)계정은 회계실체가 미래에 현금을 지급하거나 용역을 제공해야 할 의무, 통상적으로 채무를 나타내는 계정을 말한다. 부채계정의 예로는 미지급금, 차입금, 퇴직급여충당부채 등이 있다.

순자산(net asset)계정은 회계실체의 자산에서 부채를 차감한 금액을 말한다. 민간기업의 경우 순자산(지분)은 자본금과 잉여금 계정으로 나누어 설정하며, 정부회계의 경우에는 보고목적에 따라 기본순자산, 적립금 및 잉여금, 순자산 조정으로 구분해서 사용한다.

수익(revenue)계정은 회계실체의 순자산이 증가하는 것을 나타내는 계정으로서 조세수입이 중요한 수익계정이다.

비용(expense)계정은 회계실체의 순자산이 감소하는 것을 나타내는 계정으로서 인건비, 물품비 등 다양한 비용계정을 설정할 수 있다.

[도표 1-5]는 계정의 분류를 보여준다.

[도표 1-5]
계정의 분류

(3) 분개의 법칙

차변과 대변은 각 계정의 증가와 감소를 기록하기 위해 구분한 칸인데, 어느 경우에 차변에 기록하고 어느 경우에 대변에 기록하는가 하는 것은 회계기록의 첫 걸음으로 매우 중요하다. 회계등식이 「자산=부채+순자산」이라고 설명했는데, 이 등식대로 나타내기 위해서 특정의 거래가 발생하면 그 거래의 성격을 파악하여 자산의 증가는 차변(계정의 왼쪽)에 기록하고 부채와 순자산의 증가는 대변(계정의 오른쪽)에 기록하도록 하고 있다.

예를 들어 은행에서 1천만원을 차입한 거래가 발생한 경우 현금(자산)이 1천만원 증가하게 되고 동시에 차입금(부채)이 1천만원 증가하기 때문에, 현금의 증가는 차변에, 차입금의 증가는 대변에 기록해야 하며 이를 표시하면 다음과 같다.

(차변) 현　　금　　1천만원　　　(대변) 차 입 금　　1천만원

회계에서는 이처럼 거래가 발생할 경우 어떤 계정의 어느 쪽(차변 또는 대변)에 기록할 것인지를 명령하는 기록을 분개(journal entry)라고 한다.

분개는 위의 예에서 보듯이 차변의 계정과 대변의 계정으로 나누어서 나타내며, 차변의 금액합계와 대변의 금액합계가 항상 일치하도록 기록하는데, 이 같은 기록방식이 복식부기의 기본을 이루는 것이다.

수익과 비용의 기록을 보면, 수익은 순자산의 증가를 가져오므로 대변에 기록하며 반대로 비용은 순자산의 감소이므로 차변에 기록하게 된다.

이를 요약하면 [도표 1-6]과 같이 분개의 법칙을 나타낼 수 있다.

[도표 1-6]
분개의 법칙

차변기록	대변기록
자산의 증가 부채의 감소 순자산의 감소 비용의 발생	자산의 감소 부채의 증가 순자산의 증가 수익의 발생

(4) 정부회계거래의 종류

정부회계거래는 예산으로 편성되어 있는 예산거래와 예산으로 편성되어 있지 않으나 회계처리를 해야 하는 예산외거래로 구분할 수 있다.

예산거래는 세입예산에 따르는 수입거래와 세출예산에 의한 지출거래로 구분하게 된다. 예산외거래는 결산정리를 위한 결산보정거래와 세입세출외현금 등을 처리하는 기타예산외거래로 구분한다. [도표 1-7]은 정부회계거래의 종류를 보여준다.

[도표 1-7]
정부회계거래의 종류

구 분		비 고
예산거래	수입거래	세입예산 편성항목
	지출거래	세출예산 편성항목
예산외거래	결산보정거래	결산항목
	기타예산외거래	세입세출외현금 등

1) 수입거래

수입거래는 세입예산으로 편성된 조세, 세외수입, 보조금, 국채나 지방채 등 항목으로 현금이 유입되는 거래를 말한다. 수입거래의 인식 및 회계처리시점은 징수결정, 감액, 수납, 과오납환부 및 결손처분과 같은 세입행위시이다.

예를 들어 국채 100억원을 발행하여 현금이 유입된 경우 세입예산상 국채

수입 100억원으로 기록하지만, 재무회계는 수입거래로서 자산증가인 현금 100억원(차변)과 부채증가인 국채 100억원(대변)으로 기록하게 된다.

2) 지출거래

지출거래는 세출예산으로 편성된 인건비, 물건비, 사업비 등의 항목에 대한 회계거래를 말한다. 지출거래의 인식시점은 검수, 검사, 지급명령과 같은 지출행위시이다.

예를 들어 공무원 급여 2억원을 지급한 경우 예산회계는 인건비 2억원을 세출로 기록하지만, 재무회계는 지출거래로서 비용항목인 공무원 급여 2억원(차변)과 자산감소로서 현금 2억원(대변)을 기록하게 된다.

3) 결산보정거래

결산보정거래(또는 결산조정거래)는 재무회계결산을 위한 수정분개를 포함하여 결산시점에 회계처리하는 항목을 말한다. 결산보정거래의 예는 미지급비용의 인식과 같은 수정분개와 유형자산에 대한 감가상각, 미수채권에 대한 대손충당금 설정 등이 있다.

4) 기타예산외거래

기타예산외거래는 세입세출외현금, 교환 및 기부채납 등으로 재정상태에 변동이 발생하는 경우의 거래로서 거래의 발생시점에서 회계처리한다. 예를 들어 건물임대에 대한 보증금을 수령하면 자산의 증가로 현금증가(차변)와 부채증가로 수입보증금(대변)으로 기록하는 것이다.

2. 회계의 순환과정

(1) 회계의 순환과정 개요

회계는 회계실체의 재무상태에 변동이 생기면 이를 분석하여 기록하는 것으로부터 시작하여 재무제표를 작성하고 장부를 마감하는 일련의 과정을 거치는데, 이를 회계의 순환과정(accounting cycle)이라고 한다. 회계의 순환과정을 아주 단순화시키면 [도표 1-8]과 같이 3단계로 요약할 수 있다.

[도표 1-8]
단순한
회계순환과정

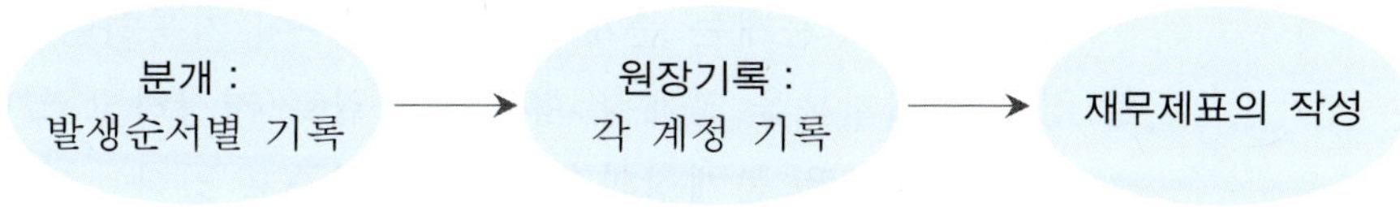

[도표 1-8]에서 보는 것처럼 회계순환과정은 거래의 발생에 따라 발생순서별로 분개하고, 이를 원장의 각 계정에 기록(전기)한 후 재무제표를 작성하는 것으로 이루어진다. 그러나 실제 회계순환과정은 이보다는 더 많은 단계를 거쳐서 이루어지는데, 이는 [도표 1-9]에 표시되어 있다.

[도표 1-9]
회계순환과정

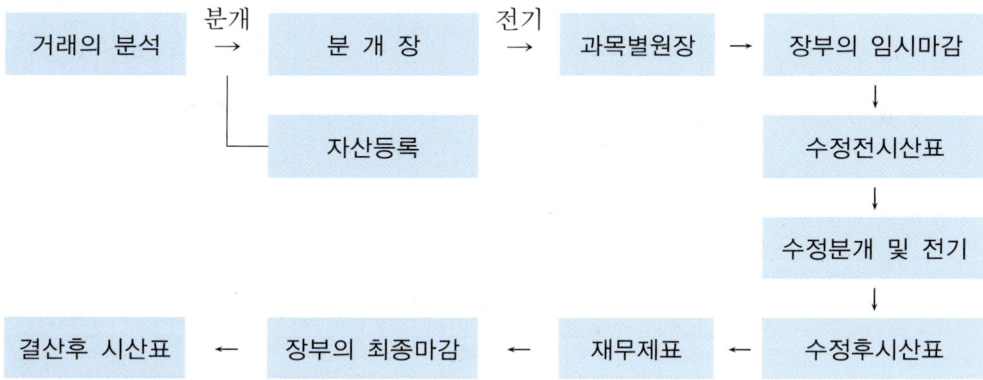

(2) 거래의 분석 및 분개

회계거래란 정부의 재정상태에 변동을 가져오는 사건으로서 앞에서 설명한 예산거래와 예산외거래를 말한다. 회계거래가 발생하면 어떤 계정에 기록할 것인지를 분석하여 앞에서 배운 분개의 법칙에 따라 분개하게 된다. 예를 들어 법인세로 현금 1백만원을 받은 경우, 현금이라는 자산계정의 증가와 국세수익의 증가라는 분석을 하여 차변에 현금 1백만원, 대변에 국세수익 1백만원이라는 분개를 하는 것이다.

정부의 전산시스템은 회계거래에 대해서 예산회계 방식대로 수입과 지출행위를 예전 방식대로 입력하면서 동시에 재무회계코드를 추가하면 전산시스템에 의해서 자동적으로 분개가 이루어지도록 되어 있다. 다만, 오류에 대한 수정이나 결산을 위한 수정분개는 별도로 처리해야 한다.

전통적으로 분개는 분개장이라는 장부에 기록하여 왔으나, 전산시스템에 의할 경우 거래기록을 분개장 형식의 파일로 저장하고 있다.

[도표 1-10]은 분개장의 양식을 보여주고 있다.

[도표 1-10]
분개장 양식

분 개 장

회 계 명 :
기 간 :

일자	예산과목 / 지출결의번호 / 분개번호	사업	부서	거래처	적요	차 변			대 변			비고
						회계과목	관리과목	금액	회계과목	관리과목	금액	
합 계												

(3) 원장과 전기

회계거래에 대해서 분개가 이루어지면 이에 의해서 각각의 계정에 변동내용을 기록하는데, 이를 원장에 전기(posting)한다고 한다.

원장(ledger)이란 자산, 부채, 순자산, 수익 및 비용의 각 계정을 모아 놓은 장부를 말한다. [도표 1-11]은 총계정원장인 회계과목별 원장 양식을 보여주고 있다.

원장은 총계정원장(general ledger)과 보조원장(subsidiary ledger)으로 구성된다. 총계정원장은 계정과목표(COA : chart of accounts)에 있는 모든 계정을 포함한 원장을 말한다. 보조원장은 총계정원장의 특정계정의 세부내역을 정리하기 위한 원장을 말한다. 예를 들어 일반유형자산 내의 집기비품이라는 계정은 총계정원장에 포함되어 있지만, 집기비품이 속하는 컴퓨터, 책상 등의 세부자산은 집기비품이라는 총계정원장계정의 하부계정으로 코드를 설정하여 보조원장으로 정리하는 것이다. [도표 1-12]는 보조원장인 자산총괄내역 양식을 보여주고 있다.

[도표 1-11]
회계과목별 원장 양식

회계과목별 원장

회 계 명 :
기 간 :
회계과목 :

<table>
<tr><th rowspan="3">관리
과목</th><th rowspan="3">일자</th><th>예산과목</th><th rowspan="3">사업</th><th rowspan="3">부서</th><th rowspan="3">거래처</th><th rowspan="3">적요</th><th colspan="2">상대과목</th><th rowspan="3">차변
금액</th><th rowspan="3">대변
금액</th><th rowspan="3">잔액</th></tr>
<tr><th>지출결의번호</th><th rowspan="2">회계</th><th rowspan="2">관리</th></tr>
<tr><th>분개번호</th></tr>
<tr><td rowspan="3"></td><td rowspan="3"></td><td></td><td rowspan="3"></td><td rowspan="3"></td><td rowspan="3"></td><td rowspan="3"></td><td rowspan="3"></td><td rowspan="3"></td><td rowspan="3"></td><td rowspan="3"></td><td rowspan="3"></td></tr>
<tr><td></td></tr>
<tr><td></td></tr>
<tr><td rowspan="3"></td><td rowspan="3"></td><td></td><td rowspan="3"></td><td rowspan="3"></td><td rowspan="3"></td><td rowspan="3"></td><td rowspan="3"></td><td rowspan="3"></td><td rowspan="3"></td><td rowspan="3"></td><td rowspan="3"></td></tr>
<tr><td></td></tr>
<tr><td></td></tr>
<tr><td rowspan="3"></td><td rowspan="3"></td><td></td><td rowspan="3"></td><td rowspan="3"></td><td rowspan="3"></td><td rowspan="3"></td><td rowspan="3"></td><td rowspan="3"></td><td rowspan="3"></td><td rowspan="3"></td><td rowspan="3"></td></tr>
<tr><td></td></tr>
<tr><td></td></tr>
<tr><td colspan="9">합 계</td><td></td><td></td><td></td></tr>
</table>

[도표 1-12]
자산총괄내역 양식

자산총괄내역

구 분 :
분 류 :

<table>
<tr><th rowspan="3">회계
과목
번호</th><th rowspan="3">회계
과목</th><th rowspan="3">관리
과목</th><th colspan="7">자산가액(A)</th><th colspan="5">감가상각누계액(B)</th><th rowspan="3">장부
가액
(C)</th></tr>
<tr><th rowspan="2">기초액</th><th colspan="3">증가액</th><th colspan="2">감소액</th><th rowspan="2">잔액</th><th rowspan="2">기초액</th><th rowspan="2">증가액</th><th colspan="2">감소액</th><th rowspan="2">잔액</th></tr>
<tr><th>구
입</th><th>건
설</th><th>기
타</th><th>매각/
처분</th><th>기
타</th><th>매각/
처분</th><th>기
타</th></tr>
<tr><td></td><td></td><td></td><td></td><td></td><td></td><td></td><td></td><td></td><td></td><td></td><td></td><td></td><td></td><td></td><td></td></tr>
<tr><td colspan="3">합 계</td><td></td><td></td><td></td><td></td><td></td><td></td><td></td><td></td><td></td><td></td><td></td><td></td><td></td></tr>
</table>

[설명] 1. 구분 : 자산총괄내역의 범위를 기재. 즉, 개별회계명 또는 전체를 표시(예 : 전체, 일반회계, 의료보호기금특별회계)
2. 분류 : 자산의 분류를 기재(일반유형자산, 주민편의시설, 사회기반시설, 재고자산, 기타비유동자산)
3. 장부가액(C)=자산가액(A)−감가상각누계액(B)
4. 재고자산 및 기타비유동자산은 감가상각누계액을 기재하지 않음

(4) 시산표의 작성

시산표(trial balance)란 원장의 각 계정에 기록된 차변합계금액과 대변합계금액 그리고 잔액을 하나의 표로 모은 것을 말한다. 시산표는 재무제표가 아니며 단지 원장에 기록된 전체계정의 차변금액과 대변금액이 일치하는지를 살펴보기 위해서 작성한다.

일반적으로 결산을 위해서 결산수정(보정)분개를 하기 전에 각 계정의 잔액을 확인하고 결산수정분개를 한 후에는 어떻게 변동되는지를 살펴보기 위해 시산표를 작성한다. 시산표의 차변잔액에는 자산 및 비용이, 대변잔액에는 부채, 순자산 및 순이익이 표시된다. [도표 1-13]은 시산표의 양식을 보여준다.

[도표 1-13]
합계잔액시산표 양식

합계잔액시산표

회 계 명 :
기 간 : ○○○○년 ○월 ○일

차 변		과 목	대 변	
잔 액	합 계		합 계	잔 액
		회계과목		
		관리과목		

※「(수정전 · 수정후)합계잔액시산표」동일서식

(5) 결산 및 재무제표의 작성

회계순환의 마지막 과정은 결산 및 재무제표의 작성이다. 결산이란 회계기말에 발생주의에 의한 수정(보정)분개를 하고, 1년의 장부를 마감하며, 재무제표를 작성하는 것을 말한다.

예산회계제도에서는 1년 동안 세출예산의 집행내역을 확정하고 수입금액에서 지출금액을 차감한 잔여 현금(세계잉여금)을 다음 연도로 이월시키며, 세입세출결산보고서를 작성하는 일련의 과정을 예산결산이라고 한다. 정부는 매년 1월 1일부터 12월 31까지를 1회계연도로 하여 12월 31일을 기준으로 결산을 하고 있다.

재무회계 결산상 가장 중요한 일이 발생주의에 의한 수정분개를 하는 것이다. 회계기간중에는 대부분의 거래가 현금의 입출에 따라 회계처리되지만 회계기말에는 발생주의에 따라 특정 회계기간에 귀속되는 수익과 비용을 확정하는 회계처리를 해야 하는 것이다. 예를 들어 컴퓨터를 1천만원어치 구입하여 집기비품이라는 자산으로 회계처리한 경우 이 컴퓨터의 사용기한이 5년이라고 가정한다면 2백만원만큼 컴퓨터의 가치를 감소시키는 감가상각비라는 비용을 기록하는 것이 수정분개의 예이다.

수정분개는 크게 이연항목과 발생항목으로 구분된다. 이연항목이란 예를 들어 임차료를 미리 지급한 경우 이를 비용이 아니라 선급비용이라는 자산으로 기록하는 수정분개유형이다. 발생항목이란 예를 들어 차입금에 대한 이자발생액을 미지급비용이라는 부채로 기록하는 수정분개유형이다.

수정분개가 끝나면 수정후시산표를 작성하고 재무제표의 작성과 함께 장부를 마감하는 것으로 결산작업과 회계순환과정이 끝나게 된다.

3. 재무제표

(1) 재무제표와 재무보고서의 개념

정부의 재정상태와 재정운영에 관한 총체적인 보고서를 재무보고서(financial report)라고 한다. 재무보고서의 중심은 재무제표(financial statements)이지만, 이 외에도 결산총평이 포함된다.

재무제표는 정부의 재정상태와 재정운영현황을 표시하는 매우 중요한 보고서이다.

국가회계와 지방자치단체회계에서는 재무제표로서 재정상태표, 재정운영표,

순자산변동표, 현금흐름표를 규정하고 있다.

재무제표는 [도표 1-14]와 같이 서로 연관되어 있다. 재정운영표의 재정운영결과는 순자산변동표의 재정운영결과로 표시되며, 순자산변동표의 기말순자산은 재정상태표의 순자산으로 나타난다.

[도표 1-14]
재무제표의 상호연관성

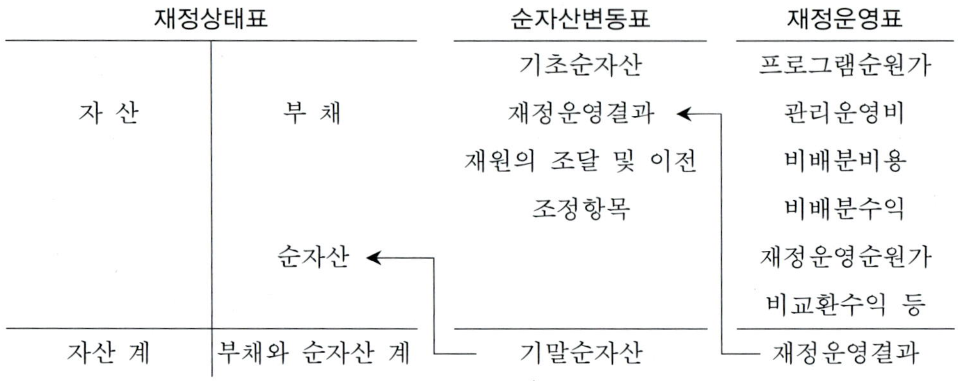

(2) 재무제표의 양식

국가회계에서 요구하는 재무제표 양식은 다음 도표와 같다.

재정운영표는 회계기간 동안의 재정운영결과를 나타내므로 기간을 표시하지만, 재정상태표는 일정시점에 있어서의 재무상태를 나타내므로 시점을 명시한다. 순자산변동표는 회계기간 동안의 순자산 변동내역을 나타내므로 기간을 표시한다.

[도표 1-15]
재정상태표

재정상태표
당기 : 20XY년 12월 31일 현재
전기 : 20XX년 12월 31일 현재

○○부처, ○○기금, 대한민국 정부 (단위 :)

	주 석	20XY	20XX
자산			
Ⅰ. 금융자산		×××	×××
1. 현금 및 현금성자산	×	×××	×××
2. 금융상품	×	×××	×××
3. 투자증권	×	×××	×××
4. 정부출자금	×	×××	×××
5. 대여금	×	×××	×××
6. 미수채권	×	×××	×××
7. 기타 금융자산	×	×××	×××
Ⅱ. 유·무형자산		×××	×××
1. 일반유형자산	×	×××	×××
2. 사회기반시설	×	×××	×××
3. 무형자산	×	×××	×××
Ⅲ. 기타 자산		×××	×××
자산 계		×××	×××
부채			
Ⅰ. 차입부채		×××	×××
1. 국채	×	×××	×××
2. 차입금	×	×××	×××
3. 국고채무부담행위액	×	×××	×××
4. 기타 차입부채	×	×××	×××
Ⅱ. 충당부채		×××	×××
1. 연금충당부채	×	×××	×××
2. 퇴직수당충당부채	×	×××	×××
3. 보증충당부채	×	×××	×××
4. 보험충당부채	×	×××	×××
5. 기타 충당부채	×	×××	×××
Ⅲ. 기타 부채		×××	×××
부채 계		×××	×××
순자산			
Ⅰ. 기본순자산		×××	×××
Ⅱ. 적립금 및 잉여금		×××	×××
Ⅲ. 순자산조정		×××	×××
순자산 계		×××	×××
부채와 순자산 계		×××	×××

[도표 1-16] 재정운영표(부처, 기금_프로그램별)

프로그램별 재정운영표
당기 : 20XY년 1월 1일부터 20XY년 12월 31일까지
전기 : 20XX년 1월 1일부터 20XX년 12월 31일까지

○○부처, ○○기금 (단위 :)

	주 석	20XY			20XX		
		총원가	수 익	순원가	총원가	수 익	순원가
Ⅰ. 프로그램순원가	×	×××	(×××)	×××	×××	(×××)	×××
1. 프로그램(A)		×××	(×××)	×××	×××	(×××)	×××
2. 프로그램(B)		×××	(×××)	×××	×××	(×××)	×××
3. 프로그램(C)		×××	(×××)	×××	×××	(×××)	×××
4. 프로그램(D)		×××	(×××)	×××	×××	(×××)	×××
5. …		×××	(×××)	×××	×××	(×××)	×××
Ⅱ. 관리운영비	×			×××			×××
Ⅲ. 비배분비용	×			×××			×××
Ⅳ. 비배분수익	×			×××			×××
Ⅴ. 재정운영순원가(Ⅰ+Ⅱ+Ⅲ-Ⅳ)				×××			×××
Ⅵ. 비교환수익 등				×××			×××
1. 사회보험수익	×			×××			×××
2. 부담금수익	×			×××			×××
3. 제재금수익	×			×××			×××
4. 기타 이전수익 등	×			×××			×××
Ⅶ. 재정운영결과(Ⅴ-Ⅵ)				×××			×××

[도표 1-17]
재정운영표
(부처, 기금_성질별)

성질별 재정운영표
당기 : 20XY년 1월 1일부터 20XY년 12월 31일까지
전기 : 20XX년 1월 1일부터 20XX년 12월 31일까지

○○부처, ○○기금 (단위 :)

	주 석	20XY	20XX
수익(I + II)		×××	×××
I. 이전수익		×××	×××
1. 사회보험수익	×	×××	×××
2. 부담금수익	×	×××	×××
3. 제재금수익	×	×××	×××
4. 기타 이전수익	×	×××	×××
II. 국가운영수익		×××	×××
1. 재화 및 용역제공수익	×	×××	×××
2. 연금수익	×	×××	×××
3. 이자수익	×	×××	×××
4. 배당수익	×	×××	×××
5. 자산처분이익	×	×××	×××
6. 자산평가이익	×	×××	×××
7. 기타 국가운영수익	×	×××	×××
비용(III + IV)		×××	×××
III. 이전비용		×××	×××
1. 국고보조사업비	×	×××	×××
2. 출연사업비	×	×××	×××
3. 사회보험비용	×	×××	×××
4. 지방교부금	×	×××	×××
5. 기타 이전비용	×	×××	×××
IV. 국가운영비용		×××	×××
1. 재화 및 용역제공원가	×	×××	×××
2. 연금비용	×	×××	×××
3. 인건비	×	×××	×××
4. 이자비용	×	×××	×××
5. 운영비	×	×××	×××
6. 감가상각비	×	×××	×××
7. 자산평가손실	×	×××	×××
8. 기타 국가운영비용	×	×××	×××
재정운영결과(비용 - 수익)		×××	×××

[도표 1-18] 재정운영표(대한민국 정부_분야별)

분야별 재정운영표

당기 : 20XY년 1월 1일부터 20XY년 12월 31일까지
전기 : 20XX년 1월 1일부터 20XX년 12월 31일까지

대한민국 정부 (단위 :)

	주 석	20XY			20XX		
		총원가	수 익	순원가	총원가	수 익	순원가
Ⅰ. 사업순원가	×	×××	(×××)	×××	×××	(×××)	×××
1. 분야(A)		×××	(×××)	×××	×××	(×××)	×××
2. 분야(B)		×××	(×××)	×××	×××	(×××)	×××
3. 분야(C)		×××	(×××)	×××	×××	(×××)	×××
4. 분야(D)		×××	(×××)	×××	×××	(×××)	×××
5. …		×××	(×××)	×××	×××	(×××)	×××
Ⅱ. 관리운영비	×			×××			×××
Ⅲ. 비배분비용	×			×××			×××
Ⅳ. 비배분수익	×			×××			×××
Ⅴ. 재정운영순원가(Ⅰ+Ⅱ+Ⅲ−Ⅳ)				×××			×××
Ⅵ. 비교환수익 등				×××			×××
1. 국세수익	×			×××			×××
2. 사회보험수익	×			×××			×××
3. 부담금수익	×			×××			×××
4. 제재금수익	×			×××			×××
5. 기타 이전수익 등	×			×××			×××
Ⅶ. 재정운영결과(Ⅴ−Ⅵ)				×××			×××

[도표 1-19]
재정운영표
(대한민국 정부_
성질별)

성질별 재정운영표
당기 : 20XY년 1월 1일부터 20XY년 12월 31일까지
전기 : 20XX년 1월 1일부터 20XX년 12월 31일까지

대한민국 정부 (단위 :)

	주 석	20XY	20XX
수익(Ⅰ+Ⅱ+Ⅲ)		×××	×××
Ⅰ. 국세수익	×	×××	×××
Ⅱ. 이전수익		×××	×××
1. 사회보험수익	×	×××	×××
2. 부담금수익	×	×××	×××
3. 제재금수익	×	×××	×××
4. 기타 이전수익	×	×××	×××
Ⅲ. 국가운영수익		×××	×××
1. 재화 및 용역제공수익	×	×××	×××
2. 연금수익	×	×××	×××
3. 이자수익	×	×××	×××
4. 배당수익	×	×××	×××
5. 자산처분이익	×	×××	×××
6. 자산평가이익	×	×××	×××
7. 기타 국가운영수익	×	×××	×××
비용(Ⅳ+Ⅴ)		×××	×××
Ⅳ. 이전비용		×××	×××
1. 국고보조사업비	×	×××	×××
2. 출연사업비	×	×××	×××
3. 사회보험비용	×	×××	×××
4. 지방교부금	×	×××	×××
5. 기타 이전비용	×	×××	×××
Ⅴ. 국가운영비용		×××	×××
1. 재화 및 용역제공원가	×	×××	×××
2. 연금비용	×	×××	×××
3. 인건비	×	×××	×××
4. 이자비용	×	×××	×××
5. 운영비	×	×××	×××
6. 감가상각비	×	×××	×××
7. 자산평가손실	×	×××	×××
8. 기타 국가운영비용	×	×××	×××
재정운영결과(비용－수익)		×××	×××

[도표 1-20] 순자산변동표(부처, 기금)

순자산변동표
당기 : 20XY년 1월 1일부터 20XY년 12월 31일까지
전기 : 20XX년 1월 1일부터 20XX년 12월 31일까지

○○부처, ○○기금 (단위 :)

	주 석	기본 순자산	적립금 및 잉여금	순자산 조정	합 계
Ⅰ. 전기 기초순자산		×××	×××	×××	×××
1. 보고금액		×××	×××	×××	×××
2. 전기오류수정손익	×	×××	×××	×××	×××
3. 회계변경누적효과	×	×××	×××	×××	×××
Ⅱ. 재정운영결과			×××		×××
Ⅲ. 재원의 조달 및 이전			×××		×××
1. 재원의 조달			×××		×××
(1) 국고수입			×××		×××
(2) 사회보험수익			×××		×××
(3) 부담금수익			×××		×××
(4) 제재금수익			×××		×××
(5) 기타 이전수익			×××		×××
2. 재원의 이전			×××		×××
(1) 국고이전지출			×××		×××
(2) 기타 이전비용			×××		×××
Ⅳ. 조정항목		×××	×××	×××	×××
1. 투자증권평가손익	×	–	–	×××	×××
2. 자산재평가이익	×	–	–	×××	×××
3. 보험수리적손익	×	–	×××	–	×××
4. 기타 순자산의 증감	×	×××	×××	×××	×××
5. …	×	×××	×××	×××	×××
Ⅴ. 전기 기말순자산(Ⅰ－Ⅱ＋Ⅲ＋Ⅳ)		×××	×××	×××	×××
Ⅵ. 당기 기초순자산		×××	×××	×××	×××
1. 보고금액		×××	×××	×××	×××
2. 전기오류수정손익	×	×××	×××	×××	×××
3. 회계변경누적효과	×	×××	×××	×××	×××
Ⅶ. 재정운영결과			×××		×××

Ⅷ. 재원의 조달 및 이전			×××		×××
1. 재원의 조달			×××		×××
(1) 국고수입			×××		×××
(2) 사회보험수익			×××		×××
(3) 부담금수익			×××		×××
(4) 제재금수익			×××		×××
(5) 기타 이전수익			×××		×××
2. 재원의 이전			×××		×××
(1) 국고이전지출			×××		×××
(2) 기타 이전비용			×××		×××
Ⅸ. 조정항목		×××	×××	×××	×××
1. 투자증권평가손익	×	－	－	×××	×××
2. 자산재평가이익	×	－	－	×××	×××
3. 보험수리적손익	×	－	×××	－	×××
4. 기타 순자산의 증감	×	×××	×××	×××	×××
5. …	×	×××	×××	×××	×××
Ⅹ. 당기 기말순자산(Ⅵ－Ⅶ＋Ⅷ＋Ⅸ)		×××	×××	×××	×××

[도표 1-21] 순자산변동표(대한민국 정부)

순자산변동표

당기 : 20XY년 1월 1일부터 20XY년 12월 31일까지

전기 : 20XX년 1월 1일부터 20XX년 12월 31일까지

대한민국 정부 (단위 :)

	주 석	기본 순자산	적립금 및 잉여금	순자산 조정	합 계
Ⅰ. 전기 기초순자산		×××	×××	×××	×××
1. 보고금액		×××	×××	×××	×××
2. 전기오류수정손익	×	×××	×××	×××	×××
3. 회계변경누적효과	×	×××	×××	×××	×××
Ⅱ. 재정운영결과			×××		×××
Ⅲ. 조정항목		×××	×××	×××	×××
1. 투자증권평가손익	×	–	–	×××	×××
2. 자산재평가이익	×	–	–	×××	×××
3. 보험수리적손익	×	–	×××	–	×××
4. 기타 순자산의 증감	×	×××	×××	×××	×××
5. …	×	×××	×××	×××	×××
Ⅳ. 전기 기말순자산(Ⅰ－Ⅱ＋Ⅲ)		×××	×××	×××	×××
Ⅴ. 당기 기초순자산		×××	×××	×××	×××
1. 보고금액		×××	×××	×××	×××
2. 전기오류수정손익	×	×××	×××	×××	×××
3. 회계변경누적효과	×	×××	×××	×××	×××
Ⅵ. 재정운영결과			×××		×××
Ⅶ. 조정항목		×××	×××	×××	×××
1. 투자증권평가손익	×	–	–	×××	×××
2. 자산재평가이익	×	–	–	×××	×××
3. 보험수리적손익	×	–	×××	–	×××
4. 기타 순자산의 증감	×	×××	×××	×××	×××
5. …	×	×××	×××	×××	×××
Ⅷ. 당기 기말순자산(Ⅴ－Ⅵ＋Ⅶ)		×××	×××	×××	×××

[도표 1-22]
현금흐름표

현금흐름표
당기 : 20XY년 1월 1일부터 20XY년 12월 31일까지
전기 : 20XX년 1월 1일부터 20XX년 12월 31일까지

○○부처, ○○기금, 대한민국 정부 (단위 :)

	주 석	20XY	20XX
Ⅰ. 운영활동으로 인한 현금흐름	×	×××	×××
1. 운영활동으로 인한 현금유입		×××	×××
(1) 국세수입		×××	×××
(2) 사회보험수입		×××	×××
(3) 부담금·제재금수입		×××	×××
(4) 이자수입		×××	×××
…			
2. 운영활동으로 인한 현금유출		×××	×××
(1) 보조금 지급		×××	×××
(2) 출연금 지급		×××	×××
(3) 지방교부금 지급		×××	×××
(4) 사회보험지출		×××	×××
(5) 인건비 지급		×××	×××
(6) 이자지급		×××	×××
…			
Ⅱ. 투자활동으로 인한 현금흐름	×	×××	×××
1. 투자활동으로 인한 현금유입		×××	×××
(1) 금융상품, 투자증권 처분		×××	×××
(2) 대여금 회수		×××	×××
(3) 일반유형자산, 사회기반시설 처분		×××	×××
(4) 무형자산 처분		×××	×××
…			
2. 투자활동으로 인한 현금유출		×××	×××
(1) 금융상품, 투자증권 취득		×××	×××
(2) 대여금 지급		×××	×××
(3) 일반유형자산, 사회기반시설 취득		×××	×××
(4) 무형자산 취득		×××	×××
…			
Ⅲ. 재무활동으로 인한 현금흐름	×	×××	×××
1. 재무활동으로 인한 현금유입		×××	×××
(1) 국공채 발행		×××	×××
(2) 차입금 차입		×××	×××
…			
2. 재무활동으로 인한 현금유출		×××	×××
(1) 국공채 상환		×××	×××
(2) 차입금 상환		×××	×××
…			
Ⅳ. 현금의 증감(Ⅰ+Ⅱ+Ⅲ)		×××	×××
Ⅴ. 기초의 현금		×××	×××
Ⅵ. 기말의 현금(Ⅳ+Ⅴ)		×××	×××

4. 예산회계와 재무회계

(1) 예산회계와 재무회계의 비교

예산회계는 세입예산과 세출예산에 의해 현금의 수입과 지출을 예산항목에 따라 기록하는 단식부기방식을 사용하고 있다. 예를 들어 국세인 법인세를 1억원 수납하면 세입항목에 국세수익에 따른 현금수입 1억원을 기록하는 방식이다.

재무회계는 거래발생시 현금의 수입과 지출뿐 아니라 거래의 원인과 결과를 동시에 기록하는 복식부기방식을 사용한다. 재무회계는 「자산=부채+순자산」이라는 재정상태표 등식을 활용한 회계처리를 함으로써 재정상태표와 재정운영표 등을 쉽게 작성할 수 있게 한다.

수입거래와 지출거래의 예를 들어 예산회계와 재무회계 처리를 살펴보기로 한다.

(2) 국세수익의 회계처리

국세수익은 신고납부와 부과납부 방식이 있다. 신고납부의 경우 수익인식과 현금수입이 동시에 일어나지만 부과납부의 경우 세금부과시에는 현금수입이 일어나지 않는 차이가 있다.

1) 신고납부의 경우

신고납부방식은 납세자가 신고한 세액을 그대로 결정하는 방식이다. 따라서 납세자가 신고와 동시에 국세를 납부하면 현금의 수입이 일어나며 이를 수입부에 기록하게 된다.

복식부기방식에서는 국세수익을 수익으로 인식하여 재정운영표상 수익에 가산하며 동시에 현금증가를 재정상태표상 자산증가로 기록하게 된다.

예를 들어 어떤 기업이 법인세 1억원을 신고납부한 경우, 다음과 같이 회계처리한다.

예산회계	재무회계	
수입부	차변(자산증가)	대변(수익발생)
국세수익에 따른 현금 1억	현금 1억*	국세수익 1억

* 실제로는 제7장에서 다루어지는 국고금회계 방식을 이용하지만 본장에서는 설명의 편의를 위해 국고금회계 과정은 생략하였음.

2) 부과납부의 경우

부과납부방식은 정부의 부과처분에 의해 세액이 결정되는 방식이다. 정부가 세금을 부과하는 시점에는 현금수입이 없으므로 예산회계에서는 수입부에 기록을 하지 않는다. 그러나 재무회계는 미수국세라는 자산의 증가를 기록하고 국세수익이라는 수익으로 기록한다.

이후 납세자가 세금을 납부하면 예산회계상 수입부에 국세수입에 따른 현금증가를 기록한다. 재무회계는 미수국세라는 자산의 감소와 현금증가라는 자산의 증가를 기록한다.

예를 들어 정부가 상속세 1억원을 부과하고 징수한 경우를 보자.

① 세금부과시

예산회계	재무회계	
수입부	차변(자산증가)	대변(수익발생)
기록하지 않음	미수국세 1억	국세수익 1억

② 세금납부시

예산회계	재무회계	
수입부	차변(자산증가)	대변(자산감소)
국세수익에 따른 현금 1억	현금 1억	미수국세 1억

(3) 세출예산 집행 회계처리

세출예산을 집행하면 현금이 지출된다. 예산회계는 현금지급내역을 지출부에 기록한다. 재무회계는 현금지출이라는 자산의 감소와 비용발생(예 : 인건비 지급)이나 자산증가(예 : 건물 취득) 등을 동시에 기록한다.

① 인건비 지급 : 인건비 1억원을 지급한 거래

예산회계	재무회계	
지출부	차변(비용발생)	대변(자산감소)
인건비 지급에 따른 현금유출 1억	인건비 1억	현금 1억

② 건물 취득 : 건물 20억원을 취득한 거래

예산회계	재무회계	
지출부	차변(자산증가)	대변(자산감소)
건물 취득에 따른 현금유출 20억	건물 20억	현금 20억

객관식 문제

1 정부회계의 특징에 대한 설명 중 옳지 않은 것은?

① 정부회계에서 수익이 비용을 초과하여 순이익이 나면 정부기능을 잘 수행한 것이다.
② 정부회계는 예산에 의해서 통제되는 특징이 있다.
③ 정부서비스는 법령에 의해서 통제를 받으며, 정부조직의 회계보고책임이 정부회계에서 중요하다.
④ 정부조직은 서로 다른 목적을 가진 조직들에 의해 서비스를 제공하기 때문에 일반회계, 특별회계, 기금과 같은 다수의 회계실체를 둔다.

해답_①

정부회계는 비영리회계이기 때문에 순이익이 정부기능을 잘 수행한 것을 나타내지 못한다. 꼭 해야 할 기능을 수행하지 않을 경우 비용이 발생하지 않아 수익이 발생할 수 있기 때문이다.

2 정부회계의 회계보고책임에 대한 설명 중 옳지 않은 것은?

① 정부회계보고서는 예산에 따라 적법하게 지출이 이루어졌는지를 나타내어야 한다.
② 정부회계보고서는 금년의 세입이 금년의 서비스를 위한 지출을 감당하기에 충분한지의 정보를 보고해야 한다.
③ 정부회계보고서는 정부가 제공한 서비스 원가정보와 함께 업무수행을 얼마나 효율적으로 수행했는지를 판단할 수 있는 정보를 제공해야 한다.
④ 정부회계보고서는 부정이 없다는 것을 증명해야 한다.

해답_④

정부회계가 부정이 없다는 것을 증명하는 것은 아니다. 정부의 자산관리가 부정이나 낭비 없이 관리된다는 관리통제정보를 제공하면 된다.

3 정부회계의 실체에 대한 설명 중 옳지 않은 것은?

① 정부회계는 여러 가지 다른 목적에 따라 다수의 회계실체를 두고 있다.
② 우리나라 정부회계의 실체는 일반회계, 특별회계, 기금회계 및 일반고정자산회계로 되어 있다.
③ 특별회계는 특정한 사업을 운영하기 위한 회계를 말한다.
④ 기금이란 특정목적을 위해 특정자금을 기금으로 설치하여 운영하는 것이다.

해답_②

일반고정자산회계는 미국 정부회계의 실체이며 우리나라의 회계실체가 아니다.

4 예산회계의 설명 중 옳지 않은 것은?

① 예산회계는 정부가 보유하는 모든 경제적 자원의 변동을 측정한다.
② 예산은 정부지출을 통제하는 회계시스템이다.
③ 예산회계는 예산과목을 계정과목으로 사용한다.
④ 세입세출결산서는 예산회계상의 보고서이다.

해답_①

예산회계는 현금과 단기채권 등 재무자원의 변동을 측정한다.

5 지출원인행위회계의 설명 중 옳지 않은 것은?

① 지출원인행위회계는 예산통제를 하기 위한 회계방식이다.
② 정부가 재화나 용역의 주문을 할 때 예산상 금액을 차감한다.
③ 지출원인행위회계를 통해 예산상 얼마의 금액이 남아 있는지를 알 수 있어 예산의 초과지출을 방지한다.
④ 지출원인행위회계는 정부의 재무제표를 작성하기 위한 복식부기회계를 말한다.

해답_④

지출원인행위회계는 재무자원의 유출에 대한 의무발생시점에 예산배정액을 차감한다.

6 정부회계의 재무제표에 대한 설명 중 옳지 않은 것은?

① 정부회계의 재무제표는 재정상태표, 재정운영표, 순자산변동표, 현금흐름표를 포함한다.

② 재무제표에 대한 주석 역시 재무제표에 포함된다.

③ 정부의 재무제표는 현금의 유출입을 기준으로 작성된다.

④ 재정운영표는 정부가 수행한 서비스에 대한 원가를 보여준다.

해답_③

정부의 재무제표는 발생기준에 의해 작성된다.

7 다음은 발생주의하에서의 회계거래에 대한 설명이다. 틀린 것은?

① 회계상의 거래란 조직의 자산 · 부채 · 순자산 · 수익 · 비용계정에 증감을 가져오는 사건을 말한다.

② 회계상의 거래란 화폐단위로 측정될 수 있는 사건을 말한다.

③ 회계상의 거래는 회계기록의 대상이 된다.

④ 거래처로부터 전화주문을 받은 경우에 이를 회계상의 거래로 인식하여 즉시 수익으로 기록한다.

해답_④

거래처로부터의 단순한 전화주문시점은 아직 가득되지 않은 상태이므로 수익으로 기록할 수 없다. 따라서 주문된 상품을 인도하는 시점에 거래로 인식하여 수익으로 기록해야 한다.

8 다음은 계정에 대한 설명이다. 틀린 것은?

① 계정은 재정상태표계정, 재정운영표계정, 순자산변동표계정으로 크게 나뉜다.

② 계정이란 정부조직의 자산 · 부채 · 순자산 · 수익 · 비용을 기록하는 장소이다.

③ 모든 계정들이 들어 있는 장부를 총계정원장 혹은 원장이라 한다.

④ 계정의 왼쪽은 차변이라 한다.

해답_①

계정은 재정상태표계정과 재정운영표계정의 두 종류로 크게 나뉜다.

9 다음은 계정기입방법에 대한 설명이다. 틀린 것은?

① 수익의 증가는 대변에 기록한다.
② 자산의 증가는 차변에 기입한다.
③ 부채의 증가는 대변에 기록한다.
④ 순자산의 증가는 차변에 기록한다.

해답_④

순자산의 증가는 대변에 기록한다.

10 다음은 결산조정분개에 대한 설명이다. 틀린 것은?

① 결산조정분개는 회계연도말의 자산・부채・순자산・수익・비용을 올바르게 기록하기 위해 필요한 과정이다.
② 결산조정분개는 현대의 회계가 현금주의가 아닌 발생주의를 택하고 있기 때문에 필요한 과정이다.
③ 결산조정항목은 크게 이연항목, 발생항목으로 구분된다.
④ 미지급비용은 이연항목이다.

해답_④

미지급비용은 발생항목이다.

11 다음은 국가의 재무제표에 대한 설명이다. 틀린 것은?

① 재무제표는 재정상태표, 재정운영표, 현금흐름표 및 세입세출결산서로 구성된다.
② 재정상태표는 자산, 부채, 순자산 등의 재무상태를 나타내므로 시점을 표시한다.
③ 재정운영표는 재정운영결과를 나타내므로 기간을 명시한다.
④ 순자산변동표는 순자산 변동내역을 나타내므로 기간을 표시한다.

해답_①

세입세출결산서는 재무제표에 포함되지 않는다.

12 다음은 재무제표의 상호연관성에 대한 설명이다. 틀린 것은?

① 재정운영표의 재정운영결과는 순자산변동표의 재정운영결과로 표시된다.

② 순자산변동표의 기말순자산은 재정상태표의 순자산으로 나타난다.

③ 재정운영표의 재정운영결과는 재정상태표의 순자산인 적립금및잉여금에 포함된다.

④ 재무제표는 서로 독립적인 관계이므로, 특정 재무제표의 오류는 다른 재무제표에 영향을 주지 않는다.

해답_④

재무제표는 서로 연관되어 있으므로, 특정 재무제표의 오류는 다른 재무제표에 영향을 준다.

13 예산회계와 재무회계의 설명 중 옳지 않은 것은?

① 예산회계는 현금수입이 있으면 수납부, 현금지출이 있으면 지출부에 기록하는 단식부기방식이다.

② 재무회계는 재정상태표 등식에 근거한 복식부기방식으로 회계처리한다.

③ 국세수입 1억원이 있으면 재무회계는 차변에 현금 1억원, 대변에 국세수익 1억원으로 회계처리한다.

④ 국세부과 1억원을 하면 아직 현금이 수납되지 않았기 때문에 예산회계와 재무회계 모두 회계처리를 하지 않는다.

해답_④

국세부과시 예산회계는 회계처리가 없지만, 재무회계는 미수국세와 국세수익으로 회계처리한다.

chapter

2

예산의 개념과 예산회계

제1절 예산의 의의

1. 예산의 개념

국가나 지방자치단체가 공공의 서비스를 수행하기 위해서는 자금이 필요하다. 예산이란 정부가 수행할 서비스에 대한 자금의 지출규모와 이에 따르는 수입의 규모를 예측하여 화폐금액으로 표시한 국가나 지방자치단체 활동의 계획서라고 할 수 있다. 정부예산은 민간기업의 예산과는 다른 특징이 있는데, 이는 민간기업의 예산은 경영자 등에 의해 임의로 변경할 수 있지만, 정부의 예산은 임의로 변경할 수 없고 의회의 승인을 받아야 하는 등 법적 구속력이 있다는 점이다.

정부예산은 자금의 수입과 지출 모두 법적인 제약을 받는다. 자금수입인 세입의 주요 항목인 조세수입은 의회가 정한 법률에 의해서만 부과할 수 있는 조세법률주의에 의해 제약을 받는다. 자금지출인 세출은 정부가 사용할 수 있는 자금의 최고한도를 의회가 결정한 것이므로 이를 초과하여 지출할 수 없는 법적 구속력이 있다.

정부예산에 대한 이 같은 법적 구속력은 서구에서 민주주의가 발전하면서 시민의 대표인 의회가 군주나 행정부의 활동, 특히 조세부과에 대한 의회 승인권을 획득하고 행정부의 세출규모와 내용을 법적으로 견제하기 위한 제도적 장치로서 이어져 오고 있다.

이에 따라 정부는 예산의 실제 집행내역이 의회가 승인한 예산의 내용에 따라 적법하게 사용되었는지를 보고하는 회계보고책임(accountability)이 중요한 회계책임으로 되어 있으며, 정부회계는 회계보고책임을 중심으로 하여 발전되어 왔다.

2. 예산의 기능

(1) 재정정책 기능

정부가 제공하는 공공서비스에 대한 수요는 교육이나 사회복지 등 여러 분야에서 확대되고 있다. 정부는 한정된 자원으로 정부의 서비스 중 어느 부분을 우선순위로 할 것인지를 정책적으로 결정하고 수행하는 재정정책 기능을 예산을 통해서 이루고 있다. 재정정책 기능을 수행하기 위해서는 여러 정책 중 무엇이 긴급하고 효율적인지에 대한 분석과 평가 작업이 있어야 하며 실제 집행결과와 예산의 비교 등의 활동이 따라야 한다.

정부의 재정정책 중 중요한 것으로는 공공서비스의 제공을 통한 재화와 용역의 제공, 소득의 분배, 경기조절과 실업방지, 사회간접자본 투자 등을 통한 최적성장과 수요관리 등을 들 수 있으며, 이러한 다양한 정책 중 어느 부분을 우선순위로 할 것인지를 정치, 경제, 사회적 여건에 따라 잘 결정하는 것이 정부의 중요한 책임이다.

(2) 계획과 통제 기능

예산은 정부가 수행할 여러 서비스 중 중점적으로 수행할 서비스의 내용을 정책적으로 분석하고 평가하여 편성하는 것이므로 계획(planning)의 기능을 갖는다. 또한, 예산은 정부서비스의 실제 집행이 예산에 따라 적법하게 이루어지고 있는지를 확인하고 예산에 맞추어서 수행되도록 하는 통제(control)의 기능을 갖는다. 이러한 계획과 통제의 과정을 그림으로 나타내면 [도표 2-1]과 같다.

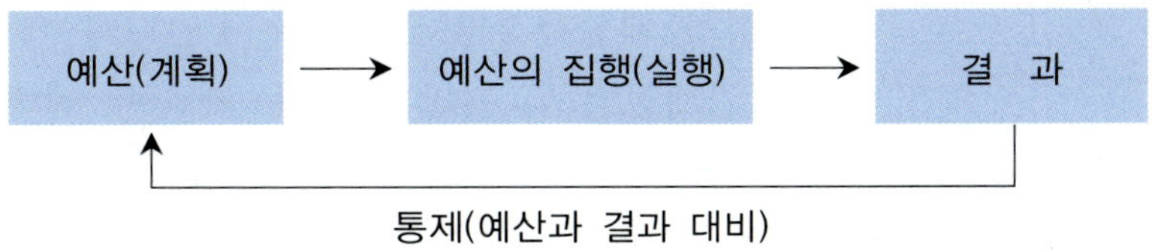

[도표 2-1]
예산의 계획과 통제 기능

(3) 업무수행평가 기능

정부가 서비스를 제공한 결과는 예산결산보고서에 나타나는데, 이 보고서는 집행실적과 예산을 비교함으로써 정부가 업무를 어떻게 수행했는가를 평가할 수 있도록 하는 기능을 갖고 있다. 만일 어떤 서비스를 위해 예산을 집행했지만 서비스 수준은 원래 계획했던 수준보다 낮을 경우, 업무가 비효율적으로 수행된 것을 알게 되어 그 원인을 밝히게 된다.

민간기업은 예산과 실적 대비에 따른 업무의 효율성을 수익성이나 활동성 등으로 측정하기 때문에 크게 어렵지 않으나, 정부의 활동은 효율성 측정의 지표가 질적인 것이 많아 업무수행평가가 매우 어렵다는 문제점이 있다. 그러나 업무수행평가를 고려한 예산기법이나 업무측정지표의 개발 등을 통해서 예산과 업무수행평가를 연결시키는 노력이 이루어지고 있다.

3. 예산의 원칙

(1) 회계연도 독립의 원칙

각 회계연도의 경비는 당해 연도의 세입으로 충당해야 한다. 즉, 그 연도에 지출할 경비의 재원은 그 연도의 세입으로 조달해야 하고, 그 연도에 지출되어야 할 경비를 다른 연도에 지출해서는 안 된다는 원칙이다. 우리나라 정부의 회계연도는 매년 1월 1일부터 그해 12월 31일까지이다.

이 원칙은 현금회계뿐만 아니라 물품, 채권, 국·공유재산에도 모두 적용된다. 정부회계에서는 세출을 먼저 확정하고 세입을 이에 맞추어 결정하며 현금주의에 의하여 회계처리하기 때문에, 회계연도 독립의 원칙이 지켜지지 않으면 매 회계연도별 성과평가가 적절하지 못하게 된다.

그러나 정부 재정행정의 연속성을 감안하여 예산을 신축적으로 운용할 필요가 있어 국가재정법 및 지방재정법은 계속비, 세출예산이월, 세계잉여금의 다음연도 이입 등 예외사항을 두고 있다.

1) 세입 · 세출의 회계연도 소속구분

국가 및 지방자치단체는 세입과 세출을 어느 회계연도에 귀속시켜야 할지에 대한 구분기준을 각각 국고금관리법 시행령 제4조와 지방회계법 시행령 제2조 및 제3조에서 규정하고 있다.

- 세입의 회계연도 소속구분
  - ① 납기가 정해져 있는 수입은 그 납기 말일이 속하는 연도
  - ② 수시의 수입으로서 납입고지서를 발부하는 것은 그 납입고지서를 발부한 날이 속하는 연도
  - ③ 수시의 수입으로서 납입고지서를 발부하지 아니하는 것은 그 영수한 날이 속하는 연도
- 세출의 회계연도 소속구분
  - ① 국채 · 지방채 및 차입금의 원리금, 연금 등은 그 지급기일이 속하는 연도
  - ② 각종 반환금, 결손보전금, 상환금, 기타 이와 유사한 것은 그 지급결정을 한 날이 속하는 연도
  - ③ 실비보상, 급여, 여비, 수수료, 기타 이와 유사한 것은 그 지급을 해야 할 사실이 생긴 날이 속하는 연도
  - ④ 사용료, 보관료, 전기료, 기타 이와 유사한 것은 그 지급의 원인이 되는 사실이 있는 기간이 속하는 연도
  - ⑤ 공사비, 제조비, 물건구입비, 운임 등과 보조금 등으로서 상대방의 행위가 완료된 후에 지급하는 것은 그 지급이 확정된 날이 속하는 연도
  - ⑥ 그 밖의 경비는 국고금입금요구서, 국고금대체입금요구서를 발행한 날 또는 그 지급명령을 발한 날이 속하는 연도

2) 출납정리기한과 출납폐쇄기한

국가회계의 경우 매 회계연도의 세입과 세출에 따른 현금의 수입과 지출은 해당

회계연도말까지 해야 하지만 특별한 경우 다음연도 1월 20일까지 처리할 수 있도록 하는 출납정리기한을 규정하고 있다. 출납공무원이 해당 회계연도에 수납할 수입금을 한국은행 등에 납입하거나, 정부계정 상호간의 국고금 대체를 위하여 납입하는 경우를 들 수 있다. 세입·세출의 출납에 관한 사무는 다음연도 2월 10일까지 완결해야 한다.

지방자치단체의 출납은 회계연도가 끝나는 날 폐쇄한다. 그러나 특별한 경우 지방자치단체도 다음연도 1월 20일까지 출납원이 수납한 세입금을 지방자치단체의 금고에 납입할 수 있으며, 관서 운영에 드는 경비 또는 일상경비를 반납할 수 있는 출납폐쇄기한을 규정하고 있다. 또한 다음 회계연도 2월 10일까지 해당 회계연도에 속하는 세입·세출의 출납에 관한 사무를 마쳐야 하는 출납사무완결기한을 규정하고 있다.

(2) 예산총계주의 원칙

한 회계연도의 모든 수입을 세입으로 하고 모든 지출을 세출로 하여 세입과 세출을 모두 예산에 편입하도록 하는 원칙이다. 예산총계주의 원칙은 수입과 이에 관련된 지출의 상계나, 동일인에 대한 채권·채무의 상계 등이 이루어지는 것을 방지하기 위한 것이다.

예산총계주의 원칙에는 다음과 같은 예외가 인정되고 있다.

1) 정부의 현물출자

현물출자는 국·공유재산 중 행정재산이나 보존재산 이외의 재산을 현물로 정부출자기관에 자본으로서 출자하는 것을 의미한다. 이를 예산에 계상하게 되면 이들 재산을 조성할 당시의 지출금이 이미 예산에 계상되었으므로 중복계상하는 문제가 발생한다. 또한 현금주의 회계에서 현금이 아닌 현물은 자금의 지출이나 수입이 없으므로 예산에 계상하지 못한다.

2) 전대차관

국내거주자에게 전대할 것을 목적으로 외국의 금융기관으로부터 외화자금을 차입하는 것을 전대차관이라고 한다. 전대차관은 정부가 단순히 창구역할만 하는 것이므로 예산에 계상할 만한 실익이 없다.

3) 기금의 운용

정부가 특정한 목적을 달성하기 위하여 특정한 자금을 운용할 필요가 있을 때 예산에 의하지 않고 기금을 설치 운용할 수 있도록 하고 있다. 다만 지방자치단체의 기금 설치 운용은 지방의회의 의결사항이다.

(3) 수입의 직접 사용금지의 원칙

조세 기타 국가나 지방자치단체의 모든 수입은 법률에 특별한 규정이 있는 경우를 제외하고는 국고(한국은행)에 납부해야 하며 수입금을 직접 사용하지 못한다. 지방자치단체의 장 또는 그 보조기관은 그 관할에 속하는 지방자치단체의 모든 수입을 지정된 수납기관(지방금고)에 납부해야 하며 이를 직접 사용하지 못한다. 이 원칙을 세입·세출 혼동 금지의 원칙이라고도 한다.

국가와 지방자치단체의 예산은 세입과 세출로 구분되어 있고 기능별로 구분되어 운용되므로 수입을 직접 특정지출에 사용하게 되면 예산통제가 불가능하게 된다. 예를 들어, 수입된 금액을 직접 채무변제에 충당하거나 수입을 올릴 수 있는 자산을 공여하여 채무를 변제하는 경우는 모두 이 원칙에 위배된다. 모든 수입은 국고에 납부해야 하므로 국고금 취급기관인 한국은행이나 지방금고에 수입금을 납부하고 지출금은 또한 한국은행이나 지방금고를 통하여 지출해야 한다.

지출이 직접 수입을 수반하는 경비로서 대통령령이 정하는 경비인 수입대체경비는 그 수입이 확보되는 범위 안에서 직접 지출할 수 있다. 다만 수입이 예산을 초과하거나 초과할 것이 예상되는 경우에는 그 초과수입을 당해 초과수입에 직접 관련되는 경비에 초과지출할 수 있다.

재외공관은 재외공관 수입금 등 직접 사용에 관한 법률에 의거하여 수입금 및 일상경비사용잔액을 당해 재외공관에서 직접 사용할 수 있다. 그 밖에 조체수불, 수입금 마련지출 등도 수입의 직접 사용금지의 원칙에 대한 예외이다.

(4) 건전재정의 원칙

국가와 지방자치단체의 세출은 국채 또는 차입금 이외의 세입, 지방채 이외의 세입을 재원으로 그 재정을 건전하게 운영해야 한다. 이 원칙에는 재정증권의 발행 또는 일시차입, 국채의 발행, 장기차입금, 지방채 발행, 일시차입금 등의 예외가 있다.

(5) 예산의 공개 및 사전의결의 원칙

국회는 국가의 예산안을 회계연도 개시 30일전까지 의결해야 하며 정부는 예산이 성립되면 지체없이 예산, 전년도 예산, 국채, 차입금, 국유재산의 현재액, 기타 재정에 관한 일반사항을 국민에게 알려야 한다.

지방자치단체의 예산은 지방의회가 회계연도 개시 10일전(기초자치단체) 또는 15일전(광역자치단체)까지 의결해야 하며, 지방자치단체의 장은 지방의회의 심의・의결을 거쳐 확정된 다음연도 예산이 이송되면 그 내용을 지체없이 고시해야 한다. 또한 지방자치단체의 장은 매 회계연도마다 1회 이상 세입・세출예산의 집행상황 등 재정운영에 관한 중요사항을 주민에게 공개해야 한다.

이 원칙에 대한 예외로 인정되는 것은 준예산, 예비비, 국가안전보장을 위한 활동비가 있다.

4. 예산의 목적에 따른 분류

(1) 일반회계예산

일반회계예산은 정부의 고유기능을 수행하기 위한 경상적인 재정활동의 예산을 말한다. 일반적으로 예산이라고 하면 일반회계예산을 의미하며 세입은 조세가 중심이 되고 세출은 정부활동을 위한 기본경비가 중심이 된다.

(2) 특별회계예산

특별회계예산은 특정한 사업을 운영하거나 특정한 세입으로 특정한 세출에 충당하는 경우처럼 일반회계와 별도로 구분하여 회계처리를 하는 예산을 말한다. 특별회계는 정부가 운영하는 특정한 사업의 지출을 별도 관리하고 행정기관이 자유재량을 갖도록 하여 행정능률을 높이기 위해서 설치하는 것이며, 특별회계를 설치하기 위해서는 법률이나 조례에 근거가 있어야 한다.

국가의 특별회계는 [도표 2-2]와 같이 기업회계와 같은 성격의 기업특별회계와 예산회계구조를 갖는 기타특별회계로 구분할 수 있다.

[도표 2-2]
특별회계의 구분

구 분	내용 예시
기업특별회계	양곡관리, 조달, 책임운영기관, 우편사업, 우체국예금
기타특별회계	환경개선, 농어촌구조개선, 교통시설, 광역 · 지역발전 등

지방자치단체의 특별회계는 공기업을 운영하기 위한 공기업특별회계, 기타특별회계로 구분된다. 공기업특별회계는 상 · 하수도, 도시철도, 청소, 주택, 의료, 시장 등의 사업을 대상으로 대통령령에서 정한 일정한 기준 이상의 사업에 적용된다. 기타특별회계는 의료보호, 토지구획정리, 영세민 등의 특별회계이다.

(3) 기 금

기금은 경제 사회적인 상황에 신속하고 탄력적으로 대응하기 위하여 정부가 예산에 의하지 않고 특정사업을 위한 특정자금을 보유하고 관리 · 운영하는 것을 말한다. 기금은 특별회계와 목적 면에서 유사하지만 세입세출예산과 별도로 운영된다는 점이 특별회계와 차이가 있다. 따라서 기금은 예산과 별도로 기금별 결산을 한다. 기금은 예산에 비해 자율성과 탄력성이 높지만, 기금의 난립과 방만한 운영이 초래될 가능성이 있다.

기금은 중앙관서의 장이 관리하는 정부관리기금과 중앙관서의 장이 관리하지 않고 기금재원의 대부분이 민간부담금으로 조성되는 민간관리기금으로 분류된다. 국가의 예산서에서는 기금을 사회보험성기금, 계정성기금, 금융성기금 및 사업성기금으로 구분한다.

5. 예산성립과정에 따른 분류

(1) 본예산

국회에서 심의를 거쳐 확정된 매 회계연도 최초의 예산을 말한다.

(2) 수정예산

정부가 예산안을 국회에 제출한 후 예산안이 국회에서 의결되기 전에 기제출한 예산안 내용의 일부를 수정하여 다시 제출한 예산안을 말한다. 수정예산안은 국무회의 심의와 대통령의 승인을 받아 회계연도 개시 전에 국회에 이미 제출된 예산안이 의결되기 전까지 국회에 제출되어야 한다. 수정예산안이 국회에 제출되면 이미 제출된 당초예산에 흡수되어 심의 의결된다.

(3) 추가경정예산

예산성립 후에 발생한 사유로 인하여 필요한 경비의 과부족이 생길 경우 본예산에 추가 또는 변경을 가한 예산을 말한다. 추가경정예산은 추가예산과 경정예산을 합한 개념이다. 추가예산은 비목을 신설하거나 기존비목의 금액을 추가 증액하는 것이다. 경정예산은 기존예산의 범위 내에서 금액에만 한정하지 않고 예산총칙, 계속비 등도 수정할 수 있는 것으로, 수정할 수 있는 범위는 예산금액의 감소, 부서소관 과목 상호간 예산금액의 변경, 예산목적의 변경, 채무부담행위의 금액 및 조건의 변경, 명시이월비의 범위변경 등이다. 추가경정예산이 일단 성립하면 본예산에 흡수되어 운용된다.

지방자치단체도 이미 성립된 예산에 변경을 가할 필요가 있을 때에는 추가경정예산을 편성할 수 있다. 시·도의 경우에는 국가로부터, 시·군 및 자치구의 경우에는 국가 또는 시·도로부터 그 용도가 지정되어 소요금액이 교부된 경비는 추가경정예산의 성립 이전에 이를 사용할 수 있으며, 이는 동일 회계연도 내의 차기 추가경정예산에 계상해야 한다.

6. 경상예산과 자본예산

예산은 정부지출에 대한 효익이 지출연도에 소멸되는가 아니면 수년도에 걸쳐 계속되는가에 따라 경상예산과 자본예산으로 구분할 수 있다.

(1) 경상예산

기업회계의 손익거래와 마찬가지로 정부지출의 효익이 당해 연도에 소멸되는 항목의 예산을 경상예산(operating budget)이라고 한다. 예를 들어 세출로는 인건비, 물건비, 이자보조금 등이 있고 세입으로는 조세수입, 정부기업수입 등으로 일반적인 예산의 대부분이 경상예산에 속한다.

(2) 자본예산

자본예산(capital budget)은 정부가 건물이나 토지를 매입하고 체육관이나 도로 등 사회간접자본시설을 구축하는 데 자금을 지출한 경우처럼 지출의 효익이 수년도에 걸쳐 계속되는 예산을 말한다. 현금주의 회계를 사용할 경우 경상예산이나 자본예산 모두 현금의 지출이라는 면에서 같기 때문에 구분의 필요가 크지 않지만 발생주의 회계개념에서는 자본적 지출을 구분하기 위한 자본예산의 개념은 매우 중요하다.

그러나 현금주의 회계를 사용하더라도 예산의 관리 측면에서 자본예산을 도입하는 것이 효율적이라는 주장이 있다. 사회간접자본은 그 효익이 여러 세대에 걸쳐 일어나므로 그 재원 역시 공채 등과 같이 다음 세대가 부담하도록 하는 것이 세대간의 공평 및 경제발전을 이룰 수 있다는 주장이다.

제 2 절 예산의 구성

예산은 법률에서 정한 일정한 요건에 맞추어 작성된다. 예산의 내용은 예산총칙, 세입 · 세출예산, 계속비, 명시이월비, 국고채무부담행위 등으로 구분된다.

1. 예산총칙

예산총칙에는 다음 사항을 규정하고 있다.

① 세입 · 세출예산, 계속비, 명시이월비와 채무부담행위에 관한 총괄적 규정
② 국채 · 지방채 또는 차입금의 연간한도액
③ 재정증권 및 일시차입금의 최고액
④ 기타 예산집행에 필요한 사항

예산총칙은 당해 연도 예산에 관한 총괄적 규정으로 조문형식으로 되어 있고 그 회계연도에서만 유효하다.

2. 세입 · 세출예산

세입 · 세출예산은 예산의 가장 중심적인 부분으로 한 회계연도의 모든 수입과 지출 예정액이 포함되며, 정부의 주요 정책이나 사업계획, 경비내역 등이 모두 여기에 반영된다.

예산은 그 내용을 명백하게 하기 위하여 일정한 기준에 따라 장 · 관 · 항으로 구분하는데, 이를 예산과목이라고 한다. 세출예산의 경우 세항 및 목으로 세분화할 수 있다.

(1) 국가 및 지방자치단체 세입예산 과목

국가의 세입예산은 관 · 항 · 목으로 분류되며 세입예산의 체계는 다음과 같이 20개 관으로 되어 있다.

관번호	관	관번호	관
1	내국세	11	재산수입
2	관세	12	경상이전수입
3	방위세	13	재화 및 용역판매수입
4	교통 · 에너지 · 환경세	14	수입대체 경비수입
5	양여세	15	관유물 매각대
6	교육세	20	융자 및 전대차관 원금회수
7	사회보장기여금	31	차입금 및 여유자금회수
8	농어촌특별세	32	차관수입
9	종합부동산세	33	전년도 이월금
10	기업특별회계 영업수입	40	정부내부수입 기타

지방자치단체 세입예산은 세입의 원천별로 장 · 관 · 항 · 목으로 구분한다. 대분류는 지방세수입, 세외수입, 지방교부세, 조정교부금 및 재정보전금, 보조금, 지방채 및 예치금회수 등 6개의 장으로 구성된다. 지방자치단체 세입예산 과목은 [도표 2-3]에 나타나 있다.

[도표 2-3]
지방자치단체
세입예산의 분류

<table>
<tr><th>장</th><th>관</th><th>항</th></tr>
<tr><td>지방세수입</td><td>지방세</td><td>보통세, 목적세, 지난연도수입</td></tr>
<tr><td rowspan="2">세외수입</td><td>경상적 세외수입</td><td>재산임대수입, 사용료수입, 수수료수입, 사업수입, 징수교부수입, 이자수입</td></tr>
<tr><td>임시적 세외수입</td><td>재산매각수입, 순세계잉여금, 이월금, 전입금, 예탁금 및 예수금, 융자금 원금수입, 부담금, 잡수익, 지난연도수입</td></tr>
<tr><td>지방교부세</td><td>지방교부세</td><td>지방교부세</td></tr>
<tr><td rowspan="2">조정교부금 및 재정보전금</td><td>조정교부금</td><td>조정교부금</td></tr>
<tr><td>재정보전금</td><td>재정보전금</td></tr>
<tr><td rowspan="2">보조금</td><td>국고보조금 등</td><td>국고보조금 등</td></tr>
<tr><td>시 · 도비 보조금 등</td><td>시 · 도비 보조금 등</td></tr>
<tr><td rowspan="3">지방채 및 예치금 회수</td><td>국내차입금</td><td>차입금, 지방채증권, 지역개발기금</td></tr>
<tr><td>국외차입금</td><td>국외차입금</td></tr>
<tr><td>예치금회수</td><td>예치금회수</td></tr>
</table>

(2) 국가 및 지방자치단체 세출예산 과목

우리나라의 세출예산은 정부가 제공하는 서비스의 내용에 따라 프로그램예산제도로 편성하고 있다. 프로그램 예산은 정부서비스를 분야, 부문, 프로그램(항, 세항), 단위사업(세세항), 세부사업으로 구분하여 편성하는 것을 말한다. 또한, 프로그램 예산과 함께 경비의 성질에 따른 예산구분도 하고 있다.

분야, 부문은 국가 기능 분류의 기본 틀이며, 국가의 모든 회계와 기금이 공동으로 사용하고 있다. 프로그램은 최소 정책단위로서 한 개 이상의 단위사업으로 구성되어 있다. 프로그램은 과거 세출예산의 항과 세항을 정비한 것이다. 단위사업은 프로그램의 하부 사업으로 과거 세출예산상 세세항에 해당된다. 세부사업은 프로그램예산의 최소단위로서 부처 내부적으로 관리하는 사업단위이다. 현행 국가 및 지방자치단체 세출예산의 기능별 분류는 [도표 2-4] 및 [도표 2-5]와 같다.

[도표 2-4]
국가세출예산의 기능별 분류 예시

(기능분류 : 16개 분야)

분야	부문	명 칭
010		**일반공공행정**
	011	입법 및 선거관리
	012	국정운영
	013	지방행정・재정지원
	014	재정・금융
	015	정부자원관리
	016	일반행정
020		**공공질서 및 안전**
	021	법원 및 헌재
	022	법무 및 검찰
	023	경찰
	024	해경
	025	재난관리
030		**통일・외교**
	031	통일
	032	외교・통상
040		**국방**
	041	병력운영
	042	전력유지
	043	방위력개선
	044	병무행정
050		**교육**
	051	유아 및 초중등교육
	052	고등교육
	053	평생・직업교육
	054	교육일반
060		**문화 및 관광**
	061	문화예술
	062	관광
	063	체육
	064	국가유산
	065	문화 및 관광일반
070		**환경**
	075	해양환경
	076	환경일반
	077	물환경
	078	자원순환 및 환경경제
	079	기후대기 및 환경안전
	07A	자연환경
080		**사회복지**
	081	기초생활보장
	082	취약계층지원
	083	공적연금
	087	보훈
	088	주택
	089	사회복지일반
	08A	아동・보육
	08B	노인
	08C	여성・가족・청소년
090		**보건**
	091	보건의료
	092	건강보험
	093	식품의약안전
100		**농림수산**
	101	농업・농촌
	102	임업・산촌
	103	수산・어촌
110		**산업・중소기업 및 에너지**
	111	산업금융지원
	113	무역 및 투자유치
	115	에너지 및 자원개발
	116	산업・중소기업일반
	117	산업혁신지원
	118	창업 및 벤처
120		**교통 및 물류**
	121	도로
	122	철도
	124	해운・항만
	125	항공・공항
	126	물류 등 기타
130		**통신**
	131	방송통신
	132	우정
	133	정보통신
140		**국토 및 지역개발**
	141	수자원
	142	지역 및 도시
	143	산업단지
150		**과학기술**
	152	과학기술연구지원
	153	과학기술일반
	154	과학기술
160		**예비비**
	161	예비비

※ 2024회계연도 국가결산보고서 참고

[도표 2-5]
지방자치단체 세출예산의 기능별 분류

(기능분류 : 13개 분야)

분야	부문	명 칭	분야	부문	명 칭	분야	부문	명 칭
010		일반공공행정(4)	070		환경보호(6)	110		산업·중소기업(6)
	011	입법 및 선거관리		071	상하수도·수질		111	산업금융지원
	013	지방행정·재정지원		072	폐기물		112	산업기술지원
	014	재정·금융		073	대기		113	무역 및 투자유치
	016	일반행정		074	자연		114	산업진흥·고도화
020		공공질서 및 안전(2)		075	해양		115	에너지 및 자원개발
	023	경찰		076	환경보호일반		116	산업·중소기업 일반
	025	재난방재·민방위	080		사회복지(8)	120		수송 및 교통(5)
050		교육(3)		081	기초생활보장		121	도로
	051	유아 및 초중등교육		082	취약계층지원		123	도시철도
	052	고등교육		084	보육·가족 및 여성		124	해운·항만
	053	평생·직업교육		085	노인·청소년		125	항공·공항
060		문화 및 관광(5)		086	노동		126	대중교통·물류 등 기타
	061	문화예술		087	보훈	140		국토 및 지역개발(3)
	062	관광		088	주택		141	수자원
	063	체육		089	사회복지 일반		142	지역 및 도시
	064	문화재	090		보건(2)		143	산업단지
	065	문화 및 관광일반		091	보건의료	150		과학기술(3)
				093	식품의약안전		151	기술개발
			100		농림해양수산(3)		152	과학기술연구지원
				101	농업·농촌		153	과학기술일반
				102	임업·산촌	160		예비비(1)
900		기타		103	해양수산·어촌		161	예비비

※ 행정운영경비는 기타(900) 분야로 처리

세출예산을 기능별·사업별로 편성하는 것은 정부서비스의 성격에 따라 자원배분을 함으로써 성과측정을 하려는 목적이다. 기능별·사업별 세출예산에 더하여 경비의 성질별로 예산을 편성하는데, 이는 각 경비의 성질에 따른 통제를 하기 위한 것이다.

국가세출예산의 성질별 대분류는 다음과 같다.

목번호	목	목번호	목
100	인건비	500	상환지출
200	물건비	600	전출금 등
300	이전지출	700	예비비 및 기타
400	자산취득		

지방자치단체 세출예산의 성질별 대분류는 다음과 같다.

그 룹	편성목	그 룹	편성목
100	인건비	500	융자 및 출자
200	물건비	600	보전재원
300	경상이전	700	내부거래
400	자본지출	800	예비비 및 기타

3. 계속비

계속비는 공사나 제조 및 연구개발사업에 있어서 그 완성에 수년을 요하는 경우 소요경비의 총액과 연부액을 정하여 미리 국회나 지방의회의 의결을 얻은 범위 안에서 수년도에 걸쳐서 지출할 수 있는 경비이다. 국회나 지방의회의 의결을 얻은 계속비는 당해 회계연도를 포함하여 5년 이내에는 허용된 경비 총액범위 내에서 계속 지출할 수 있다. 연도별 금액(연부액) 중 당해 연도에 지출하지 못한 것은 5년 이내의 계속비 사업완성연도까지 순차적으로 이월하여 사용할 수 있다.

4. 명시이월비

명시이월비는 세출예산 중 경비의 성질상 연도 내에 그 지출을 끝내지 못할 것이 예측될 때에 특히 그 취지를 세입·세출예산에 명시하여 미리 국회의 승인을 얻어 다음연도에 이월하여 사용하는 것으로 회계연도 독립의 원칙에 대한 예외이다. 명시이월비에 대해 예산집행상 부득이한 사유가 있을 때에는 기획재정부장관의 승인을 얻은 금액의 범위 내에서 다음연도에 걸친 지출원인행위가 가능하다.

지방자치단체에서도 경비의 성질상 당해 연도 내에 그 지출을 끝내지 못할 것이 예측되어 그 취지를 세입·세출예산에 명시하여 미리 지방의회의 의결을 얻은 금액은 이를 다음연도에 이월하여 사용할 수 있다. 지방자치단체의 경리관은 명시이월비에 대하여 예산집행상 부득이한 사유가 있을 때에는 당해 연도와 다음 연도에 걸쳐 지출원인행위를 할 수 있다.

명시이월비와 유사한 것으로 사고이월비가 있다. 사고이월비는 연도 내에 지출원인행위를 하고 불가피한 사유로 인하여 연도 내에 지출하지 못한 경비와 지출원인행위를 하지 아니한 그 부대경비의 금액을 다음연도에 이월하여 사용할 수 있는 제도이다.

5. 국고채무부담행위

국가가 각종의 시책을 수행하기 위하여 공법상 또는 사법상 금전적 채무를 부담하는 행위를 국고채무부담행위라고 한다. 법률에 의한 것과 세출예산 금액 또는 계속비의 총액의 범위 안의 것 이외에 국가가 채무를 부담하는 행위를 할 때에는 미리 예산으로 국회의 의결을 얻어야 한다. 지방자치단체의 경우 채무부담행위라고 한다.

제 3 절 예산의 편성

1. 중앙정부의 예산편성과정

중앙정부의 예산편성은 [도표 2-6]과 같은 과정을 거쳐서 이루어진다.

[도표 2-6]
국가예산편성 흐름도

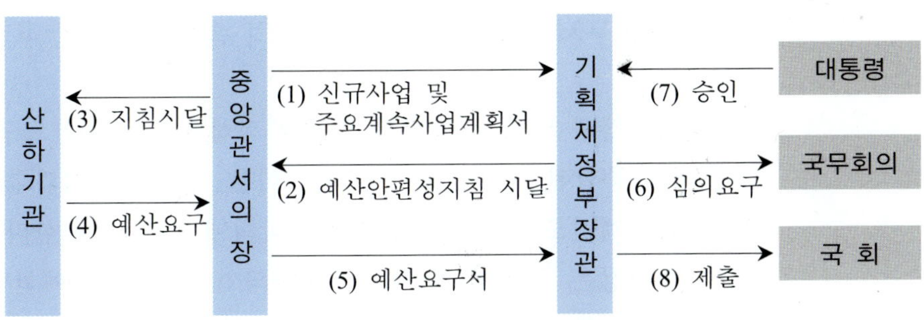

(1) 신규 및 주요계속사업계획서 제출

기획재정부장관은 매년 주요계속사업을 지정하여 일정한 양식에 의해 신규 및 주요계속사업계획서를 제출하여 줄 것을 각 중앙관서의 장에게 요구한다. 각 중앙관서의 장은 매년 다음연도 신규사업 및 기획재정부장관이 정하는 주요계속사업에 대한 계획서를 작성하여 기획재정부장관에게 제출해야 한다. 제출된 서류를 기초로 기획재정부는 매년 신규사업 및 주요계속사업에 대한 분석과 재원소요를 전망하게 된다.

(2) 예산안편성지침 작성 및 시달

기획재정부는 위 사업계획서의 심사 및 국민경제의 제반여건을 검토한 후 다음연도의 예산안편성지침을 작성하여 국무회의의 심의를 거쳐 대통령의 승인을 얻어 각 중앙관서의 장에게 시달한다. 중앙예산기관이 각 중앙관서의 장에게 시달하는 예산안편성지침에는 다음 해의 국내외 경제전망, 재정운용방향, 경비별 편성지침 및 예산요구에 필요한 각종 서식을 포함한다.

(3) 예산요구서 작성제출

각 중앙관서의 장은 예산안편성지침에 따라 그 소관에 속하는 다음연도의 세입·세출예산, 계속비, 명시이월비 및 국고채무부담행위요구서를 작성한 후 예산의 편성 및 예산관리기법의 적용에 필요한 서류를 첨부하여 기획재정부장관에게 제출한다.

(4) 예산요구서 사정 및 예산안 심의 승인

기획재정부장관은 각 중앙관서의 장이 작성제출한 예산요구서를 기초로 사정작업을 거쳐 종합된 예산안을 편성하여 이를 국무회의 심의를 거쳐 대통령의 승인을 얻어 회계연도 개시 120일전까지 국회에 제출해야 한다.

예산사정은 국회에 예산안이 제출되기 전에 중앙예산담당기관이 예산신청을 검토하고 분석하여 예산을 결정하는 과정으로 예산편성의 마지막 단계이다.

예산사정과정에서 주로 사용되는 분석방법은 원가분석, 생산성분석, 비용편익분석, 비용효과분석, 세입세출예측분석 등이다.

2. 지방자치단체의 예산편성과정

지방자치단체의 예산은 [도표 2-7]에서 보는 것처럼 행정안전부 등 관계부처의 예산편성지침이 시달되면서 시작되어 예산요구서의 작성, 제출, 예산요구서의 사정 및 예산안 편성, 예산안의 의회제출 및 고시라는 과정을 거치게 된다.

[도표 2-7]
지방자치단체의 예산편성 흐름도

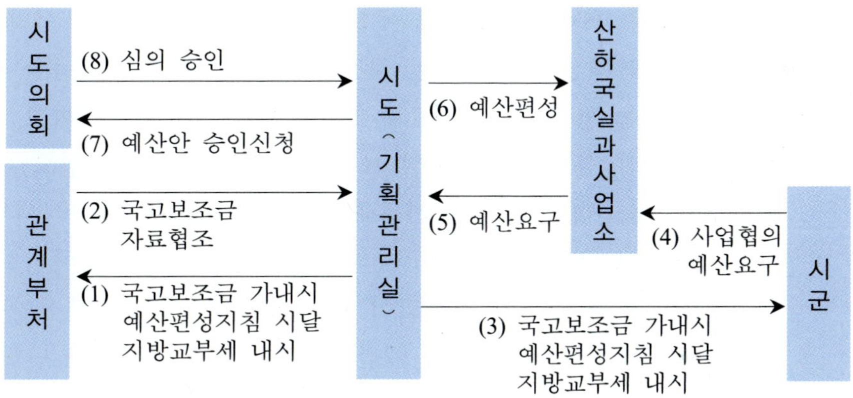

(1) 예산편성지침의 시달

지방자치단체의 매 회계연도의 예산편성지침은 행정안전부장관이 관계중앙행정기관장의 의견을 들어 작성한 다음 지방자치단체에 시달한다. 지침시달 후 지방자치단체의 재정에 영향을 미치는 중요한 국가시책이 수립되거나 변경되는 경우에는 이미 시달된 지침을 변경하여 시달할 수 있다. 교육, 과학 및 체육에 관한 사항 또는 교육비 특별회계의 예산편성지침은 교육인적자원부장관이 작성 시달한다.

예산편성지침은 당해 연도의 정부예산지침에 의하여 각 중앙부처의 협조를 거쳐 지방자치단체가 추진해야 할 예산편성 기본방향과 중점투자사업, 재정대책, 예산과목해소, 예산편성의 기준과 단가 등을 포함하여 시달하며 이때 국고보조금 및 지방교부세에 대한 개략적인 내용도 포함한다.

(2) 예산요구서의 작성제출

예산편성지침을 통보받은 각 부서장 및 기관장은 우선 이 지침을 기준으로 하여 지정된 기일까지 각 소관의 다음연도 예산요구서를 작성한 다음 예산주관부서에 제출한다.

(3) 예산요구서의 사정 및 예산안 편성

예산요구서가 제출되면 예산주관부서는 예산요구부서의 설명을 청취한 후 지방자치단체장의 시정방침, 재정상황, 사업의 효율성 등을 충분히 검토하여 예산요구액을 사정하게 된다. 이러한 예산사정은 합리적이고 건전한 재정운영을 위해 세입의 견적액과 세출의 요구액을 일치시키는 작업으로서, 사업과 경비의 타당성, 요구액의 적정성, 기본운영계획과의 일치여부 및 세입・세출규모의 대비, 전체적인 규모의 조정 등에 의해 이루어지게 된다. 이러한 예산사정을 통해 예산요구액의 조정이 완료되어 예산요구부서의 소관예산안이 작성되면, 이와 함께 각 부서장이 작성하는 예산요구이유서를 총괄하여 단일의 예산요구이유설명서를 작성한 후 지방자치단체장의 결재를 받는다.

(4) 예산안의 제출 및 고시

매 회계연도마다 편성한 예산안은 지방자치단체의 장이 시・도는 회계연도 개시 50일전까지, 시・군・자치구는 회계연도 개시 40일전까지, 의회에 제출해야 한다. 또한 지방의회의 심의 의결을 거쳐 확정된 다음연도 예산이 이송되면 지방자치단체의 장은 그 내용을 지체없이 고시해야 한다.

제 4 절 예산집행과 결산

예산집행은 국회나 지방의회에서 심의 확정된 예산에 따라 회계연도 개시와 더불어 수입을 조달하고 공공경비를 지출하는 재정활동이다. 예산집행활동을 넓게 보면 수입의 조정, 납입의 통지, 예산의 배정, 지출원인행위의 실행, 지방채의 발행, 일시차입금의 차입, 세출예산의 이용 전용 이체, 계약의 체결 등이 모두 포함된다.

1. 예산집행절차

(1) 중앙정부기관의 예산집행절차

예산의 집행은 예산에서 정하는 바에 따라 수입과 지출을 실현하는 일련의 절차로서 세입의 경우는 예산성립 후 책정된 세입예산액이 달성되도록 법령이 정하는 바에 따라 세입원을 포착하여 징수절차를 취한 후 이를 수납하는 것을 말하며, 세출의 경우는 배정된 예산을 그 정한 목적과 용도에 따라 소정의 절차에 의하여 지출하는 것을 의미한다.

1) 세 입

조세 기타의 세입은 세입징수관이 법령이 정하는 바에 의하여 징수 또는 수납하는 것으로서 세입의 징수방법은 세입징수관이 조사결정하여 납세의무자 및 기타 채무자에게 납입의 고지를 하고 수납기관은 수입금출납공무원과 한국은행 및 체신관서이며 세입징수관과 수입금출납공무원은 서로 겸임할 수 없는 것이 원칙이다.

2) 세 출

세출예산의 집행은 각 수요부서에서 예산집행요구를 하면 재무관은 지출한도액 범위 내에서 계약체결 등 지출의 원인이 되는 회계절차를 취하여 관련서류를 지

[도표 2-8]
중앙정부기관
세입예산의 집행절차

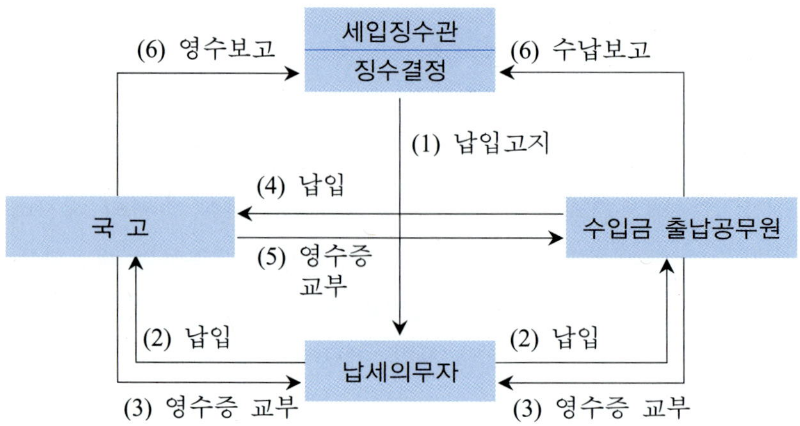

[도표 2-9]
중앙정부기관
세출예산의 집행절차

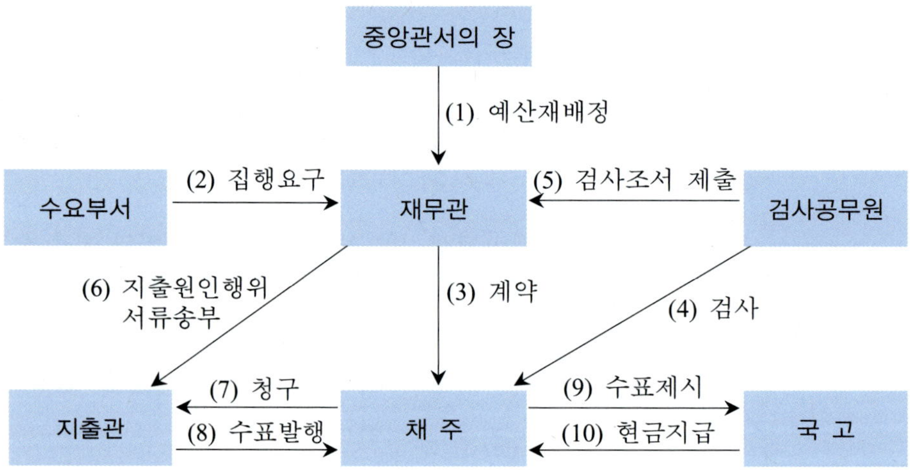

출관에게 송부하고 지출관은 일정한 형식적인 요건을 심사한 후 한국은행을 지급인으로 하는 수표를 발행하는 것이 일반적인 절차로서, 재무관과 지출관은 서로 겸임하지 못하도록 되어 있다.

(2) 지방자치단체의 예산집행절차

지방자치단체의 수입 및 지출은 지방자치단체장의 책임하에 징수관, 경리관, 지출원, 출납원이 담당하며 그 집행은 세입·세출예산의 집행, 계속비의 집행, 예산의 이월, 예비비의 사용, 채무부담행위의 집행으로 나눌 수 있다.

세입의 징수와 수납은 법령과 조례 또는 규칙이 정하는 바에 따라 징수 또는 수납하며 수납기관은 수입금출납원이 아니면 수납할 수 없다. 다만, 지방자치단체에서 설치한 금고에 수납의 사무를 맡긴 경우는 예외로 하며 징수관과 수입금출납원의 직무는 국가기관의 세입징수관, 수입금출납공무원의 직무와 같다.

세출집행예산은 경리관이 법령 조례 및 규칙이 정하는 바에 따라 예산의 범위 안에서 지출의 원인이 되는 계약 기타의 지출원인행위를 하고 지출원은 지출원인행위에 의하여 현금지급에 갈음하여 지방자치단체의 금고에 대하여 채권을 가진 자에게 지급하도록 지급명령을 해야 한다. 경리관, 지출원 및 현금출납원은 직무를 서로 겸임할 수 없다.

[도표 2-10], [도표 2-11], [도표 2-12]는 지방자치단체의 예산집행절차를 보여준다.

[도표 2-10]
지방자치단체의 예산집행절차

[도표 2-11]
세입예산의 집행

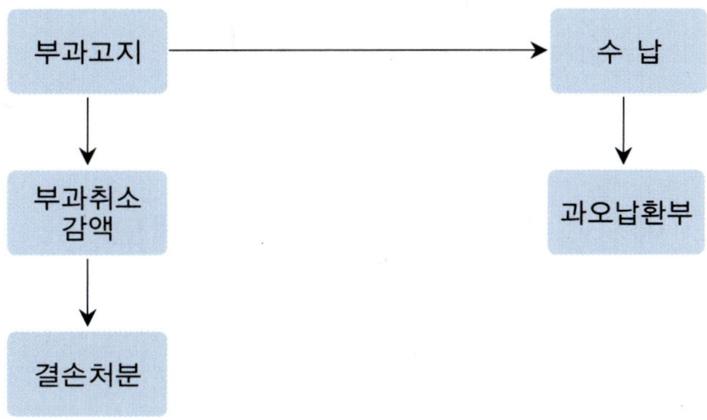

[도표 2-12]
세출예산의 집행

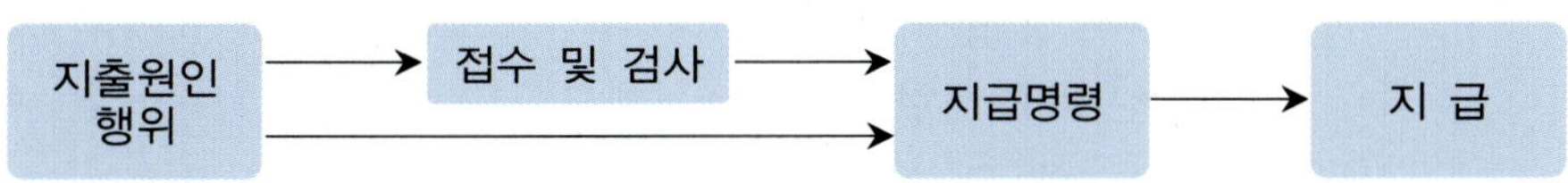

2. 예산배정

예산집행은 예산배정부터 시작된다. 예산배정이란 예산이 성립된 후 이를 집행할 수 있도록 회계연도를 일정한 단위로 구분하여 매기간 단위마다 적정한 액수를 사업부서에 할당하는 행위이다. 배정된 예산은 계속 하급기관으로 내려가며 재배정된다. 각종 정부예산사업의 수행과 경비지출을 위한 지출원인행위는 배정된 예산의 범위 내에서 하도록 되어 있다.

예산배정은 정부부처에서 예산을 초과하여 지출하는 것을 방지하고 동시에 정부부처가 업무를 적극적으로 하지 않아 예산이 미집행되는 것을 방지하기 위한 통제수단이다. 그러나 예산배정의 통제기능만 가지면 예산을 신축성 있게 운영할 수 없는 문제가 있기 때문에 예산집행의 신축성을 위한 예산의 이·전용이나 이체, 이월의 제도를 함께 두고 있다.

예산배정이 되었어도 정부부처나 지방자치단체의 부서에서 자금을 바로 지출할 수는 없다. 예산배정과 별도로 자금배정이 있어야 한다. 자금배정은 중앙정부의 경우 기획재정부 국고부서에서 세출예산에 대한 지출한도액을 각 중앙부처의 장 및 한국은행에 통지하여 배정된다. 지방자치단체의 경우 시·도의 기획관리실장이 자금배정을 한다.

3. 예산집행의 신축성을 위한 제도

(1) 예산의 이용과 전용

예산의 이용과 전용은 주변환경이나 사업계획의 변동에 맞추어 예산집행을 탄력적으로 운용하기 위한 것으로 국가재정법이 정하고 있는 목적외 예산사용금지의 원칙에 대한 예외적인 제도이다. 예산의 이용이란 예산이 정한 각 기관, 각 장·관·항 등 입법과목 사이에 상호융통을 허용하는 제도이다. 예산의 전용은 각 세항·목 등 행정과목 사이에 상호융통을 허용하는 제도이다. 중앙관서의 장은 국회의 의결을 거쳐 기획재정부장관의 승인을 얻어 세출예산에 정한 목적 이외에 경비를 사용하거나 예산이 정한 각 기관간, 각 장·관·항 간에 상호이용할 수 있다. 지방자치단체의 장은 미리 예산으로서 지방의회의 승인을 얻어 이

[도표 2-13]
이용과 전용의 구분

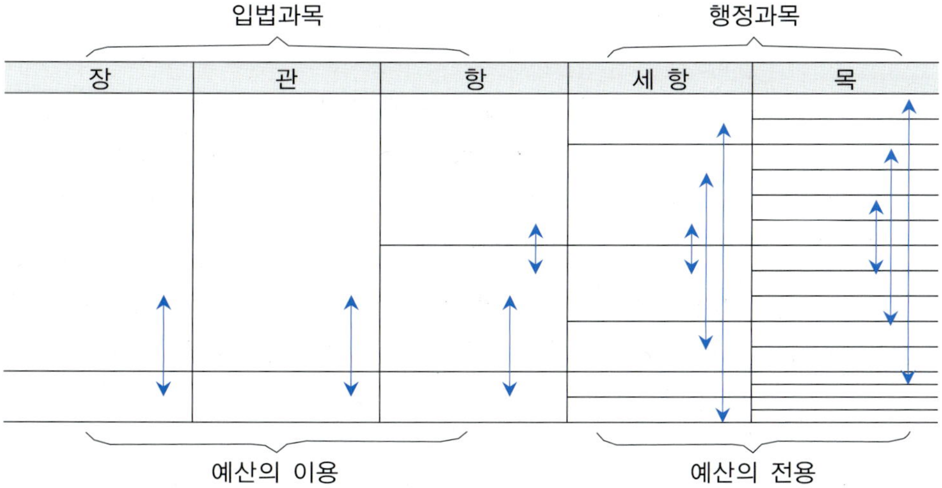

용할 수 있다.

국가기관의 경우 각 중앙관서의 장은 대통령령이 정하는 바에 의하여 각 세항 또는 목의 금액을 기획재정부장관의 승인을 얻어 전용할 수 있다. 지방자치단체의 장은 대통령령이 정하는 바에 의하여 각 항 내의 예산액 범위 안에서 각 세항 또는 목의 금액을 전용할 수 있다.

국가예산을 이용할 때에는 미리 예산으로서 국회의 의결을 얻었을 때에 한하여 기획재정부장관의 승인을 얻어 이용할 수 있다. 그러므로 예산총칙에 이용의 범위가 정해져야 한다.

예산의 전용에는 기획재정부장관의 승인에 의한 전용과 전용권의 위임에 의한 전용이 있다. 각 중앙관서의 장은 전용을 필요로 하는 과목 및 금액과 그 이유를 담은 서류로 기획재정부장관의 승인을 얻어 전용할 수 있다. 기획재정부장관이 전용을 승인한 때에는 그 전용명세서를 당해 중앙관서의 장 및 감사원에 송부해야 한다.

전용권의 위임은 매 회계연도마다 기획재정부장관이 정하는 범위 안에서 중앙관서의 장이 각 세항 또는 목의 금액을 전용할 수 있도록 하는 제도이다. 행정기관에게 자체전용권을 위임한 것은 세출예산의 집행에 있어서 주무부장관의 책임하에 사업을 효과적으로 운영하기 위한 것이다.

(2) 예산의 이체

예산의 이체란 정부조직 등에 관한 법령의 제정, 개정 또는 폐지로 인하여 그 직무와 권한에 변동이 있을 때에 예산도 그에 따라 변경시키는 것(기관간 상호사용)을 의미한다. 예산의 이체는 예산의 이용과 전용을 수반하는 경우가 많다. 예산의 이체는 기획재정부장관의 승인을 받아야 하며 기획재정부장관은 예산의 이체를 승인하였을 때에는 당해 중앙관서의 장과 감사원에 그 내용을 통지해야 한다. 이체는 지출액을 기준으로 함이 원칙이나 지출원인행위액을 기준으로 하여 소관내 동일한 기준으로 이체가 가능하다. 지방자치단체의 경우에도 기구 직제 또는 정원에 관한 법령이나 조례의 제정 또는 개폐 등에 의하여 관계기관간의 직무권한, 기타의 변동이 있을 경우에는 그에 따른 예산의 주관기관 변경이 불가피한바, 이 경우 집행부가 그 기관을 변경하는 예산의 상호이체가 인정된다.

(3) 예산의 이월

예산의 이월이란 예산을 다음연도에 넘겨서 다음연도의 예산으로 사용하는 것을 말한다. 예산은 1년에 한하여 효력을 가지게 되므로 미사용액은 다음연도의 세입이 되어 다시 의회의 의결을 거치는 것이 원칙이다. 그러나 이 원칙이 연도말에 예산지출의 낭비를 유도하는 결과를 초래하므로 이를 방지하기 위하여 예산의 이월제도를 두어 예산의 연도소속 구분을 제한적으로 완화하고 있다. 회계연도 독립의 원칙에 대한 예외인 예산이월의 종류에는 명시이월, 사고이월, 계속비의 연부액이월이 있다.

1) 명시이월

예산을 편성할 때부터 어떤 특정한 경비를 다음 해에 넘겨서 사용하리라고 미리 예상하였을 경우 의회의 승인을 미리 받아두는 것을 명시이월이라고 한다. 세출예산 중 경비의 성질상 연도 내에 그 지출을 끝내지 못할 것이 예측될 때에는 그 취지를 세입·세출예산에 명시하여 미리 의회의 승인을 얻어 다음연도에 이월하여 사용할 수 있다. 예산성립 후에 발생한 사유도 명시이월의 이유가 되므로 본예산에서는 명시이월비가 아니었더라도 추가경정예산에서 명시이월비로 취급할 수 있다.

2) 사고이월

명시이월비는 예산을 편성할 때부터 이월할 것으로 예상하여 의회의 승인을 미리 받아둔 경비인 데 반하여 사고이월은 이월할 것이라고 미리 예상한 것이 아니라 예산집행과정에서 이월하지 않을 수 없게 된 지출이다.

예를 들어, 연도 내에 마치기로 되어 있던 어떤 공사나 제조계약 등이 불가피한 사유로 지연되어 연도 내에 끝내지 못할 경우 다음해로 넘겨서 그 경비를 지출할 수 있다. 또한, 외자구매시 통관수수료 등 부대경비는 다른 어떤 본경비에 따라 나가게 되어 있는 것이므로 비록 연도 내에 지출원인행위를 하지 않았더라도 그 금액을 다음해로 넘겨서 사용할 수 있다.

사고이월은 원칙적으로 지출원인행위를 필한 것이어야 하므로 구체적이고 현실적인 채무부담행위를 하지 아니한 것은 사고이월의 대상이 될 수 없다. 불가피한 사유란 불의의 재해, 관급자재의 지급지연 등 당초 예견할 수 없었던 사고로 인하여 연도 내에 이행이 불가능하게 된 경우를 말한다.

3) 계속비의 연부액이월

계속비의 연도별 연부액 중 당해 연도에 지출하지 못한 금액은 당해 계속비 사업의 완성연도까지 순차적으로 넘겨 사용할 수 있는 제도이다.

(4) 예비비의 사용

일반회계 예비비는 기획재정부장관이 관리하며 예산실에서 종합적인 사항을 관장한다. 각 중앙관서의 장은 예비비의 사용이 필요할 경우에는 그 이유, 금액과 추산의 기초를 담은 명세서를 작성하여 기획재정부장관에게 제출해야 한다. 기획재정부장관은 각 중앙관서의 장이 제출한 예비비 사용요구 내용을 검토 심사한 후 필요하다고 인정하는 때에는 이를 조정하고 예비비사용명세서를 작성하여 국무회의의 심의를 거쳐 대통령의 승인을 얻어야 한다.

각 중앙관서의 장은 예비비를 사용한 후 사용명세서를 작성하여 결산서 제출 법정시한까지 기획재정부장관에게 제출해야 한다. 기획재정부장관은 각 중앙관서의 장으로부터 제출받은 예비비사용명세서에 의하여 사용한 금액의 총괄표(예비비사용총괄표)를 작성하여 국무회의의 심의를 거쳐 대통령의 승인을 얻은 다음 감사원 및 의회에 제출하여 그 승인을 얻어야 한다.

(5) 수입대체경비

이는 특정경비 지출과 함께 수입이 동반되는 경비를 말하며, 예를 들어 대법원의 등기소 등기부 등·초본 발행경비, 외무부의 여권발급경비 등이다.

수입대체경비에 대응하는 수입을 수입대체경비수입이라고 한다. 원래 국고수입은 국고에 납부하도록 하여 직접사용이 금지되고 있지만 이의 예외규정으로 자체수입으로 수입대체경비에 충당할 수 있도록 하는 제도가 수입대체경비지출제도이다.

4. 결 산

(1) 결산의 의의

결산이란 회계연도가 끝나고 예산집행이 종료된 후 1년 동안 세입과 세출을 실제 집행한 내역을 예산과 비교하여 평가하는 과정이다. 당해 회계연도가 종료된 후에 각 중앙관서의 장은 세입세출결산보고서를 작성하여 기획재정부장관에게 제출하고, 기획재정부장관은 이에 계속비 결산보고 및 국가채무에 관한 계산서를 첨부하여 감사원에 결산 확인을 받고 의회의 결산심사를 받는다.

[도표 2-14] 국가기관의 결산절차

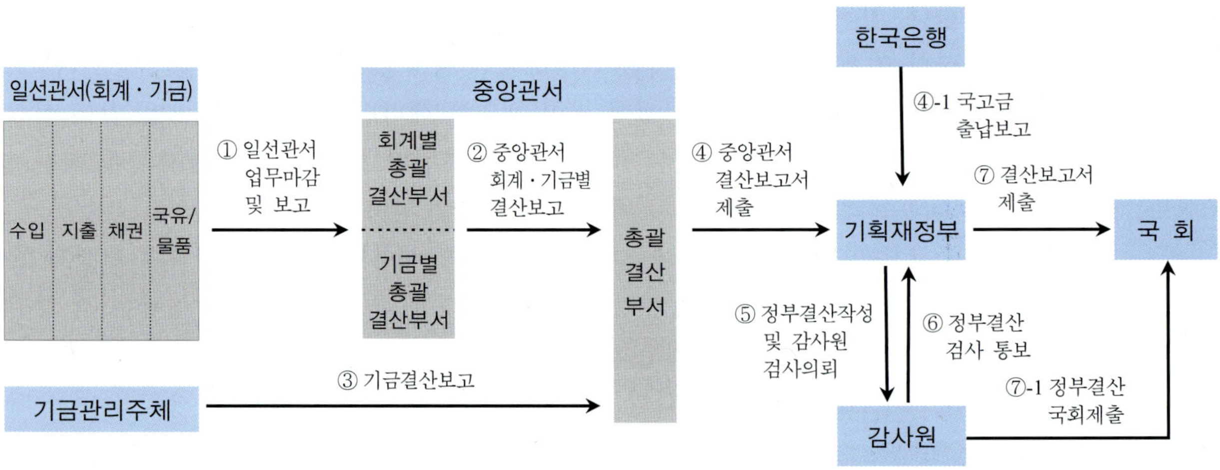

결산은 행정기관의 예산운용 결과를 사후적으로 확인하고 심사하는 것으로 집행의 책임을 확인하고 해제하는 의미를 가진다. 예산은 1회계연도 동안 운영되는데, 예산에 대한 국회나 지방의회의 심사가 완결되어야 그 운영이 종결된다. 이때 비로소 예산운영주체에 대한 책임이 해제된다. 그러나 관계공무원의 부정행위, 위법행위에 따르는 변상책임이나 형사책임까지 해제되는 것은 아니다.

결산은 정부나 지방자치단체가 공공지출로 시행한 투자사업이 과연 당초에 기대했던 경제적 효율성, 국민과 주민편익에의 기여도, 국가와 지역발전에의 공헌도 등을 실현하였는가를 분석 평가하고 국가와 지방 재정구조의 건전도, 국가와 지방 재정의 견실성 · 안전성 등을 분석 검토하는 자료 내지 지표로 활용될 수 있다.

(2) 출납정리기한 및 불용액

결산은 예산집행이 완결되어야만 그 내용을 확정할 수 있다. 예산집행의 완결이란 수입지출 출납사무의 완결을 의미한다. 국고금관리법 제4조의2는 「한 회계연도에 속하는 세입 · 세출의 출납에 관한 사무는 다음연도 2월 10일까지 완결해야 한다」고 규정하고 있다.

1) 출납정리기간

출납정리를 위하여 회계연도가 끝난 후 일정한 기간을 정해 수입 또는 지출이 허용하는 것을 말한다.

2) 주계부의 마감

출납정리기한이 지나면 먼저 각급기관이 소관 장부를 정리 마감한 다음 그 실태를 기획재정부장관에게 보고하고 기획재정부장관은 사후적으로 정부차원의 총세입부와 총세출부를 마감함으로써 사실상 출납사무가 완결되고 폐쇄된다.

3) 불용액

편성된 예산액 중 당해 연도에 집행이 완료되지 못한 것을 불용액이라고 한다. 불용액이 발생하는 원인으로는 ① 실제 집행할 예산보다 과다하게 예산을 편성하는 경우, ② 정부의 의도적인 예산절감의 노력으로 예산을 배정하지 않은 경우, ③ 특별회계의 경우 세입의 감소에 따라 예산집행을 할 수 없는 경우, ④ 사업착수시까지 관련기관의 절차상 협의지연 또는 주민들의 반대로 착공이 불가피한 경우, ⑤ 재원조달미비, 사업계획의 변경 등의 경우를 들 수 있다.

(3) 결산의 검사

감사원은 세입·세출의 결산을 매년 검사하여 대통령과 국회에 그 결과를 보고해야 한다. 감사원은 예산의 집행을 중심으로 하여 결산의 합법성과 적확성을 검사하고 이것을 확인한다. 결산의 확인은 과거의 수입과 지출을 대상으로 하기 때문에 결산이 비합법적이고 부적확하다고 판정해도 이것을 무효로 하든가 부분적으로 취소하지는 못한다.

감사원은 기획재정부장관이 제출한 세입·세출결산과 기타 결산서류를 토대로 결산검사를 하는데, 실무적으로는 결산서류가 제출되기 이전에 이미 서면검사 또는 실지검사를 통하여 각 기관의 결산검사를 시작한다. 감사원은 계산증명규칙에 의거 각 기관 계산증명책임자가 매월 제출하는 각종 계산증명서류와 한국은행으로부터 제출된 국고금출납계산서 및 동 증거서류와 실지 회계검사결과 적출된 위법부당사항 등을 근거로 결산검사확인표를 작성하고 기획재정부장관이 제출한 정부결산액을 조사하여 그 부합여부를 검사한다.

감사원은 결산감사보고서를 다음연도 5월 20일까지 기획재정부장관에게 송부해야 하며 정부는 감사원의 검사를 거친 세입·세출결산을 회계연도마다 국회에 제출한다.

(4) 지방자치단체의 결산절차

1) 출납폐쇄 및 출납사무 완결

지방자치단체의 장은 회계연도 종료와 함께 출납을 폐쇄하고 출납사무를 다음해 2월 10일까지 완결한 후 결산서 및 증빙서류를 작성한 후 지방의회가 선임한 검사위원의 검사의견서를 첨부하여 다음연도 지방의회의 승인을 얻어야 한다.

2) 결산서 작성

결산서를 작성하는 경우에 세입·세출의 결산은 세입·세출예산과 동일한 구분에 의하여 작성해야 하며 작성양식은 중앙정부의 결산내용과 거의 동일하다. 이때에 세입·세출결산에 첨부하는 보고서에는 세입세출결산보고서, 계속비결산보고서, 지방자치단체의 채권채무에 관한 보고서를 첨부해야 한다.

3) 결산검사위원의 검사

결산검사는 작성된 결산이 정확하게 법령대로 작성되었으며 최적의 방법으로 예산집행이 이루어졌는가에 대해 검사하는 제도로, 지방의회가 결산내용을 심사하기 전에 결산에 관한 전문적인 식견과 경험을 가진 검사위원이 검사 확인하여 그 결과를 지방의회가 활용하도록 하기 위한 것이다.

지방자치단체의 장은 지방의회가 선임한 검사위원의 검사의견서를 첨부하여 지방의회에 제출하여 승인을 받도록 되어 있다. 지방의회에서는 소관상임위원회의 예비심사를 거쳐 예산결산특별위원회의 심사와 본회의의 승인을 받는다.

(5) 결산보고서

국가회계법 제14조와 지방회계법 제15조는 결산보고서(지방자치단체의 경우 결산서)를 다음과 같이 규정하고 있다.

1. 결산개요
2. 세입세출결산
3. 재무제표
   가. 재정상태표
   나. 재정운영표
   다. 순자산변동표
   라. 현금흐름표(지방회계법에서는 제외)
4. 성과보고서

(6) 세계잉여금

세계잉여금이란 매 회계연도 세입·세출의 결산상 잉여금으로 1회계연도에 수납된 세입액으로부터 지출된 세출액을 차감한 잔액, 즉 수납액이 지출액보다 초과된 금액을 말한다. 원칙적으로 한국은행 국고금계정상 또는 시·도와 당해 시·도의 금고계정상 결산잉여금과는 일치되어야 하지만 세입징수관 등이 출납정리기한 내에 오납정리를 하지 못한 세입금이 있는 경우 등에는 동 금액 상당액만큼 차액이 발생할 수 있다. 이러한 차액을 정리하는 것을 계속정리라 하고 그 금액을 계속정리액이라고 한다.

[도표 2-15]
결산상 잉여금, 순세계잉여금, 신규잉여금의 개념

수납된 세입액 − 지출된 세출액 = 결산상 잉여금(세계잉여금)

결산상 잉여금 − 세출예산 이월재원 소요액 = 순세계잉여금

순세계잉여금 − 전년도 이월 잔액 중 미사용분 = 신규잉여금

세계잉여금은 결산상 잉여금으로 국고여유금과 구별된다. 국고여유금은 국고금지출상에 있어서의 일시적인 여유금이다. 한 회계연도의 과정에 있어서 세입이 풍부하게 수납되어 세출을 초과함으로써 생긴 자금상의 일시적인 현상으로서, 이것이 연도가 완료된 후에 결산상 잉여금이 되느냐의 여부에 대해서는 확정할 수 없다. 국고여유금과 결산상 잉여금은 같은 금액일 수도 있고 다른 금액일 수도 있다. 세입·세출에 미수금이나 미지급금이 없이 모두 국고로 환수되었거나 지급된 경우에는 국고여유금과 결산상 잉여금이 같게 된다.

결산상 잉여금으로부터 세출예산이월을 위한 소요재원충당액을 차감한 것을 순세계잉여금이라고 하며 이것은 새로운 재원으로 사용할 수 있는 여유금이다. 지방자치단체의 경우에는 결산상 잉여금에서 명시이월금, 사고이월금, 계속비이월금과 국고 및 시도비 보조금 사용잔액을 제외한 금액이 순세계잉여금이다. 순세계잉여금은 전년도 이월 잔액 중 미사용분과 당해 연도에 신규로 생긴 잉여금이 있다.

세계잉여금의 발생원인은 ① 세입예산을 초과하여 수납된 세입액, 즉 경기호전에 따른 국세나 지방세, 세외수입의 초과징수 등이거나, ② 세출면에서 당초 세출예산에 계산은 되었으나 지출이 이루어지지 아니한 경우, 즉 다음연도 이월액이나 불용액 등의 발생에 의한 것이다.

객관식 문제

1 정부예산의 개념 중 옳지 않은 것은?

① 정부예산은 법적 구속력이 있다.
② 정부예산은 재정정책 기능을 갖고 있다.
③ 정부예산은 계획과 통제 기능을 갖고 있다.
④ 정부예산은 수익성이나 활동성으로 판단하여 업무수행평가 기능을 갖고 있다.

해답_④

정부예산은 민간기업과 달리 수익성이나 활동성으로 업무수행평가를 하기가 어려워 질적인 지표를 많이 활용한다.

2 예산의 원칙으로 옳지 않은 것은?

① 회계연도 독립의 원칙에 대한 예외로 국가와 지방차치단체는 다음 해 2월말까지 입금과 출금을 처리하는 출납폐쇄기한을 두고 있다.
② 한 회계연도의 세입과 세출을 모두 예산에 편입하는 예산총계주의 원칙이 있다.
③ 법률의 특별한 규정이 있는 경우를 제외하고는 수입금을 직접 사용하지 못한다.
④ 정부예산이 성립되면 지체없이 예산 관련 사항을 국민에게 알려야 한다.

해답_①

출납폐쇄기한은 지방자치단체에만 있다.

3 특별회계에 대한 설명 중 옳지 않은 것은?

① 특별회계는 특정사업을 운영하거나 특정세입으로 특정세출에 충당하는 경우처럼 일반회계와 별도로 구분하여 회계처리를 하기 위한 것이다.
② 특별회계는 특정한 사업의 지출을 별도 관리하고 행정기관이 자유재량을 갖기 위한 것이지만 행정능률을 낮추게 된다.
③ 특별회계를 설치하기 위해서는 법률이나 조례에 근거가 있어야 한다.
④ 특별회계는 기업특별회계와 기타특별회계로 구분된다.

해답_②

특별회계는 행정능률을 높이기 위한 것이다.

4 프로그램예산에 대한 설명 중 옳지 않은 것은?

① 프로그램예산은 정부가 제공하는 서비스(사업)의 내용에 따른 예산제도이며, 일반회계에서만 사용한다.
② 프로그램예산은 분야·부문, 프로그램, 단위사업, 세부사업으로 구성된다.
③ 프로그램은 최소 정책단위로서 한 개 이상의 단위사업으로 구성되어 있다.
④ 세부사업은 프로그램예산의 최소단위로서 부처 내부적으로 관리하는 사업단위이다.

해답_①

프로그램예산은 모든 회계와 기금이 공동으로 사용한다.

5 예산의 신축성 확보를 위한 제도가 아닌 것은?

① 예산의 이용
② 예산의 이체
③ 예산의 재배정
④ 예산의 이월

해답_③

예산의 재배정은 예산의 신축성을 위한 제도가 아니다.

6 세계잉여금에 대한 설명 중 옳지 않은 것은?

① 세계잉여금은 수납된 세입액에서 지출된 세출액과 세출예산 이월재원 소요액을 차감하여 계산한다.
② 세계잉여금은 세입 면에서 세입예산을 초과하여 수납된 세입액, 즉 국세나 지방세, 세외수입 등이 초과징수된 경우에 발생한다.
③ 세계잉여금은 세출 면에서 세출예산보다 실제 집행액이 적은 경우에 발생한다.
④ 세계잉여금에서 세출예산 이월을 위한 소요재원충당액을 차감하면 순세계잉여금이 계산된다.

해답_①

세계잉여금은 수납된 세입액에서 지출된 세출액을 차감하여 계산한다.

PART Ⅱ

국가회계

chapter 3

국가회계의 법령체계와 범위

제1절 국가회계의 법령체계

1. 국가회계 관련 법령의 구조 및 제정 배경

중앙정부의 재정활동에 대한 공식적인 정보시스템으로서 국가회계는 법률에 명확한 근거를 두어 수행되어야 한다. 현재 우리나라의 국가회계에 관한 사항을 규율하기 위한 법령체계의 구조는 국가회계법, 국가회계법 시행령, 국가회계기준에 관한 규칙(또는 "국가회계기준") 및 국가회계기준의 하부 준칙과 지침으로 이루어져 있다.

2007년 10월 국가회계법의 제정은 우리나라의 중앙정부 부문에 복식부기·발생주의 회계제도를 도입하는 공식적인 근거가 되는 중요한 의미를 가진다. 과거 예산회계 중심의 회계제도하에서는 예산회계법과 기금관리기본법이 국가회계의 주된 근거 법률이었으나 2006년에 예산회계법과 기금관리기본법을 폐지하고 국가재정법이 제정되어 새로 도입된 예산제도의 근거가 명시되고 새로운 재정 운용의 규범 및 제도가 반영되었다. 다음 해 국가회계법이 제정되어 국가재정법과 함께 국가의 재정 및 회계제도 개혁의 법적 토대를 이루게 되었다.

국가회계기준은 국가회계법과 시행령의 세부규칙이며 2009년 3월 제정되었다. 국가회계기준의 제정은 1999년 재정경제부(현 기획재정부)가 중앙정부에 발생주의 회계제도를 도입하기 위하여 국내 한 회계법인에 정부회계기준 초안 마련 등을 내용으로 하는 용역을 발주하고 2000년초에 정부회계기준위원회를 설치하여 회계기준의 개선에 관한 논의를 본격화함으로써 시작되었다. 정부회계기준위원회는 2006년 국가회계기준심의위원회로 개편되었고 중앙정부의 회계에 대한

[도표 3-1]
국가회계법령의 체계

국가회계법	• 결산보고서 체계, 구성 등
⇩	
국가회계법 시행령	• 결산보고서 중 세입세출결산에 명시할 사항 및 부속서류의 제출 및 작성 등
⇩	
국가회계기준	• 재무제표 작성방법 • 자산 · 부채 정의, 평가방법 등
⇩	
국가회계예규(23)	1. 재무제표의 작성과 표시에 관한 지침 2. 현금흐름표 회계처리지침 3. 재무제표의 통합에 관한 지침 4. 금융자산과 차입부채 회계처리지침 5. 일반유형자산과 사회기반시설 회계처리지침 6. 무형자산 회계처리지침 7. 기타자산과 기타부채 회계처리지침 8. 리스 회계처리지침 9. 충당부채, 우발부채, 우발자산 회계처리지침 10. 교환수익 회계처리지침 11. 비교환수익 회계처리지침 12. 비용 회계처리지침 13. 연금 회계처리지침 14. 보험 회계처리지침 15. 보증 회계처리지침 16. 융자 회계처리지침 17. 민간투자사업(BTO · BTL) 회계처리지침 18. 국유재산위탁개발사업 회계처리지침 19. 원가계산에 관한 지침 20. 국고금 회계처리지침 21. 세입 · 세출외거래 회계처리지침 22. 회계정책 · 회계추정의 변경과 오류수정에 관한 지침 23. 정부조직개편 회계처리지침

공식적 명칭이 국가회계로 정해짐에 따라 정부회계기준도 국가회계기준으로 부르게 되었다. 국가회계법에 의해 국가회계기준심의위원회의 업무를 이어 받은 국가회계제도개선실무위원회에서의 지속적인 논의를 거쳐 국가회계기준(안)이 2008년말 완성되었으며 법제처의 심의 등 필요한 행정절차를 거쳐 2009년 3월 국가회계기준이 기획재정부령으로 공표되었다.

국가회계기준의 하부체계는 23개의 국가회계예규로 구성된다.

2. 국가회계법의 주요 내용

국가회계법은 복식부기 · 발생주의 회계제도의 도입을 명문화하고, 국가회계의 기본적 역할을 수행하기 위해 마련되었으며 총 28조로 구성되어 있다. 국가회계법의 목적은 국가회계와 이와 관계되는 기본적인 사항을 정하여 국가회계를 투명하게 처리하고, 재정에 관한 유용하고 적정한 정보를 생산 · 제공하는 것이다(제1조). 국가회계법은 이 법의 적용범위인 일반회계, 특별회계 및 기금의 회계 및 결산에 관하여 다른 법률에 우선하여 적용한다는 규정이 있어(제10조) 기금이나 특별회계의 경우 기존에 별도의 회계규정 등을 가지고 있었던 경우도 국가회계기준을 사용하도록 하는 등 통일된 국가회계의 체계를 이루도록 하였다. 국가회계법의 주요 내용은 다음과 같다.

(1) 국가회계의 원칙(제4조)

국가회계법은 신뢰성 및 충분성과 이해가능성을 국가회계의 원칙으로 제시하고 있다. 국가회계는 신뢰할 수 있도록 객관적인 자료와 증빙에 의하여 공정하게 처리되어야 한다. 또한 국가회계는 재정활동의 내용과 그 성과를 쉽게 파악할 수 있도록 충분한 정보를 제공하고, 간단명료하게 처리되어야 한다.

(2) 국가회계에 관한 사무의 관장 및 회계책임관(제6조 및 제7조)

기획재정부장관은 국가회계에 관한 사무를 총괄하며 중앙관서의 장과 기금관리주체는 그 소관의 회계에 관한 사무를 관리한다. 중앙관서의 장이 회계에 관한 사무 관련 법령을 제정·개정 또는 폐지하는 경우 기획재정부장관 및 감사원과 협의해야 한다.

중앙관서의 장은 그 소관에 속하는 회계업무를 총괄적으로 수행하도록 하기 위해 회계책임관을 임명해야 한다. 회계책임관의 업무는 내부통제 등 회계업무에 관한 사항, 회계·결산 및 분석에 관한 사항, 회계관련 공무원에 대한 지도·감독, 중앙관서결산보고서 및 기금결산보고서 작성·분석에 관한 사항, 회계업무에 관한 법령의 운영 등에 관한 사항, 재정활동의 성과관리에 관한 사항 및 기타 기획재정부장관이 정하는 사항을 포함한다.

(3) 결산의 수행 및 결산보고서(제13조 및 제14조)

중앙관서의 장은 회계연도마다 그 소관에 속하는 일반회계·특별회계 및 기금을 통합한 결산보고서를 작성해야 한다. 중앙관서의 장이 아닌 기금관리주체는 회계연도마다 기금결산보고서를 작성하여 소관 중앙관서의 장에게 제출해야 하는데, 직전 회계연도기준 기금운용규모가 5천억원 이상인 기금은 회계법인의 감사보고서를 첨부해야 한다. 한편, 기획재정부장관은 회계연도마다 중앙관서결산보고서를 통합하여 국가결산보고서를 작성하여 국무회의심의 및 대통령승인을 받는다.

결산보고서는 결산 개요, 세입세출결산(중앙관서결산보고서 및 국가결산보고서의 경우에는 기금의 수입지출결산을 포함하고, 기금결산보고서의 경우에는 기금의 수입지출결산을 말한다), 재무제표(재정상태표, 재정운영표, 순자산변동표, 현금흐름표)와 성과보고서로 구성된다.

(4) 결산보고서의 작성방법(제15조)

결산보고서의 각 구성서류별로 작성방법을 통합하여 규정하고 있는데, 결산 개요는 결산의 내용을 요약하여 예산 및 기금의 집행결과, 재정의 운영내용과 재무상태를 분명하게 파악할 수 있도록 작성해야 한다. 세입세출결산은 세입세출예산 또는 기금운용계획과 같은 구분에 따라 그 집행결과를 종합하여 작성해야 한다. 이 경우 구체적인 작성사항은 대통령령으로 정한다. 재무제표는 국가회계기준에 따라 작성해야 하며, 성과보고서는「국가재정법」제85조의6에 따른 성과

계획서에서 정한 성과목표와 그에 대한 실적을 대비하여 작성해야 한다.

(5) 결산보고서의 부속서류(제15조의2)

결산보고서의 각 구성서류별로 첨부되어야 하는 부속서류를 다음과 같이 규정하고 있다.

보고서	첨부서류
세입세출결산서	· 계속비 결산명세서 · 세입세출결산 사업별설명서 · 총액계상 사업집행명세서 · 수입대체경비 사용명세서 · 이월명세서 · 명시이월비 집행명세서 · 정부기업특별회계 회전자금운용명세서 · 성인지결산서 · 온실가스감축인지 결산서 · 예비금사용명세서 · 총사업비 관리대상 사업의 사업별 집행명세서 · 현물출자명세서 · 재정증권 발행 및 한국은행 일시차입금 운용명세서 · 전년도 세계잉여금의 처리명세서 · 세계잉여금의 내역 및 사용계획 · 기타서류
수입지출결산(기금)	· 재원조성실적표 · 성인지기금결산서 · 온실가스감축인지 기금결산서 · 기타서류
국가결산보고서의 세입 · 세출결산	· 통합재정수지표 · 통합계정자금 운용 및 수익금사용명세서
재무제표	· 국가채무관리 보고서 · 국가채권 현재액 보고서 · 기타서류

(6) 회계처리 및 결산보고서 작성에 대한 감독(제26조)

기획재정부장관은 국가회계업무를 적정하게 관리하기 위하여 소속 공무원으로 하여금 회계처리 및 결산보고서 작성에 관한 실지지도 및 조사를 수행해야 하며 결산보고서를 적정하게 작성하도록 결산지침을 작성하여 중앙관서의 장에게 통보해야 한다. 기획재정부장관은 국가결산보고서의 작성을 위하여 필요한 자료를 중앙관서의 장에게 요구할 수 있다.

3. 국가회계기준의 구성 및 주요 내용

(1) 국가회계기준의 구성

국가회계법 제11조에 그 근거를 두고 있는 국가회계기준은 총 7장으로 나누어진 58개 조문과 부칙으로 구성된다. 국가회계기준은 국가회계실체가 결산보고서에 포함되는 결산서류인 재무제표(재정상태표, 재정운영표, 순자산변동표, 현금흐름표, 주석)를 발생주의 원칙에 따라 적절히 작성하게 함으로써 재무제표를 통해 재정상태 및 재정운영 현황을 종합적·체계적으로 파악하고 재정건전성 등 유용한 재정정보를 생산·제공하는 것을 목적으로 한다.

[도표 3-2]
국가회계기준의 구성

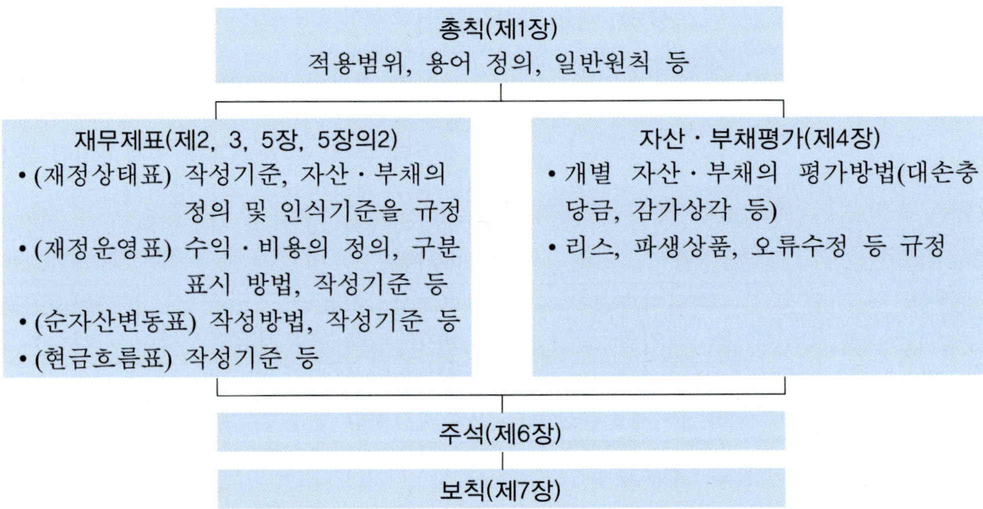

(2) 국가회계기준의 내용

1) 총 칙

총칙은 국가회계기준의 목적, 적용범위 및 재무제표의 종류와 신뢰성 있는 재정정보 산출을 위한 회계처리의 기본원칙 등을 규정하고 있다.

① 정의(제2조) "국가회계실체" 등의 용어를 정의하였다. 회계실체는 재무제표의 작성주체인 보고실체(이 기준에서는 보고실체를 정의하지는 않았음)의 구성부분

으로 각각의 특성, 기능 및 운영방식의 차이에 따라 구분 설정된 회계단위를 말한다. 이에 따라 국가회계실체를 「국가재정법」 제4조에 따른 일반회계, 특별회계 및 같은 법 제5조에 따른 기금으로서 중앙관서별로 구분된 것이라고 정의하였다. 그 외 "재정상태표일", "공정가액", "내부거래" 및 "회수가능가액"의 정의를 제공하고 있다.

② 적용범위 등(제3조) 회계기준의 적용대상을 일반회계, 특별회계 및 기금(민간기금 포함)으로 규정하고 기준의 해석과 실무회계처리에 관한 사항은 기획재정부장관이 정하도록 하였다. 그러나 회계기준에 규정된 사항 이외는 일반적으로 인정된 회계원칙 및 회계관습에 따른다고 규정하여 회계기준 및 해석, 지침 등에서 명확히 규정하지 못하는 부분과 관습적인 회계처리 부분에 있어 기업회계와 동일한 원칙이 적용될 수 있는 여지를 두었다.

③ 일반원칙(제4조) 국가회계실체가 발생주의·복식부기 방식에 의하여 회계처리와 재무보고를 하도록 명시하고 있다. 또한 기업회계의 경우에 적용되는 회계원칙과 마찬가지로 신뢰성(객관성), 충분성, 명료성, 비교가능성, 중요성, 경제적 실질의 반영과 같은 일반원칙을 따르도록 규정하고 있다.

신뢰성은 객관적 자료와 증거에 따라 공정한 회계처리가 되어야 함을 의미하며, 충분성은 재정활동의 내용과 그 성과를 쉽게 파악할 수 있도록 국가회계가 충분한 정보를 제공하고, 특정 거래나 사건을 충실히 표현하기 위해 필요한 중요한 정보는 누락이 없음을 의미한다. 명료성(이해가능성)은 어느 정도 지식을 갖춘 이용자가 회계정보를 충분히 이해할 수 있을 정도로 재무제표의 양식, 과목 및 용어의 사용을 명료하게 해야 한다는 것이다. 비교가능성은 회계처리에 관한 기준 및 추정은 기간별 비교가 가능하도록 매기 계속하여 적용하고 정당한 사유 없이 이를 변경하여서는 아니 되며 재무제표를 당해 연도와 과거연도를 비교하는 방식으로 작성·표시하도록 하고 있다.

중요성은 회계처리와 재무제표 작성을 위한 계정과목과 금액은 그 중요성에 따라 실용적인 방법에 의하여 결정한다는 원칙이다. 중요성은 일반적으로 당해 항목의 성격과 금액의 크기에 의해 결정되나 어떤 경우에는 금액의 크기와는 관계없이 정보의 성격 자체만으로도 중요한 정보가 될 수 있다. 경제적 실질의 원칙은 거래나 사건의 법적 형식 또는 외관상의 형식이 경제적 실질과 항상 일치하지는 않기 때문에 형식보다는 그 경제적 실질에 따라 회계처리하고 보고해야 한다는 것이다. 이 원칙에 따라 금융리스자산과 금융리스부채가 인식되거나 정부부문의 특수한 거래인 BTL과 BTO 등에 관한 회계처리가 법적 형식과는 다르게 규정된다. 기업회계기준에 포함되어 있는 보수주의 원칙은 상황에 따른 신축성이 중요한 요소가 아닌 국가회계에서는 적절한 원칙으로 볼 수 없어 제외되었다.

④ **재무제표와 작성원칙**(제5조 및 제6조) 재무제표는 재정상태표, 재정운영표, 순자산변동표 및 현금흐름표로 구성되며 재무제표에 대한 주석을 포함한다. 국가의 재무제표는 국가가 공공회계책임을 적절히 이행하였는지를 평가하는 데 필요한 정보로서 국가의 재정상태 및 그 변동과 재정운영결과에 관한 정보, 국가사업의 목적을 능률적·효과적으로 달성하였는지에 관한 정보 및 예산과 그 밖에 관련 법규의 준수에 관한 정보를 제공해야 한다(제5조 제4항).

재무제표는 해당 회계연도분과 직전 회계연도분을 비교하는 형식으로 작성되어야 하고, 비교하는 형식으로 작성되는 두 회계연도의 재무제표는 계속성의 원칙에 따라 작성하며, 「국가회계법」에 따른 적용 범위, 회계정책 또는 이 규칙 등이 변경된 경우에는 그 내용을 주석으로 공시한다. 재무제표의 과목은 해당 항목의 중요성에 따라 별도의 과목으로 표시하거나 다른 과목으로 통합하여 표시할 수 있고, 재무제표를 통합하여 작성할 경우 내부거래는 상계하여 작성한다. 「국고금관리법 시행령」 제2장에 따른 출납정리기한(다음 연도 1월 20일)까지의 기간 중에 발생하는 거래에 대한 회계처리는 해당 회계연도에 발생한 거래로 보아 처리한다(제6조).

2) 재정상태표

① **재정상태표의 정의와 작성기준**(제7조 및 제8조) 재정상태표는 자산과 부채의 내역 및 상호관계 등 재정상태를 나타내는 재무제표로서 자산, 부채 및 순자산으로 구성된다. 자산과 부채는 서로 상계하지 않고 총액으로 표시하는 것을 원칙으로 한다(제8조). 재정상태표는 기업회계의 재무상태표와 유사하다.

② **자산의 정의와 구분 및 인식기준**(제9조~제13조) 자산은 국가회계실체가 소유(실질적으로 소유하는 경우를 포함한다) 또는 통제하고 있으며 공공서비스를 제

공하거나 미래 경제적 효익(future economic benefit)을 창출할 수 있는 자원을 말하며 금융자산, 유・무형자산 및 기타 자산으로 구분하여 재정상태표에 표시한다.

금융자산이란 현금 또는 현금을 수취하거나 유리한 조건으로 자산을 교환할 수 있는 계약상의 권리인 자산으로서, 현금및현금성자산, 금융상품, 투자증권, 정부출자금, 대여금, 미수채권, 기타 금융자산을 말한다. 유・무형자산은 일반유형자산, 사회기반시설 및 무형자산으로 구분한다. 일반유형자산은 고유한 행정활동에 1년을 초과하여 사용할 목적으로 취득한 자산(사회기반시설은 제외한다)을 말한다. 사회기반시설이란 국가의 기반을 형성하기 위해 대규모로 투자하여 건설하고 그 경제적 효과가 장기간에 걸쳐 나타나는 자산을 말한다. 무형자산이란 물리적 실체는 없으나 일정기간 독점적・배타적으로 이용할 수 있는 권리인 자산을 말한다. 기타 자산이란 금융자산과 유・무형자산에 해당하지 않는 자산을 말한다.

자산은 공공서비스를 제공할 수 있거나 직간접적으로 경제적 효익을 창출하거나 창출에 기여할 가능성이 매우 높고 그 가액을 신뢰성 있게 측정할 수 있을 때에 인식한다(제10조). 정부가 영구히 보존해야 하는 유산자산은 자산으로 인식하지 아니하고 그 종류와 현황 등을 주석으로 공시한다. 이는 유산자산과 자연자원은 재무제표에 표시할 자산의 범위에서 제외한 것으로, 그 이유는 자산금액을 합리적으로 측정하기가 곤란한 점 등을 고려한 것이다. 또한 국가안보와 관련된 자산은 기획재정부장관과 협의하여 자산으로 인식하지 아니할 수 있도록 예외를 두고 있다.

국가회계에 발생주의 회계를 도입하여 운영하는 경우 실무적으로 해결해야 할 문제 중의 하나가 자산의 범위를 어디까지 하느냐 하는 점이다. 기업회계에서 자산이란 미래 경제적 효익을 기대할 수 있는 자원으로 정의되어 자산의 개념 및 범위 설정에 큰 어려움이 없다. 그러나 정부회계의 경우 각종의 문화재, 자연자원 및 사회기반시설과 같이 시장성이 없고 미래의 현금유입을 기대할 수 없는 자원을 자산으로 인정해야 할 것인가 하는 문제가 있다. 실제로 정부의 재산 중 어디까지를 재무회계상 자산에 포함시켜 재정상태표에 보고할 것인지에 대해서는 각 나라별로 다르게 규정하고 있다.

미국의 경우를 보면 연방정부는 공원 등의 보존용토지, 문화재의 경우 자산으로 계상하지 않는다. 미국의 지방정부는 사회기반시설을 포함하여 모든 경제적 가치가 있는 물리적 자산을 자산으로 포함시키고 있는데, 사회기반시설도 서비스가 제공되는 기간 동안은 경제적 가치가 있다고 보기 때문이다. 그러나 미국 지방정부의 회계기준에 따르면 지방자치단체의 규모가 작은 경우에는 사회기반시설을 자산에 포함시키는 것을 장려는 하되 강요하지는 않고 있으며 자산으로 계상하는 시기도 지방자치단체의 규모에 따라 도입시기를 달리하고 있어 신축성을 보이고 있다.

우리나라의 경우 국가회계 목적으로는 유산자산과 전비품을 제외한 모든 자산을 재무상태표에 인식하는 것을 원칙으로 하고 있다.

③ 부채의 정의와 구분 및 인식기준(제17조~제22조) 부채는 국가회계실체가 부담하고 있는 미래 자원의 유출 또는 사용이 예상되는 의무로 정의되며, 차입부채, 충당부채 및 기타 부채로 구분하여 재정상태표에 표시한다(제17조).

차입부채는 금융자산을 지급하거나 불리한 조건으로 금융자산을 교환해야 하는 부채로서 국채, 차입금, 국고채무부담행위액 및 기타 차입부채를 말한다. 충당부채는 지출시기 또는 지출금액이 불확실한 부채로서 연금충당부채, 퇴직수당충당부채, 보증충당부채, 보험충당부채 및 기타 충당부채를 말한다. 기타 부채는 차입부채와 충당부채에 해당하지 않는 부채를 말한다.

부채는 국가회계실체가 부담하는 현재의 의무 중 향후 그 이행을 위하여 지출이 발생할 가능성이 매우 높고 그 금액을 신뢰성 있게 측정할 수 있을 때 인식한다. 국가안보와 관련된 부채는 기획재정부장관과 협의하여 부채로 인식하지 아니할 수 있다.

부채의 인식 및 보고와 관련하여 실무적으로 해결해야 할 몇 가지 중요한 문제가 있는데, 그중 가장 문제가 되는 것이 국가통합재무제표에 인식되는 부채의 범위를 어디까지로 하느냐 하는 점이다. 기업회계에서와 같이 부채는 국가회계실체가 부담하고 있는 미래 자원의 유출 또는 사용이 예상되는 의무라고 명확히 정의하고는 있으나 국민연금이나 사학연금의 경우와 같이 국가가 공단을 통해 간접적으로 관리하며 법적으로도 전적인 책임을 지지는 않지만 실질적으로는 국가의 복지제도로 간주될 수 있는 경우 어디까지 국가의 부채로 보느냐 하는 것이 당면한 해결과제이다. 또한 이러한 연금부채는 미래 연금지급액의 추정이 쉽지 않고 측정방법에 따라서도 부채추정치가 큰 차이가 나는 점도 어려운 문제이다. 구체적인 회계처리방법에 대해서는 연금준칙을 별도로 제정하고 있으나 국가통합 범위 문제 등은 명백한 논리의 수용이 어렵다면 정치적인 타협이 필요하기도 하다.

④ **순자산**(제23조) 순자산은 자산에서 부채를 뺀 금액을 말하며, 기본순자산, 적립금 및 잉여금, 순자산조정으로 구분한다. 기업회계에서는 이 금액이 자본이 되나 국가의 경우 주주 등 투자자가 존재하는 것이 아니므로 순자산이 된다.

기본순자산은 순자산에서 적립금 및 잉여금과 순자산조정을 뺀 금액으로 표시한다. 적립금 및 잉여금은 임의적립금, 전기이월결손금·잉여금, 재정운영결과 등을 표시한 것이며 순자산조정은 투자증권평가손익, 파생상품평가손익, 보험수리적손익 및 기타순자산의 증감 등을 표시한다.

3) 재정운영표

① **재정운영표의 정의와 작성기준**(제24조~제27조) 재정운영표는 회계연도 동안 수행한 정책이나 사업의 원가와 재정운영에 대한 원가회수내역 등을 포함한 재정의 운영결과를 체계적으로 표시하는 재무제표이다. 재정운영표의 작성 및 표시방법은 보고주체 수준과 성질별 재정운영표 여부에 따라 달라진다.

구 분	프로그램별, 분야별	성질별
중앙관서 및 기금	방법1	방법2
국가	방법3	방법4

(가) 방법1(중앙관서 및 기금 수준의 프로그램별 재정운영표) : 이 경우에는 프로그램순원가, 재정운영순원가, 재정운영결과로 표시되는데, 각각의 계산방법은 다음과 같다.

ㄱ. 프로그램순원가

> • 프로그램순원가=프로그램총원가－프로그램수익
> · 프로그램총원가 : (프로그램을 수행하기 위해 투입한 원가합계)
> ＋(다른 프로그램으로부터 배부받은 원가)
> －(다른 프로그램에 배부한 원가)
> · 프로그램수익 : 프로그램의 수행과정에서 발생한 수익

ㄴ. 재정운영순원가

• 재정운영순원가＝프로그램순원가＋관리운영비＋비배분비용－비배분수익
· 관리운영비 : 프로그램의 운영에 직접적으로 소요되지는 않으나 국가회계실체의 기본적인 기능수행 및 특정 프로그램의 행정운영과 관련된 인건비와 경비
· 비배분비용 : 국가회계실체에서 발생한 비용 중 프로그램에 대응되지 않는 비용
· 비배분수익 : 국가회계실체에서 발생한 수익 중 프로그램에 대응되지 않는 수익

ㄷ. 재정운영결과

• 재정운영결과＝재정운영순원가－비교환수익 등
· 비교환수익 등 : 직접적인 반대급부 없이 발생하는 수익과 그 밖의 재원이전거래 금액(순자산변동표의 재원의 조달 및 이전에 표시되는 비교환수익 등은 제외)

(나) 방법2(중앙관서 및 기금 수준의 성질별 재정운영표) : 이 경우에는 수익, 비용, 재정운영결과로 구분하여 표시하는데, 수익은 이전수익 및 국가운영수익으로 구분하여 표시하고, 비용은 이전비용 및 국가운영비용으로 구분하여 표시하며, 재정운영결과는 비용에서 수익을 뺀 금액으로 표시한다.

(다) 방법3(국가 수준의 분야별 재정운영표) : 이 경우에는 사업순원가, 재정운영순원가, 재정운영결과로 표시되는데, 각각의 계산방법은 다음과 같다.

ㄱ. 사업순원가

• 사업순원가＝분야별 총원가－분야별 수익
· 분야별 총원가 : (분야별 사업을 수행하기 위해 투입한 원가합계) ＋(다른 분야로부터 배부받은 원가) －(다른 분야에 배부한 원가)
· 분야별 수익 : 분야별 사업의 수행과정에서 발생한 수익

ㄴ. 재정운영순원가

• 재정운영순원가=사업순원가+관리운영비+비배분비용-비배분수익
  · 관리운영비 : 각 중앙관서 또는 기금의 프로그램별 재정운영표의 관리운영비를 합산한 금액
  · 비배분비용 : 각 중앙관서 또는 기금의 프로그램별 재정운영표의 비배분비용을 합산한 금액
  · 비배분수익 : 각 중앙관서 또는 기금의 프로그램별 재정운영표의 비배분수익을 합산한 금액

ㄷ. 재정운영결과

• 재정운영결과=재정운영순원가-비교환수익 등
  · 비교환수익 등 : 직접적인 반대급부 없이 발생하는 수익과 그 밖의 재원이전거래 금액

(라) 방법4(국가 수준의 성질별 재정운영표) : 이 경우에는 수익, 비용, 재정운영결과로 구분하여 표시하는데, 수익은 국세수익, 이전수익 및 국가운영수익으로 구분하여 표시하고, 비용은 이전비용 및 국가운영비용으로 구분하여 표시하며, 재정운영결과는 비용에서 수익을 뺀 금액으로 표시한다.

재정운영표의 작성은 발생주의 원칙이 적용된다. 따라서 모든 수익과 비용은 관련된 현금의 유입·유출 시기와 관련 없이 거래나 사실이 발생한 기간에 표시한다.

② 수익과 비용(제28조~제31조) 수익은 국가의 재정활동과 관련하여 재화 또는 용역을 제공한 대가로 발생하거나, 직접적인 반대급부 없이 법령에 따라 납부의무가 발생한 금품의 수납 등에 따라 발생하는 순자산의 증가를 말한다. 수익은 성질에 따라 국세수익(국가가 조세를 징수하여 발생하는 수익), 이전수익(직접적인 반대급부 없이 발생하는 수익 중 국세수익을 제외한 수익), 국가운영수익(국가의 재정활동과 관련하여 발생하는 수익 중 국세수익과 이전수익을 제외한 수익)으로 나누고, 원천에 따라 교환수익(재화와 용역을 제공한 대가로 발생하는 수익)과 비교환수익(직접적인 반대급부 없이 발생하는 수익)으로 나눈다. 교환수익은 수익창출활동이 끝나고 그 금액을 합리적으로 측정할 수 있을 때에 인식하며, 비교환수익은 해

당 수익에 대한 청구권이 발생하고 그 금액을 합리적으로 측정할 수 있을 때에 인식하는데, 수익 유형에 따른 세부 인식기준은 다음과 같다.

1. 신고·납부하는 방식의 국세 : 납세의무자가 세액을 자진신고하는 때에 수익으로 인식
2. 정부가 부과하는 방식의 국세 : 국가가 고지하는 때에 수익으로 인식
3. 원천징수하는 국세 : 원천징수의무자가 원천징수한 금액을 신고·납부하는 때에 수익으로 인식
4. 연부연납(세금 신고기한 경과 후 장기간 분할납부하는 것을 말한다) 또는 분납이 가능한 국세 : 징수할 세금이 확정된 때에 그 납부할 세액 전체를 수익으로 인식
5. 부담금수익, 기부금수익, 무상이전수입, 제재금수익 등 : 청구권 등이 확정된 때에 그 확정된 금액을 수익으로 인식. 다만, 제재금수익 중 벌금, 과료, 범칙금 또는 몰수품으로서 청구권이 확정된 때나 몰수품을 몰수한 때에 그 금액을 확정하기 어려운 경우에는 벌금, 과료 또는 범칙금이 납부되거나 몰수품이 처분된 때에 수익으로 인식할 수 있다.

비용은 재화 또는 용역을 제공하여 발생하거나, 직접적인 반대급부 없이 발생하는 자원 유출이나 사용 등에 따른 순자산의 감소를 말한다. 비용은 성질에 따라 이전비용(직접적인 반대급부 없이 발생하는 비용)과 국가운영비용(국가의 재정활동과 관련하여 발생하는 비용 중 이전비용을 제외한 비용)으로 구분한다. 비용은 재화나 용역제공 등 국가재정활동 수행을 위해 자산이 감소하고 그 금액을 합리적으로 측정할 수 있을 때 또는 법령 등에 따라 지출에 대한 의무가 존재하고 그 금액을 합리적으로 측정할 수 있을 때에 인식한다. 또한 과거에 자산으로 인식한 자산의 미래 경제적 효익이 감소 또는 소멸하거나 자원의 지출 없이 부채가 발생 또는 증가한 것이 명백한 때에도 비용으로 인식한다.

제31조는 국가의 원가계산에 대해 규정하고 있는데, 원가를 중앙관서의 장 또는 기금관리주체가 프로그램의 목표를 달성하고 성과를 창출하기 위하여 직접적·간접적으로 투입한 경제적 자원의 가치로 정의한다. 원가집계 대상과 배부기준 등 원가계산에 관한 세부적인 사항은 기획재정부장관이 정하는 바(원가계산에 관한 지침)에 따른다고 하였다.

4) 자산과 부채의 평가

① 자산평가기준(제32조)　자산평가란 자산의 속성을 표현하기 위해 화폐가치를 부여하는 과정, 즉 재정상태표에 보고될 자산금액을 결정하는 과정이다. 화폐가치를 부여할 때 어떠한 측정속성 또는 평가기준에 의하는가에 따라 자산의 평가금액이 달라진다. 자산의 측정속성에는 역사적 원가(취득원가), 현행원가(현행유입가치, 현행유출가치), 현재가치 등이 있다.

역사적 원가는 과거에 자산을 취득할 때 실제 지급한 금액에 따라 측정하는 것을 말한다. 현행원가는 측정대상인 자산과 동일한 또는 유사한 자산을 현재의 시장에서 구입할 경우에 지급하게 될 금액(현행유입가치) 또는 측정대상인 자산을 현재의 시장에서 매각할 경우에 수취하게 될 금액(현행유출가치)을 기준으로 측정하는 것이다. 현재가치는 측정대상 자산으로부터 미래 발생하게 될 현금흐름을 적절한 할인율로 할인하여 현재의 가치를 계산한 것이다.

국가회계에 있어서 재정상태표에 표시하는 자산의 가액은 해당 자산의 취득원가를 기초로 하여 계상한다. 다만, 무주부동산의 취득, 교환 또는 기부채납 등으로 취득한 경우에는 취득 당시의 공정가액을 취득원가로 본다. 국가회계실체 사이에 발생하는 관리전환은 무상거래일 경우에는 자산의 장부가액을 취득원가로 하고, 유상거래일 경우에는 자산의 공정가액을 취득원가로 한다.

자산의 물리적인 손상 또는 시장가치의 급격한 하락 등으로 해당 자산의 회수가능가액이 장부가액에 미달하고 그 미달액이 중요한 경우에는 장부가액을 회수가능가액으로 조정하고, 장부가액과 회수가능가액의 차액을 그 자산에 대한 감액손실의 과목으로 재정운영결과에 반영한다. 다만, 감액한 자산의 회수가능가액이 회복되는 경우에는 감액 전의 장부가액을 한도로 하여 감액손실환입 과목으로 재정운영결과에 반영한다.

② 각종 자산의 평가(제33조～제40조)　투자증권은 매입가액에 부대비용을 더하고 종목별로 총평균법 등을 적용하여 산정한 가액을 취득원가로 한다. 채무증권은 상각후취득원가로 평가하고 지분증권은 취득원가로 평가한다. 다만, 재정상태표일 현재 신뢰성 있게 공정가액을 측정할 수 있으면 그 공정가액으로 평가하며, 장부가액과 공정가액의 차이금액은 순자산조정에 반영한다. 정부출자금은 출자액 또는 매입가액에 부대비용을 더하고 품목별로 총평균법 등을 적용하여 산정한 가액을 취득원가로 한다.

대여금 및 미수채권은 신뢰성 있고 객관적인 기준에 따라 산출한 대손추산액을 대손충당금으로 설정하여 평가한다. 단, 융자사업에서 발생한 대여금의 경우에는 융자금 원금과 추정 회수가능액의 현재가치와의 차액을 융자보조원가충당금으로 설정하여 평가한다. 재고자산은 제조원가 또는 매입가액에 부대비용을 더한 금액을 취득원가로 하고 품목별로 선입선출법을 적용하여 평가하는 것을 원칙으로 하며, 재고자산의 시가가 취득원가보다 낮은 경우에는 저가법을 적용하여 시가를 재정상태표 가액으로 한다. 압수품 및 몰수품은 판결이나 법령에 따라 국가에 귀속된 때에 압류 또는 몰수 당시의 시장가격으로 평가하여 표시(화폐성 자산의 경우)하거나 감정가액 또는 공정가액 등으로 평가하여 표시(비화폐성 자산의 경우)한다.

일반유형자산은 해당 자산의 건설원가 또는 매입가액에 부대비용을 더한 금액을 취득원가로 하고, 객관적이고 합리적인 방법으로 추정한 기간에 정액법 등을 적용하여 감가상각한다. 일반유형자산에 대한 사용수익권은 해당 자산의 차감항목에 표시한다. 사회기반시설의 평가는 일반유형자산의 경우와 동일하다. 다만, 사회기반시설 중 관리·유지 노력에 따라 취득 당시의 용역잠재력을 그대로 유지할 수 있는 시설에 대해서는 감가상각하지 아니하고 관리·유지에 투입되는 비용으로 감가상각비용을 대체할 수 있다.

③ 부채의 평가(제41조~제45조의2) 재정상태표에 표시하는 부채의 가액은 이 기준에서 따로 정한 경우를 제외하고는 원칙적으로 부채의 만기에 상환될 현금액(현재가치계산은 적용하지 않음)으로 평가한다. 국채 등(국채 및 공채)의 평가는 국채 등 발행수수료 및 발행과 관련하여 직접 발생한 비용을 뺀 발행가액으로 한다. 국채 등의 액면가액과 발행가액의 차이는 국채할인(할증)발행차금 과목으로 액면가액에 빼거나 더하는 형식으로 표시하며, 그 할인(할증)발행차금은 발행한 때부터 최종 상환할 때까지의 기간에 유효이자율로 상각 또는 환입하여 국채 등에 대한 이자비용에 더하거나 뺀다.

기타 충당부채 중 퇴직급여충당부채는 재정상태표일 현재 「공무원연금법」 및 「군인연금법」을 적용받지 아니하는 퇴직금 지급대상자가 일시에 퇴직할 경우 지급해야 할 퇴직금으로 평가한다. 연금충당부채는 연금추정지급액 중 재정상태표일 현재의 재직기간까지 귀속되는 금액을 현재가치로 산정하여 평가한다. 여기서 연금추정지급액이란 재정상태표일 현재의 연금가입자에게 근무에 대한 대가로서 장래 예상퇴직시점에 지급하여야 할 금액으로서 보험수리적가정(예상퇴직시점의 장래 추정보수, 전체 추정근무기간 등 연금충당부채와 연금비용을 측정하는 데 필요한 재무적·인구통계적 가정을 말한다)을 반영하여 산정한 것을 말한다(퇴직수당충당부채도 이와 유사하다). 보증충당부채는 보증약정 등에 따른 피보증인인 주채무자의 채무불이행에 따라 국가회계실체가 부담하게 될 추정 순현금유출액의 현재가치로 평가한다. 보험충당부채는 재정상태표일 이전에 보험사고가 발생하였으나 미지급된 보험금 지급예상액과 재정상태표일 현재 보험사고가 발생하지는 않았으나 장래 발생할 보험사고를 대비하여 적립하는 지급예상액을 합산한 금액으로 평가한다. 연금충당부채, 퇴직수당충당부채, 보증충당부채, 보험충당부채의 회계처리에 관한 세부 사항은 기획재정부장관이 정하는 바에 따른다.

④ 기타 자산·부채 평가(제46조~제51조) 장기연불조건의 거래, 장기금전대차거래 또는 이와 유사한 거래에서 발생하는 채권·채무로서 명목가액과 현재가치의 차이가 중요한 경우에는 현재가치로 평가하며 현재가치 가액은 해당 채권·채무로 미래에 받거나 지급할 총금액을 해당 거래의 유효이자율(또는 유사한 조건의 국채 유통수익률)로 할인한 가액으로 한다. 채권·채무의 명목가액과 현재가치 가액의 차액인 현재가치할인차금은 유효이자율로 매 회계연도에 환입하거나 상각하여 재정운영결과에 반영한다.

화폐성 외화자산과 화폐성 외화부채는 재정상태표일 현재의 적절한 환율로 평가하며 비화폐성 외화자산과 비화폐성 외화부채는 해당 자산을 취득하거나 해당 부채를 부담한 당시의 적절한 환율로 평가한 가액을 재정상태표 가액으로 한다. 외화평가에 따라 발생하는 손익은 외화평가손실 또는 외화평가이익의 과목으로 하여 재정운영결과에 반영한다. 비화폐성 외화자산과 비화폐성 외화부채에서 발생한 손익을 순자산조정에 반영하는 경우에는 그 손익에 포함된 환율변동효과도 함께 반영하고, 재정운영결과에 반영하는 경우에는 그 손익에 포함된 환율변동효과도 해당 재정운영결과에 반영한다.

리스는 일정기간 설비 등 특정자산의 사용권을 리스회사로부터 이전받고, 그 대가로 사용료를 지급하는 계약을 말하며, 리스자산의 소유에 따른 위험과 효익이 실질적으로 리스이용자에게 이전되는 금융리스와 그 외의 경우인 운용리스로 구분한다. 금융리스는 리스료를 내재이자율로 할인한 가액과 리스자산의 공정가액 중 낮은 금액을 리스자산과 리스부채로 각각 계상하여 감가상각하고,

운용리스는 리스료를 해당 회계연도의 비용으로 회계처리한다.

파생상품은 해당 계약에 따라 발생한 권리와 의무를 각각 자산 및 부채로 계상해야 하며, 공정가액으로 평가한 금액을 재정상태표 가액으로 한다. 파생상품에서 발생한 평가손익은 발생한 시점에 재정운영결과에 반영한다. 다만, 미래 예상거래의 현금흐름변동위험을 회피하는 계약에서 발생하는 평가손익은 순자산조정에 반영한다.

우발상황은 진행중인 소송사건, 타인의 채무에 대한 지급보증 등 중앙관서의 장 또는 기금관리주체가 통제할 수 없는 불확실한 미래 사건의 발생 여부에 따라 그 의무나 권리의 존재 여부가 확인되는 것으로서 그 발생 여부가 불확실한 현재의 상태 또는 상황을 말한다. 회계변경은 회계정책 및 회계추정의 변경을 말하며, 오류수정은 회계기준 또는 법령 등에서 정한 기준에 합당하지 아니한 경우로서 전 회계연도 또는 그 전 기간에 발생한 오류를 수정하기 위한 회계처리를 말한다. 우발상황의 회계처리 및 회계변경과 오류수정의 회계처리는 기업회계의 경우와 유사하다.

5) 순자산변동표, 현금흐름표 및 주석

① 순자산변동표(제52조~제53조) 순자산변동표는 회계연도 동안 순자산의 변동내역을 나타낸 재무제표로서 중앙관서 또는 기금의 경우 기초순자산, 재정운영결과, 재원의 조달 및 이전, 조정항목, 기말순자산으로 구분하여 표시한다. 국가의 통합순자산변동표는 기초순자산, 재정운영결과, 조정항목 및 기말순자산으로 구분하여 표시해야 하는데, 이는 재원의 조달 및 이전은 국가회계실체간 내부거래로서 상계제거되기 때문이다. 조정항목은 투자증권평가손익, 자산재평가이익, 보험수리적손익 및 기타순자산의 증감 등을 포함한다.

② 현금흐름표(제53조의2~제53조의3) 현금흐름표는 회계연도 동안의 현금의 유입 및 유출내역을 나타내는 재무제표이다. 현금흐름표는 회계연도 중의 운영활동, 투자활동, 재무활동으로 인한 현금흐름에 회계연도 초의 현금을 더하여 회계연도 말의 현금을 산출하는 형식으로 표시한다. 운영활동의 경우에는 현금의 유입은 원천별로, 현금의 유출은 용도별로 각각 분류하는 직접법으로 작성하는 것을 원칙으로 한다.

③ 주석(제55조) 주석은 정보이용자에게 충분한 회계정보를 제공하기 위하여 채택한 중요한 회계정책과 재무제표에 중대한 영향을 미치는 사항을 설명한 것을 말하며 재무제표의 일부분으로 간주된다. 주석에는 재무제표 작성기준 및 중요한 회계처리방법, 국가회계기준에서 주석 공시를 요구하는 사항, 재정상태표, 재정운영표, 순자산변동표 및 현금흐름표에 표시되지 않은 사항으로서 재무제표를 이해하는 데 필요한 추가 정보가 요구된다.

(3) 국가회계예규

국가회계기준의 하부체계인 국가회계예규는 총 23개의 회계처리지침으로 구성되며 내용은 [도표 3-3]과 같다.

[도표 3-3] 국가회계예규

구 분	명 칭	주요 내용
1	재무제표의 작성과 표시에 관한 지침	• 재무제표의 작성과 표시에 관한 세부사항
2	현금흐름표 회계처리지침	• 현금흐름표의 작성과 표시에 관한 세부사항
3	재무제표의 통합에 관한 지침	• 재무제표의 통합절차 • 중앙관서 및 국가재무제표 작성방법에 관한 세부사항
4	금융자산과 차입부채 회계처리지침	• 금융자산과 차입부채의 분류, 최초 인식, 인식 후 평가, 제거, 표시, 공시 등 세부 회계처리방법
5	일반유형자산과 사회기반시설 회계처리지침	• 일반유형자산과 사회기반시설의 분류, 최초 인식과 인식 후 평가(감가상각, 재평가, 감액), 제거, 공시 등에 관한 세부 회계처리방법
6	무형자산 회계처리지침	• 무형자산의 인식, 인식 후 평가(상각, 감액), 제거, 공시 등에 관한 세부 회계처리방법
7	기타자산과 기타부채 회계처리지침	• 재고자산, 저장품, (장기)선급금, (장기)선급비용 등 기타의 자산과 (장기)선수금, (장기)선수수익, 퇴직급여충당부채 등 기타 부채의 정의와 공시 등에 관한 세부 회계처리방법
8	리스 회계처리지침	• 리스계약에 따라 리스료를 지급하고 특정자산을 사용하는 리스거래의 세부 회계처리방법 • 경제적 실질(위험과 효익의 이전여부)에 따라 금융리스와 운용리스로 구분하여 처리
9	충당부채, 우발부채, 우발자산 회계처리지침	• 우발상황에서 발생하는 우발자산·부채 등에 대한 인식, 측정, 공시에 관한 세부 회계처리방법

10	교환수익 회계처리지침	• 교환수익에 대한 정의, 분류, 인식, 표시 등 세부 회계처리방법 • 적용범위에서 국가회계실체가 연금사업 수행시 수취하는 고용주부담금, 피고용자부담금, 국가기여금, 보험사업을 수행시 수취하는 보험료, 보증료는 제외
11	비교환수익 회계처리지침	• 비교환수익에 대한 정의, 분류, 인식, 표시 등 세부 회계처리방법 • 적용범위에서 근로자와 사업자가 납부해야 할 사회보험수익, 연금기금이 재원부족 등으로 인해 다른 국가회계실체로부터 보조받는 보전금과 일반회계, 기타특별회계의 국고금 수납과 지출에 따른 국고이전수입과 국고수입은 제외
12	비용 회계처리지침	• 비용의 분류, 인식, 표시 등에 관한 세부 회계처리방법 • 적용범위에서 다음은 제외 (1) 전기 또는 전기이전에 발생한 수입금을 과오납반환하는 경우에 발생하는 전기과오납금반환금 (2) 보험비용, 사회보험비용, 연금비용, 융자보조비용 등 보험, 연금과 융자의 지출원인이 발생하였거나 충당부채를 설정하는 경우에 발생하는 비용 (3) 자산의 감소, 부채의 증가 및 순자산의 감소를 발생시키는 전기오류수정손실
13	연금 회계처리지침	• 연금충당부채의 평가 등 연금사업에 대한 회계처리에 관한 세부사항 • 공무원연금 및 군인연금 • 사립학교교직원연금 및 국민연금
14	보험 회계처리지침	• 보험충당부채(사회보험부채), 구상채권의 인식 및 평가와 수익 · 비용의 인식 및 측정 • 표시 · 공시에 관한 사항 등 세부 회계처리방법
15	보증 회계처리지침	• 보증충당부채의 인식 및 평가, 보증수익 · 비용의 인식 및 측정, 공시에 관한 사항 등 신용보증사업에 대한 세부 회계처리방법
16	융자 회계처리지침	• 융자보조원가충당금의 평가 등 국가회계실체가 유효이자율보다 낮은 이자율로 융자를 제공하는 사업에 대한 회계처리에 관한 세부사항
17	민간투자사업 회계처리지침	• 수익형 민자사업(BTO)과 임대형 민자사업(BTL)에 의한 거래의 인식, 인식 후 평가, 공시에 관한 사항 등 세부 회계처리방법
18	국유재산위탁개발사업 회계처리지침	• 국유재산 중 일반재산의 위탁개발에 대한 준공 전, 준공 후 회계처리와 공시에 관한 세부사항
19	원가계산에 관한 지침	• 사업수행 과정에서 발생하는 비용과 수익을 집계하고 배부하는 등 원가계산에 대한 회계처리에 관한 세부사항
20	국고금 회계처리지침	• 국고로 불입되는 수입금 및 세출예산에 따른 지출금의 회계처리방법
21	세입 · 세출외거래 회계처리지침	• 세입 · 세출외거래의 주요 항목에 대한 회계처리에 관한 세부사항
22	회계정책 · 회계추정의 변경과 오류수정에 관한 지침	• 회계정책 · 회계추정의 변경, 전기오류수정의 회계처리와 공시에 관한 세부사항
23	정부조직개편 회계처리지침	• 정부조직 개편시 중앙관서 및 국가회계실체의 자산, 부채 및 순자산의 이관 등에 적용하는 회계처리에 관한 세부사항

제 2 절 국가회계의 범위

1. 국가의 재정범위

국가회계는 기본적으로 행정서비스 등 국가의 활동을 재정적 측면에서 분석하기 위한 정보, 즉 국가의 재정활동에 대한 정보를 산출하고 제공하기 위한 것이다. 따라서 국가회계의 범위는 국가의 재정범위에 따라 정해져야 할 것이다. 그러나 실질적으로 국가의 관리대상인 재정범위와 국가회계의 적용대상이 되는 범위는 차이가 나게 된다.

국가의 재정활동은 정부조직뿐 아니라 공공기관이나 공기업 등에 의해서도 수행될 수 있어 국가의 재정범위를 일률적으로 정하는 것은 쉽지 않고 재정범위를 정하는 기준이 국가마다 다를 수 있다. 국가마다 다른 기준으로 정부의 범위를 정하고 이에 따라 정부의 재정통계를 산출한다면 그러한 통계수치는 국가간 비교가능성을 잃게 될 것이다. 이러한 점을 고려하여 국제금융기구인 IMF는 각국이 공통적으로 쓸 수 있는 재정통계의 산출범위와 방법을 GFS매뉴얼에서 제공하고 있다. 우리나라도 과거부터 GFS매뉴얼에 따라 재정범위를 정하고 재정통계 수치도 산출해 왔다.

2010년까지 우리나라의 재정통계는 IMF의 1986 GFS를 따라 작성되어 왔는데, 1986 GFS는 재정통계에 포함되는 정부의 범위 결정에 있어 기능기준의 회계(accounts)나 기금(funds) 단위를 사용하였고 현금주의 회계방식에 의해 통계수치를 측정하도록 하였다. 그러나 새로운 개념 및 방식으로 개편된 2001 GFS가 근년에 소개되고 대부분 선진국에서 받아들이고 있어 우리나라도 2011년부터 2001 GFS에 따라 재정통계를 작성하기로 결정하였으며 2011년 10월 발표한 국가재정운용계획을 통해 세부내용을 공표하였다. 이에 따라 공공부문의 제도단위를 기준으로 재정범위(또는 일반정부)를 파악하는 작업을 수행하였는데, 재정통계에는 조직단위로서의 중앙정부와 지방자치단체뿐 아니라 정부로부터 독립적인 제도단위 여부와 시장성 기준으로 정부기능을 수행하는 비영리 공공기관 및 민간관리기금을 포함하게 되었다.

현재 우리나라의 공공부문에는 일반회계, 특별회계, 기금, 공공기관이 포함되어 있는데, 여기에서 공공기관들은 각각 법인격을 갖고 있기 때문에 모두 법인으로 구성된다. 이들 법인은 '제도단위'라 할 수 있는데, 재정통계 목적상 이들 법인과 '국가'를 정책사업에 주로 종사하는 일반정부와 시장사업에 주로 종사하는 공기업으로 구분할 수 있다. 이러한 구분을 위해 원가보상률의 개념을 사용하는데, 이는 생산원가를 매출수익으로 보전하는 비율을 말한다. 원가보상률이 50%보다 낮은 경우 일반정부에 포함하고(50% 이상이면 공기업으로 구분하고 정부범위에서 제외) 추가적으로 특수기준(사회보장기구, 구조조정기구, 정부가 유일한 고객인 기구, R&D를 수행하는 기구, 정부와 독립적으로 운영되지 않는 연금 등 포함)을 적용한다.

2. 국가회계법에 따른 범위

국가회계는 국가의 예산(일반회계, 특별회계)으로 재정활동을 수행하는 중앙관서 및 그 하부조직과 기금에 적용된다. 국가회계법 제3조는 다음 각 호의 회계 및 기금에 대하여 적용한다고 규정한다.

1. 「국가재정법」 제4조에 따른 일반회계 및 특별회계
2. 「국가재정법」 제5조 제1항에 따라 설치된 기금(이하 "기금"이라 한다)

국가회계실체는 행정형 회계와 사업형 회계로 다시 분류할 수 있다. 행정형 회계란 일반회계와 특별회계(기업특별회계는 제외한다)와 같이 징수한 세금 등을 재원으로 하여 공공재를 공급하는 국가의 일반적이고 고유한 행정활동을 수행하는 회계실체를 말한다. 사업형 회계란 기업특별회계(책임운영기관특별회계를 포함한다)나 기금과 같이 개별적인 보상관계가 적용되는 독립적인 수익창출활동을 수행하는 회계실체를 말한다.

2023년 기준으로 우리나라에는 국가의 일반회계와 21개의 특별회계, 68개의 기금, 합계 90개의 예산·회계단위가 국가회계실체를 구성하며 궁극적으로 국가재무제표를 작성할 때 통합대상이 된다. 중앙관서의 장과 기금관리 주체가 소관의 회계실체를 중심으로 재무제표를 작성하는 보고실체(reporting entity)의 역할을 하게 된다. 68개의 기금은 기금의 여러 유형구분과 상관없이 국가사업 운영상

특정한 목적을 위하여 법률에 따라 설치하고 관리되는, 즉 국가의 예산통제를 받는 모든 기금이 포함된다. 그러나 재무제표의 범위에는 정부예산편성 단위와 동일한 기준이므로 정부기능을 수행하는 비영리 공공기관과 공기업 등은 제외된다.

기금의 재무제표는 소관 부처의 재무제표에 통합되며 모든 중앙관서의 재무제표가 통합되어 국가통합재무제표가 작성된다. 따라서 국가회계의 범위는 국가통합재무제표에 포함되는 국가회계실체의 범위와 동일한 개념이 된다고 볼 수 있다.

국가회계에 속하는 국가회계실체 내역은 [도표 3-4]와 같다.

[도표 3-4] 특별회계와 기금의 내역

일반회계	기업특별회계(5개)	기타특별회계(16개)	기금(68개)
〈세입〉 • 내국세 • 관세 • 교통에너지환경세 • 교육세 • 종합부동산세 • 세외수입 〈세출〉 • 일반/지방행정 • 공공질서 및 안전 • 통일/외교 • 국방 • 교육 • 문화 및 관광 • 환경 • 사회복지 • 보건 • 농림수산 • 산업/중소기업 및 에너지 • 교통 및 물류 • 통신 • 국토 및 지역개발 • 과학기술 • 예비비	• 우편사업 • 우체국예금 • 양곡관리 • 조달 • 책임운영기관	• 교도작업 • 국가균형발전 • 농어촌구조개선 • 등기 • 행정중심복합도시건설 • 아시아문화중심도시조성 • 에너지 및 자원사업 • 우체국보험 • 주한미군기지이전 • 환경개선 • 국방군사시설이전 • 혁신도시건설 • 교통시설 • 유아교육지원 • 소재부품장비경쟁력강화 • 고등·평생교육지원	• 사업성기금 49개 • 사회보험성기금 6개 • 금융성기금 8개 • 계정성기금 5개

(자료 : 국회 예산정책처, 2023년 대한민국 재정)

객관식 문제

1 국가회계 관련 법령체계 구성과 순서가 맞는 것은?

① 국가회계법－국가회계법 시행령－국가회계기준－국가회계예규
② 예산회계법－국가회계기준－준칙 및 지침－국가회계예규
③ 국가재정법－국가회계기준－국가회계준칙－준칙 및 지침
④ 국가회계법－국가회계법 시행령－국가회계기준－시행규칙

해답_①

2 국가회계기준에 대한 설명 중 맞지 않는 것은?

① 국가회계에 발생주의·복식부기 회계처리방식을 적용하기 위한 기준이다.
② 국가회계법하의 시행규칙의 지위를 가진다.
③ 세입·세출결산서를 정확하게 작성하기 위한 회계처리기준이다.
④ 재정상태 및 재정운영 현황을 종합적·체계적으로 파악하여 유용한 정보를 제공한다.

해답_③

3 국가회계의 원칙에 대하여 기술한 내용 중 타당하지 않은 것은?

① 법적 형식보다 경제적 실질에 따라 회계처리한다.
② 중요성의 원칙을 적용한다.
③ 객관적으로 검증가능하고 중립적이어야 한다.
④ 국가회계의 특성상 보수주의 원칙을 적용한다.

해답_④

4 국가회계법에 따른 국가회계의 적용범위로 적절한 것은?

① 일반회계, 특별회계, 기금(민간관리 기금 제외)

② 일반회계, 특별회계, 기금(민간관리 기금 포함)

③ 일반회계, 특별회계, 공기업, 기금(민간관리 기금 제외)

④ 일반회계, 특별회계, 공기업, 기금(민간관리 기금 포함)

해답_②

chapter

4 재정상태표

제1절 재정상태표의 의의와 기본요소

1. 재정상태표의 의의

재정상태표(statement of financial position)는 일정시점에 있어서 자산과 부채의 명세 및 상호관계 등 국가회계실체의 재정상태를 나타내는 재무제표이다. 재정상태표는 기업의 재무상태를 나타내는 재무제표인 재무상태표와 유사한 역할을 한다. 재정상태표는 국가결산보고서의 구성항목인 재무제표의 하나로 국가의 결산기준일이 12월 31일이므로 재정상태표도 이 시점을 기준으로 작성되는데, 12월 31일을 '재정상태표일'이라고 한다. 재정상태표는 통상 2개 연도치를 비교하는 형식으로 작성되므로 매 결산보고서에 전년도와 현년도의 재정상태표일을 기준으로 작성된 재정상태표가 비교형식으로 표시된다.

재정상태표는 국가회계실체가 보유한 자산과 부담하는 부채의 내역과 상호관계를 나타내기 때문에 국가 및 이에 속하는 회계실체의 재정건전성에 대한 평가를 가능하게 해준다. 또한 다음에 예시된 바와 같이 정책책임자의 의사결정을 지원하거나 국민 등 이해관계자가 정부의 재정에 대한 평가를 하는 데 유용한 정보를 제공할 수 있다.

① 현 재정상태 및 재정상태의 변동을 고려하여 회계실체가 제공하려고 하는 행정서비스에 대한 재정지원 가능여부를 평가한다.
② 재정상태표에 보고된 자산과 부채의 관리에 대한 회계실체의 회계책임성을 국민에게 보여준다.
③ 회계실체가 보유하고 있는 자산의 수선유지와 교체를 위한 미래 재원조달 계획에 대한 평가를 가능하게 한다.
④ 국가의 채무와 그 외 부채에 대한 상환 및 이행 계획에 대한 평가를 가능하게 한다.
⑤ 현재 국가회계실체가 보유하고 있는 현금및현금성자산 규모의 적정성 및 추가 현금조달 필요성에 대한 평가를 가능하게 한다.

2. 재정상태표의 기본요소

재정상태표의 기본요소는 자산, 부채와 순자산이다. 각 기본요소의 정의는 다음과 같다.

(1) 자 산

자산(assets)은 과거의 거래나 사건의 결과로 현재 국가회계실체가 소유 또는 통제하고 있는 자원으로서, 미래에 공공서비스를 제공할 수 있거나 직접 또는 간접적으로 경제적 효익을 창출하거나 창출에 기여할 것으로 기대되는 자원을 말한다. 여기서 경제적 효익이란 일반적으로 기업이 원재료와 생산설비를 이용하여 제품을 생산하고 판매하는 것과 같이 자산의 이용으로 미래 순현금유입이 창출되는 경우를 의미한다. 미래 경제적 효익은 또한 자산의 매각으로부터 발생하기도 한다. 그러나 정부는 기업과 달리 반드시 경제적 효익만을 추구하지 않고 국민에게 행정서비스를 제공하는 것이 더 중요할 수 있다. 따라서 정부가 소유하는 자원을 공공서비스 제공을 위해 사용할 수 있으며 이런 목적의 자원도 정부의 자산으로 정의할 수 있다. 정부의 자산으로 인정되기 위해서는 일반적으로 정부가 자산에 대한 소유권을 가지는 것이 중요하나 예외적으로 법적인 소유권을 가지지는 않지만 실질적으로 소유하는 경우도 정부의 자산으로 인정될 수 있다.

(2) 부 채

부채(liabilities)는 과거의 거래나 사건의 결과로 국가회계실체가 부담하고 있고 미래에 자원의 유출 또는 사용이 예상되는 현재의 의무를 말한다. 부채의 본질은 의무이며 그 의무를 이행하기 위해 국가회계실체로 하여금 미래에 자금의 지출 등을 요구하게 되는 거래나 사건이 현재 시점에 이미 존재하는 것이 부채 발생의 전제조건이 된다. 부채는 채무(debt)를 포괄하는 개념이다. 채무는 본질적으로 회계실체가 부담하는 의무인 점에서 부채와 유사한 개념이나 일반적으로 현재 지급금액이 확정적이고 의무의 이행을 위한 지급 대상과 시기가 정해져 있는 경우를 의미한다. 국공채나 차입금이 채무의 예에 해당하며, 선수수익과 같은 발생주의 수정항목이나 퇴직급여충당부채 혹은 보증충당부채와 같이 미래에 불확실한 지출이 예상되는 항목은 채무라고 하지는 않으나 부채의 정의를 만족한다.

(3) 순자산

순자산(net assets)은 자산의 합계에서 부채의 합계를 차감한 잔여액으로 정의한다. 자산과 부채의 차이인 잔여액이 소유주지분인 자본이라는 항목으로 구분되는 기업과는 달리 정부의 경우 순자산에 대해서는 지분권자는 없으며 단순히 자산과 부채의 균형을 맞추어주는 금액일 뿐으로 큰 의미를 부여하기는 어렵다. 발생주의를 먼저 도입한 주요 국가들의 정부회계에서는 자산과 부채의 차이를 여러 가지 용어로 표현하고 있다. 기업회계와 같이 납세자의 자본(taxpayer equity : 영국)으로 표시하기도 하지만 대부분의 나라에서는 순자산(net assets), 순잔액(net position) 또는 차감수지(balance), 순가치(net worth) 등으로 표현하고 있다.

3. 재정상태표의 구성

재정상태표는 자산, 부채와 순자산으로 구성되며 각 기본요소 내의 항목들은 유용한 정보를 제공하기 위해 특정한 배열순서를 따른다. 국가회계기준 제8조는 “자산, 부채 및 순자산은 총액으로 표시한다. 이 경우 자산 항목과 부채 또는 순자산 항목을 상계함으로써 그 전부 또는 일부를 재정상태표에서 제외해서는 아니 된다"고 규정하고 있다. 자산은 금융자산, 유·무형자산 및 기타 자산으로 구분하여 재정상태표에 표시하고, 부채는 차입부채, 충당부채 및 기타 부채로 구분하여 재정상태표에 표시하는데, 유동성에 따라 자산을 배열하는 민간회계에서의 재무상태표 표시방법과 차이가 있다.

국가회계실체의 재정상태표 구성은 다음 예시와 같다(2개 연도 비교표시는 하지 않았음).

재정상태표

행복부 당기 : 20×0년 12월 31일 현재 (단위 : 원)

자 산		부채 및 순자산	
Ⅰ. 금융자산	455,400	Ⅰ. 차입부채	289,400
1. 현금및현금성자산	14,000	1. 국채	40,000
2. 금융상품	36,000	2. 차입금	50,000
3. 투자증권	76,400	3. 국고채무부담행위액	199,400
4. 정부출자금	29,000	Ⅱ. 충당부채	300,000
5. 대여금	150,000	1. 연금충당부채	120,000
6. 미수채권	100,000	2. 보증충당부채	80,000
7. 기타 금융자산	50,000	3. 보험충당부채	100,000
Ⅱ. 유·무형자산	370,000	Ⅲ. 기타 부채	2,000
1. 일반유형자산	100,000	부채 계	591,400
2. 사회기반시설	110,000		
3. 무형자산	160,000	Ⅰ. 기본순자산	200,000
Ⅲ. 기타자산	400,000	Ⅱ. 적립금 및 잉여금	404,000
		Ⅲ. 순자산조정	30,000
		순자산 계	634,000
자산 계	1,225,400	부채 및 순자산 계	1,225,400

제 2 절 자산과 부채의 회계

1. 계정과목 체계

국가회계의 회계처리를 위한 계정과목 체계는 대분류, 중분류, 회계과목, 관리과목, 세부관리과목의 5단계(Level Ⅰ, Ⅱ, Ⅲ, Ⅳ, Ⅴ) 구조로 구성된다.

대분류(Level Ⅰ)는 발생주의·복식부기회계에 의한 재무제표 기본요소인 자산, 부채, 순자산, 수익 및 비용의 구분을 말하며, 이는 다시 일정기준에 따라 중분류 항목으로 나눠진다. 중분류(Level Ⅱ)는 대분류를 국가회계기준에 따라 구분한 것이다(예 : 금융자산, 유무형자산 등). 회계과목(Level Ⅲ)은 예산과목에 대응되는 재무결산보고의 기본단위로 재무제표에 표시되는 공시과목(예 : 현금및현금성자산, 미수채권 등)이 이에 해당한다.

관리과목(Level Ⅳ) 및 세부관리과목(Level Ⅴ)은 내부목적으로 회계과목의 상세한 정보제공을 위하여 회계처리시 사용되는 기표과목이며, 관리과목 및 세부관리과목은 향후 필요시 추가로 설정가능하다.

예를 들면, 국가회계실체가 보유하고 있는 보통예금은 자산(Level Ⅰ)－금융자산(Level Ⅱ)－현금및현금성자산(Level Ⅲ)－현금및현금등가물(Level Ⅳ)로 구분되는 계정과목 체계에 속하는 세부관리과목(Level Ⅴ)에 해당한다.

2. 자산회계

(1) 금융자산 : 현금및현금성자산

현금은 지폐나 주화 등 통화, 타인발행수표 등 통화대용증권과 자기앞수표, 당좌수표 및 가계수표 등이 포함된다. 또한 우편환증서, 송금환, 기일도래 공사채 이자표, 배당금지급통지표 등도 현금으로 분류된다. 현금성자산이란 보통예금, 당좌예금과 기타현금성자산을 말하는데, 일반적으로 큰 거래비용 없이 현금으로의 전환이 용이하고 이자율 변동에 따른 가치변동의 위험이 중요하지 않으며 취득 당시 만기일 또는 상환일이 3개월 이내인 금융상품을 말한다. 투자신탁의 계약기간이 3개월 이하인 초단기 수익증권(MMF를 포함) 중 큰 거래비용이 없고 가치변동위험이 중요하지 않은 수익증권, 취득 당시의 만기가 3개월 이내에 도래하는 채권, 취득 당시 상환일까지의 기간이 3개월 이내인 상환우선주 및 3개월 이내의 환매조건의 환매채 등이 기타현금성자산에 해당한다.

중앙관서의 장이 관리하지 아니하는 기금(이하 '민간기금')이 보유하고 있는 현금은 '현금및현금성자산'으로 분류하여 '현금및현금등가물(Level Ⅳ)－현금(Level Ⅴ)'으로 표시하나, 일반 및 특별 회계의 보유현금과 국고금관리법 제3조 제1항 제2호의 규정에 의한 기금(이하 '중앙관서의 장이 관리하는 기금')의 보유현금은 '국고금(Level Ⅳ)－현금성자산(Level Ⅴ)'으로 분류한다.

예제 4-1 현금 및 국고금의 분류 및 회계처리

① 일반 및 특별 회계에서 사용료수익을 현금으로 수취한 경우
○○씨는 20×1년 7월 31일자로 1개월치에 해당하는 3백만원의 임대료를 납부하였다.
② 민간기금이 사용료수익을 현금으로 수취한 경우
○○씨는 20×1년 7월 31일자로 1개월치에 해당하는 3백만원의 임대료를 납부하였다.

풀이

	차변	금액	대변	금액
①	(차) 국고금-현금성자산	3,000,000	(대) 사용료수익	3,000,000
②	(차) 현금및현금등가물-현금	3,000,000	(대) 사용료수익	3,000,000

(2) 금융자산 : 금융상품

금융상품은 금융기관이 취급하는 정기예금·정기적금, 사용이 제한되어 있는 예금 및 양도성예금증서(CD), 환매조건부채권, 어음관리계좌(CMA), 신종기업어음(Commercial Paper) 등 기타 정형화된 상품을 말한다.

예제 4-2 금융상품의 취득 및 분류

20×1년 3월 1일 ○○기금이 여유자금운용목적으로 만기가 2년 뒤인 정기예금 100,000,000원을 예치하였다.

풀이

〈20×1년 3월 1일 정기예금 예치시〉

(차) 금융상품-정기예금 100,000,000 (대) 현금및현금등가물-보통예금 100,000,000

(3) 금융자산 : 투자증권 및 정부출자금

1) 분 류

투자증권은 취득한 후에 채무증권, 지분증권, 국세물납증권 중의 하나로 구분된다. 국세물납증권이란 국세물납을 통해 취득한 투자증권을 말한다. 채무증권이란 발행자에 대하여 금전을 청구할 수 있는 권리를 표시하는 투자증권 및 이와 유사한 투자증권으로서 국세물납증권을 제외한 것을 말하며, 국채, 공채, 지방채 및 회사채로 구분한다. 지분증권이란 주권 및 신주인수권이 표시된 투자증권으로서 국세물납증권을 제외한 것을 말하며, 주식과 기타지분증권으로 구분한다.

정부출자금은 법령·정책적 목적으로 출자하여 취득한 증권을 말한다. 정부출자금은 출자 대상이 국유재산법에 따른 정부출자기업체에 해당하는지 여부에 따라 정부출자기업출자금과 정부출자기업외출자금으로 구분한다.

2) 취득원가와 평가

투자증권의 취득원가는 유가증권 취득을 위하여 제공한 대가의 시장가격에 취득부대비용을 포함한 가액으로 측정하는데, 종목별로 총평균법 등을 적용하여 산정한 가액을 취득원가로 한다. 제공한 대가의 시장가격이 없는 경우에는 취득한 유가증권의 시장가격으로 취득원가를 측정한다. 제공한 대가와 취득한 유가증권 모두 시장가격이 없는 경우에는 공정가액을 추정하여 취득원가를 측정한다. 단, 국세물납증권은 「비교환수익 회계처리지침」에 따라 신고하거나 고지한 국세수익 금액을 취득원가로 한다. 정부출자금은 출자액 또는 매입가액에 부대비용을 더하고 품목별로 총평균법 등을 적용하여 산정한 가액을 취득원가로 한다.

채무증권은 상각후취득원가로 평가하고, 지분증권은 취득원가로 평가한다. 다만, 재정상태표일 현재 신뢰성 있게 공정가액을 측정할 수 있으면 그 공정가액으로 평가하며, 장부가액과의 차이금액은 순자산변동표에 조정항목 중 "투자증권평가손익"으로 표시한다.

'공정가액'은 '합리적인 판단력과 거래의사가 있는 독립적인 당사자 사이의 거래에서 자산이 교환되거나 부채가 결제될 수 있는 금액'으로, 유가증권의 경우 전형적인 측정값은 '시장가격'라 할 수 있고 해당 유가증권이 시장에서 거래되지 않아 '시장가격'이 없을 때에는 '공정가액'의 신뢰성 있는 추정액을 사용해야 하는데, 이 경우 '현재가치'와 같은 공정가액의 대용값을 사용할 수 있다.

정부출자금은 출자액 또는 매입가액에 부대비용을 더하고 품목별로 총평균법 등을 적용하여 산정한 가액을 취득원가로 한다.

3) 회계처리 및 예시

① 채무증권의 회계처리 채무증권 취득시에는 취득을 위하여 제공한 대가의 시장가격에 취득부대비용을 포함한 가액을 취득원가로 계상하며, 이자지급일 사이에 취득할 경우 채무증권의 취득원가는 직전소유자가 보유한 기간에 대한 경과이자는 별도로 구분하여 미수채권이자수익으로 계상하고 채무증권의 취득원가에서 제외한다.

예제 4-3 채무증권의 회계처리

20×1년 7월 1일, 여유자금운용의 목적(1년 이내 처분예정)으로 A사가 20×1년 1월 1일, 만기 3년으로 발행한 회사채를 100,909원에 취득하였다. 이 취득가액은 경과이자가 포함된 금액으로서, 액면가액은 100,000원, 표시이자율은 10%, 취득 당시 유통수익률은 12%, 이자지급일은 매년 12월 31일이다. 20×2년 4월 1일에 이 회사채를 경과이자를 포함하여 96,000원(처분수수료 등의 거래비용을 차감한 순액)에 처분하였다.

풀이

유효이자율법에 의한 상각표 (단위 : 원)

일 자	장부가액 (액면가액－할인차금)	유효이자 (장부가액×시장이자율)	액면이자 (액면가액×표시이자율)	상각액 (유효이자－액면이자)
20×1. 1. 1	95,197	－	－	－
20×1.12.31	96,621	11,424	10,000	1,424
20×2.12.31	98,214	11,593	10,000	1,593
20×3.12.31	100,000	11,786	10,000	1,786

〈20×1년 7월 1일 취득시〉

(차)	채 무 증 권*	95,909	(대) 한국은행국가예금	100,909
	미수채권이자수익**	5,000		

* 95,197원+(1,424원×6/12)=95,909원

** 100,000원×10%×6/12=5,000원

〈20×1년 12월 31일 기말 이자수령 및 평가시〉

(차)	한국은행국가예금	10,000	(대) 미수채권이자수익	5,000
	채 무 증 권*	712	회사채이자수익**	5,712

* 1,424원×6/12=712원

** (100,000원×10%×6/12)+712원=5,712원

〈20×2년 4월 1일 처분시〉

(차)	미수채권이자수익*	2,500	(대) 회사채이자수익	2,898
	채 무 증 권**	398		

* 100,000원×10%×3/12=2,500원

** 1,593원×3/12=398원

(차)	한국은행국가예금	96,000	(대) 채 무 증 권*	97,019
	채무증권처분손실	3,519	미수채권이자수익	2,500

* 96,621원(20×1년말 장부가액)+(1,593원×3/12) (20×2년 상각액)=97,019원

② **지분증권의 회계처리** 투자목적으로 취득한 지분증권은 재정상태표일 현재 신뢰성 있게 공정가액을 측정할 수 있으면 그 공정가액으로 평가해야 한다. 공정가액은 시장가격이 있는 경우에는 시장가격을, 시장가격이 없는 경우에는 공정가액의 신뢰성 있는 추정액을 사용하되, 시장가격이나 신뢰성 있는 추정액이 없는 경우 취득원가로 평가한다. 지분증권의 시장가격은 재정상태표일 현재의 종가로 하되, 재정상태표일 현재의 종가가 없는 경우에는

- 재정상태표일과 해당 유가증권의 직전 거래일 사이에 중요한 경제적 상황의 변화가 없는 경우에는 직전 거래일의 종가를 말하며
- 중요한 경제적 상황의 변화가 있는 경우에는 그 변화의 영향을 직전 거래일의 종가에 적절히 반영하여 공정가액을 추정하여 적용한다.

공정가액으로 평가할 경우 기말 현재 취득가액과 공정가액의 차이는 순자

산변동표의 투자증권평가손익으로 반영한다.

예제 4-4 지분증권의 회계처리

20×1년 2월 1일 장기투자목적으로 A사가 발행한 시장성이 있는 주식을 40,000원에 취득하였다. 결산일 현재 A사 주식의 공정가액은 42,000원이다. 20×2년 9월 1일 보유중인 A사 주식 중 50%를 25,000원에 처분하였으며 20×2년 12월 31일(결산일) 현재 보유중인 A사 주식의 공정가액은 23,000원이다.

풀이

〈20×1년 2월 1일 매입시〉

(차) 지 분 증 권	40,000	(대) 한국은행국가예금	40,000

〈20×1년 12월 31일 기말평가시〉

(차) 지 분 증 권	2,000	(대) 투자증권평가이익*	2,000

* 42,000원(공정가액)－40,000원(평가전장부가액)＝2,000원
투자증권평가이익은 순자산조정항목에 반영함

〈20×2년 9월 1일 처분시〉

(차) 한국은행국가예금	25,000	(대) 지 분 증 권**	21,000
투자증권평가이익*	1,000	지분증권처분이익	5,000

* 2,000원×50%＝1,000원
** 42,000원×50%＝21,000원

〈20×2년 12월 31일 기말평가시〉

(차) 지 분 증 권	2,000	(대) 지분증권평가이익*	2,000

* 23,000원(기말공정가액)－21,000원(평가전장부가액)＝2,000원

투자증권의 회수가능가액이 장부가액 미만으로 하락하고 그 하락이 장기간 계속되어 회복될 가능성이 없을 경우에는 장부가액과의 차액을 “감액손실”로 인식하고 재정운영결과에 반영한다. 다만, 공정가액으로 평가한 투자증권의 경우 순자산변동표에 조정항목으로 인식한 “투자증권평가손실” 또는 “투자증권평가이익”을 “감액손실”에 더하거나 뺀다. 취득원가 또는 상각후취득원가로 평가한 투자증권의 경우 회복된 금액을 재정운영표상 당기수익으로 인식하되, 회복 후 장부가액이 당초에 감액손실을 인식하지 않았더라면 회복일 현재의 취득원가 또는 상각후취득원가가 되었을 금액을 초과하지 않도록 한다. 공정가액으로

평가한 투자증권의 경우 이전에 인식하였던 감액손실을 한도로 하여 회복된 금액을 재정운영표상 당기수익으로 인식한다. 채무증권 및 채무증권의 형태로 보유하는 국세물납증권에 대하여 감액손실을 인식한 경우, 해당 시점부터 유효이자율법에 의한 상각을 중지하고 현금을 수취하는 시점에 이자수익을 인식한다. 이후 감액손실이 환입되어 그 장부가액이 당초에 감액손실을 인식하지 않았더라면 회복일 현재 인식되었을 상각후취득원가까지 회복된 경우 당해 시점부터 상각을 개시한다.

정부출자금의 경우 정부출자금의 회수가능가액이 장부가액 미만으로 하락하고 그 하락이 장기간 계속되어 회복될 가능성이 없을 경우에는 장부가액과의 차액을 감액손실로 인식하고 재정운영결과에 반영한다. 정부출자금의 경우 회복된 금액을 재정운영표상 당기수익으로 인식하되, 회복 후 장부가액이 당초에 감액손실을 인식하지 않았더라면 회복일 현재의 취득원가가 되었을 금액을 초과하지 않도록 한다.

(4) 금융자산 : 대여금 및 융자금

대여금이란 유상으로 자금을 제공하는 경우의 금전에 대한 채권을 말하는데, 자금의 대여 목적 등에 따라 일반융자금과 저리융자금, 전대차관대여금 및 정부내예탁금으로 구분한다.

융자금이란 공공기관, 통화금융기관, 비통화금융기관, 기타민간기관, 지방자치단체 또는 개인에 대한 정부대여금 중 공공자금관리기금 차관계정을 통하여 대여하는 전대차관대여금을 제외한 나머지 대여금을 의미한다. 융자보조원가충당금은 융자금의 원금과 융자금 회수가능가액의 순현재가치의 차액을 의미한다. 현재가치의 평가는 융자회계처리지침에 따른 융자사업에서 발생하는 융자금에 대해서만 수행하고, 융자사업에 발생하지 않는 일반적인 채권에 대한 대손충당금은 융자금대손충당금으로 계상하며 관련회계처리는 미수채권 대손충당금 설정방법과 동일하다. 융자금의 원금과 융자금의 순현재가치의 차액을 융자보조원가충당금으로 인식하고 융자보조비용을 인식한다. 이때 융자금의 순현재가치는 미래에 수취할 총금액을 동 융자금이 실행된 회계기간에 유효이자율(동 융자금과 만기가 유사한 국채이자율을 적용함을 원칙으로 하고 해당 융자사업을 위해 직접적으로 조달된 재원이 있는 경우 해당 재원의 조달이자율 적용가능)로 할인한 가액으로 한다.

(5) 금융자산 : 미수채권

1) 정의 및 분류

미수채권이란 정부 고유의 행정활동, 재화 및 용역제공활동 등의 거래에 의하여 장래에 일정한 현금을 수취할 권리를 갖게 되는 경우 등에서 발생한 채권을 말한다.

미수채권에는 미수국세, 미수사회보험수익, 미수부담금수익, 미수제재금수익, 미수재화및용역제공수익, 미수연금수익, 미수이자수익, 미수보험수익, 미수보증수익, 미수기타수익, 기타의 미수금 등이 있다.

2) 취득원가 및 평가

장기연불조건에 따라 발생하는 미수채권의 경우 명목가액과 현재가치의 차이가 중요한 경우에는 현재가치로 평가한다. 현재가치란 특정 채권·채무로 인하여 미래에 수취하거나 지급할 총금액을 적정한 이자율로 할인한 가액을 말한다. 이때 할인율로는 그 거래에 내재된 이자율, 즉 유효이자율을 적용한다. 다만, 그 거래의 유효이자율을 확인하기 어려운 경우 유사조건의 국채수익률을 적용한다. 미수채권의 현재가치할인차금은 유효이자율법에 따라 매 회계연도에 환입하여 재정운영결과에 반영한다.

미수채권은 기말 잔액에 대하여 신뢰성 있고 객관적인 기준에 따라 산출한 대손추산액을 대손충당금으로 설정하고, 회수가 불가능한 채권은 대손충당금과 상계하도록 규정하고 있다. 즉, 미래의 대손예상액을 추산하여 대손충당금을 설정하고, 이를 같은 기간의 비용으로 처리하는 '충당금법'을 따르고 있다.

기말결산시점에 기말채권잔액 중 기간경과분석, 거래처별 신용 및 재무상태분석, 과거경험률을 토대로 대손예상액을 추산하여 대손충당금 잔액을 결정해야 한다. 만약, 결산전 대손충당금 잔액이 대손예상액보다 부족한 경우에는 부족분은 대손상각비로 처리하여 추가로 설정하고, 반대로 결산전 대손충당금 잔액이 대손예상액보다 더 많은 경우에는 그 초과분은 대손충당금환입이라는 계정과목으로 하여 차액을 환입한다. 한편, 기말채권잔액에 대한 대손예상액을 추정하는 방법에는 연령분석법, 채권잔액비례법 및 대손실적률법이 있다. 원칙적으로 대손율의 합리적 추정이 가능한 경우에는 연령분석법 또는 채권잔액비례법을 사용하여 대손예상액을 추산하며, 대손율의 합리적 추정이 불가능한 경우에는 대손실적률법을 사용하여 대손예상액을 추산할 수 있다.

연령분석법은 기말채권잔액을 경과일수에 따라 몇 개의 집단으로 분류하고 각 집단별로 상이한 대손율을 적용하여 대손예상액을 추산하는 방법인데, 이는 오래된 채권일수록 회수가능성이 낮아지기 때문에 채권의 기간경과일수의 장단기에 따라 대손율을 달리 적용하는 방법이다.

채권잔액비례법은 기말채권잔액 전체에 대해서 일정비율을 회수불능채권예상액으로 추정하고 이를 기말 대손충당금 잔액으로 하는 방법으로, 채권의 연령과는 관계없이 동일한 대손율을 적용한다.

대손실적률법은 채권에 대한 과거 결손추정률을 산정하여 대손예상액을 추산하는 방법이다. 예를 들어 비교환수익으로 발생한 채권에 대하여는 과거 3년간 평균 결손율을 기준으로 결손추정률을 산정하여 대손율로 적용할 수 있다.

- **결손추정률=(과거 3년간 결손처분액/과거 3년간 채권액)×100**
- **대손상각비=(결손추정률×미수채권 잔액(다음연도 이월액))**
  −결산수정전 대손충당금 잔액

(6) 유 · 무형자산 : 사회기반시설 및 일반유형자산

1) 사회기반시설 및 일반유형자산의 정의

사회기반시설이란 국가의 기반을 형성하기 위해 대규모로 투자하여 건설하고 그 경제적 효과가 장기간에 걸쳐 나타나는 자산을 말하는 것으로 사회기반시설에 대한 민간투자법 따른 시설 및 그 부속 토지 중 국가회계실체가 소유(실질적으로 소유하는 경우를 포함한다) 또는 통제하고 있는 자산(예 : 국도, 고속국도, 철도, 항만, 댐, 공항 등)이다. 행정투자와 국가기업투자의 누적액인 공공적 자본을 가리키는 것으로 사회구성원 모두에 대해 제공되며 무상 또는 일정한 대가를 지급하고 이용할 수 있는 시설을 말한다.

일반유형자산이란 고유한 행정활동에 1년을 초과하여 사용할 목적으로 취득한 자산으로 위의 사회기반시설을 제외한 자산을 말한다. 즉, 재화의 생산, 용역의 제공 또는 자체적으로 사용할 목적으로 보유하는 물리적 형태가 있는 자산으로서, 1년을 초과하여 사용할 것이 예상되는 자산이다. 일반유형자산은 토지, 건물, 구축물, 기계장치, 집기·비품·차량운반구, 기타일반유형자산, 전비품 및 건설중인일반유형자산으로 구분된다.

2) 취득원가

사회기반시설 및 일반유형자산의 취득원가는 취득을 위하여 공급한 자산의 공정가액과 설치장소 준비를 위한 지출, 외부 운송 및 취급비, 설치비, 설계와 관련하여 전문가에게 지급하는 수수료 및 취득세, 등록세 등 유형자산의 취득과 관련된 제세공과금 등의 취득부대비용을 포함한다. 다만, 무상으로 취득한 자산에 대하여는 취득한 자산의 공정가액 및 취득부대비용을 취득원가로 한다. 또한, 건설중인자산의 경우 결산시점 일괄적인 기성평가에 따라 건설중인자산으로 처리하는 것이 원칙이나, 신뢰성 있는 기성평가가 불가능할 경우에는 중간대금 지급을 건설중인자산으로 처리하는 방법을 적용할 수 있다.

유형자산의 제작, 매입, 건설을 위하여 사용된 자금을 차입금으로 충당하는 경우 동 차입금에 대한 이자비용 등은 원가에 산입하지 않고 발생시점에 비용으로 처리한다. 즉 기업회계의 경우 자산으로 처리하는 건설자금이자 회계처리를 국가회계에서는 인정하지 않는 것이다. 유형자산의 내용연수를 연장시키거나 당해 유형자산의 가치를 실질적으로 증가시키는 지출은 자본적 지출로서 당해 유형자산의 장부가액에 가산한다. 이 외의 지출에 대하여는 수익적 지출로서 당기비용으로 처리한다. 단, 사회기반시설의 경우에는 실질적인 가치를 증대시키는 경우에만 자본적 지출로 보아 자산으로 인식한다.

국가회계실체 사이에 발생하는 관리전환은 무상거래일 경우에는 자산의 장부가액을 취득원가로 하고, 유상거래일 경우에는 자산의 공정가액을 취득원가로 한다. 이때 자산을 이관하는 실체는 정부내자산기부 과목을, 자산을 이관받는 실체는 정부내자산수증 과목을 사용하여 기록하는데 이 과목들은 수익과 비용이 아니라 순자산변동표에 나타나는 과목이다.

3) 감가상각 및 감액손실

① 감가상각 감가상각은 유형자산의 사용, 시간의 경과, 기술의 진부화 등으로 인한 가치감소에 해당하는 금액을 기간별로 배분하는 절차를 말한다. 감가상각은 평가를 목적으로 한다기보다는 '운영자산의 원가 중에서 소멸된 부분과 소

멸되지 않은 부분을 합리적이고 체계적으로 배분하는 절차'로 정의하는 것이 적절하다. 유형자산에 대한 감가상각방법에는 정액법, 정률법, 생산량비례법 등이 있다.

국가회계에 있어 일반유형자산 등에 대한 감가상각은 정액법(straight-line method)으로 실시하는 것을 원칙으로 하고 있다. 정액법은 매기 일정한 금액으로 상각하는 감가상각방법을 말한다. 감가상각 기초가액을 내용연수 동안 균등하게 할당하여 상각하므로 균등상각법, 직선법이라고도 한다. 계산이 간단하고 실무적으로 적용하기 편리한 장점이 있으나, 가치의 감소가 시간과 비례하지 않을 때에는 적용이 불합리한 면이 있다.

효율적인 사회기반시설 관리시스템을 통해 사회기반시설의 용역잠재력이 취득 당시와 같은 수준으로 유지된다는 것이 객관적으로 증명되는 경우, 당해 사회기반시설은 감가상각하지 아니하고 관리·유지에 투입되는 비용으로 감가상각비용을 대체할 수 있다.

예제 4-5 정액법에 따른 유형자산의 감가상각

G부는 20×1년 1월 1일에 건물을 32억원에 구입하였다. 건물의 내용연수는 20년이고 잔존가액은 2억원이다. 감가상각방법은 정액법을 사용한다. ① 20×2년도의 감가상각과 관련된 분개와 ② 이 건물이 20×2년말 재정상태표에 어떻게 보고되는지 표시하라.

풀이

① (차) 건물감가상각비	1.5억원	(대) 건물감가상각누계액	1.5억원

* 감가상각비 : (32억원－2억원)/20년＝1.5억원

② 일반유형자산 :

건　　물	32억원
건물감가상각누계액	(3억원)
	29억원

* 감가상각누계액은 20×1년과 20×2년 감가상각비 합계액

② **감액손실**　유형자산 등에 대한 감액손실의 적용은 국가회계기준 제32조(자산의 평가기준)에 근거한다. 제32조 제3항은 "재정상태표에 표시하는 자산은 이 규칙에서 따로 정한 경우를 제외하고는 자산의 물리적인 손상 또는 시장가치의

급격한 하락 등으로 해당 자산의 회수가능가액이 장부가액에 미달하고 그 미달액이 중요한 경우에는 장부가액에서 직접 빼서 회수가능가액으로 조정하고, 장부가액과 회수가능가액의 차액을 그 자산에 대한 감액손실의 과목으로 재정운영결과에 반영하며 감액명세를 주석으로 표시한다. 다만, 감액한 자산의 회수가능가액이 차기 이후에 해당 자산이 감액되지 아니하였을 경우의 장부가액 이상으로 회복되는 경우에는 그 장부가액을 한도로 하여 그 자산에 대한 감액손실환입 과목으로 재정운영결과에 반영한다"고 규정하고 있다.

회수가능가액이란 당해 자산의 순실현가능가치와 사용가치 중 큰 금액을 말한다. 여기서 순실현가능가치란 당해 자산의 매각대가에서 매각시까지 정상적으로 발생하는 추정비용을 차감한 금액을 말하며 사용가치란 당해 자산의 사용으로부터 예상되는 미래현금흐름의 현재가치금액을 말한다.

예제 4-6 감액손실의 회계처리

H기금이 소유중인 토지가 개발제한구역으로 지정되는 바람에 가치가 크게 하락되고 회복이 불가능할 것으로 추정된다. 위 토지의 장부가액은 60억원이다. 개발제한구역 지정 후 회수가능가액은 20억원으로 추정되었다.

풀이

(차) 토지감액손실	40억원	(대) 토 지	40억원

(7) 기타자산 : 재고자산

재고자산은 판매 또는 용역제공을 위하여 보유하거나 생산과정에 있는 자산, 생산과정 또는 용역제공과정에 투입될 원재료나 소모품 형태로 존재하는 자산을 말한다. 재고자산은 일반 행정서비스를 제공하는 국가회계실체의 경우보다는 주로 기업과 유사한 사업을 영위하는 것을 목적으로 하는 기업특별회계와 기금에 의해 보유된다. 국가회계실체가 보유하는 재고자산의 예는 다음과 같다.

1) 기업특별회계

구 분	종 류
양곡관리특별회계	미곡, 잡곡, 기타부산물, 포장재 등
조달특별회계	6대 원자재(유연탄, 우라늄, 철광석, 동광석, 아연, 니켈), 희귀금속 등 비축물자
우편사업/우체국예금	저장품, 미착자산
국립경찰병원/국립의료원/국립재활원	의약품, 진료재료, 의료소모품

2) 기 금

구 분	종 류
공무원연금기금/국민체육진흥기금/군인복지기금/사립학교교직원연금기금	상품, 식재료, 원재료, 저장품, 용지, 미성공사(분양주택), 분양주택
농산물가격안정기금/농기관리기금	비축농산물, 농산물 종자, 조성토지
축산발전기금	생장물 및 정액
수산발전기금	비축재고
중소기업진흥 및 산업기반기금	협동화용 자산, 아파트형 공장, 중소기업전용 산업단지, 미성공사(단지)

재고자산은 제조원가 또는 매입가액에 부대비용을 더한 금액을 취득원가로 한다. 이 경우 외부로부터 매입한 재고자산의 취득원가는 매입원가를 말하며, 매입가액에 취득과정에서 정상적으로 발생한 부대비용을 가산한 금액을 말한다. 재고자산 구입에 따른 매입부대비용 중 운임, 보험료, 관세(단, 환급관세 제외), 하역비, 매입수수료, 통관비 등과 같이 외부로 지급되는 비용은 매입원가에 포함시키나 검수, 정리, 선별, 이관 등과 같은 내부용역비용은 당기비용으로 처리한다. 한편, 자기의 생산수단으로 제조, 채굴, 채취, 재배, 양식 그 밖의 이에 준하는 행위에 의하여 취득한 재고자산의 취득원가는 제조 또는 생산하기 위하여 지출된 재료비, 노무비 및 경비 등의 합계액인 제조원가 또는 생산원가를 말한다.

재고자산은 품목별로 선입선출법을 적용하여 평가하는 것을 원칙으로 한다. 다만, 실물흐름 및 원가산정방법 등에 비추어 다른 방법을 적용하는 것이 보다 합리적이라고 인정되는 경우에는 개별법, 이동평균법 등을 적용하고 그 내용을 주석으로 표시한다. 한번 선택된 재고자산 평가방법은 정당한 사유 없이 이를 변경할 수 없다.

재고자산의 시가(時價)가 취득원가보다 낮은 경우에는 시가를 재정상태표 가액으로 하는 저가법을 적용한다. 이 경우 원재료 외의 재고자산의 시가는 순실현가능가액을 말하며, 생산과정에 투입될 원재료의 시가는 현재 시점에서 매입하거나 재생산하는 데 드는 현행대체원가를 말한다. 순실현가능가액이란 해당 자산의 매각대가에서 매각시까지 정상적으로 발생하는 추정비용을 차감한 금액을 말하며, 현행대체원가란 현재 보유하고 있는 자산을 현재 시점에서 매입하거나 재생산할 경우 소요되는 원가를 말한다. 단, 정부비축물자에 대해서는 진부화 등 장기보유로 인해 가치하락이 발생할 가능성이 매우 낮은 물품으로 일시적인 국제시세의 하락으로 시가가 취득원가보다 낮아져도 국제시세가 추후 회복될 것으로 기대되는 경우 취득원가를 재정상태표가액으로 할 수 있다.

저장품이란 양곡사업특별회계 등에서 수급조절 목적으로 구입된 상품 등을 말하는 것으로, 이는 일반재고자산과 동일한 방식으로 회계처리를 수행하면 된다.

(8) 기타자산 : 선급금 및 선급비용

선급금은 일반적으로 재화나 용역의 취득을 위한 선지급분을 말하는 것으로 계약에 따라 실제 지급한 금액으로 확정되어 있는 것이다. 선급금은 통상 일반적 거래에 의한 상품, 원재료, 저장품 등의 구입이나 외주가공을 위하여 구입처나 외주가공처에 거래의 보증금 또는 착수금 등의 명목으로 선지급한 금액을 말한다. 선급금은 관련 자산의 취득이 완료되는 시점에 본계정으로 대체한다.

예제 4-7 선급금의 회계처리

일반회계에서 원재료를 5억원을 들여 구매하기로 하고 계약을 체결한 후 검수 확인한 경우 회계처리(계약시 1억원 지급 및 자산인수 후 2주 이내 잔금결제 조건인 경우)

풀이

〈선급금(100,000,000원) 지급시〉

(차) 선 급 금	100,000,000	(대) 한국은행국가예금	100,000,000

〈검수 후 자산대장 등재시〉

(차) 원 재 료	500,000,000	(대) 선 급 금	100,000,000
		미 지 급 금	400,000,000

선급비용은 계속적으로 역무의 제공을 받기로 하는 계약을 체결하고 지출하였으나, 결산일에 이르기까지 아직 용역을 제공받지 않아 비용화하지 않은 선지급분을 말하며, 선급이자비용, 선급임차료 등으로 구분한다.

예제 4-8 선급비용의 회계처리

국가는 민간에게서 20×1년 7월 1일에 토지를 임차하고 1년 임차료에 대하여 20×1년 7월 1일에 100,000원을 지출하였다.

풀이

〈20×1년 7월 1일 선급비용 지출시〉

(차) 토지임차료	100,000	(대) 한국은행국가예금	100,000

* 해당 토지임차료에 대하여는 국고금 유출시 비용 인식한 후 결산시 조정함.

〈20×1년 12월 31일 재정상태표일 결산시〉

(차) 선 급 비 용	50,000	(대) 토지임차료*	50,000

* 100,000원(토지임차료인식금액)－100,000원(1년 토지임차료)×6월/12월＝50,000원(미경과 토지임차료)

3. 부채회계

부채는 과거의 거래나 사건의 결과로 국가회계실체가 부담하는 의무로서, 그 이행을 위하여 미래에 자원의 유출 또는 사용이 예상되는 현재의 의무를 말한다. 부채는 차입부채, 충당부채 및 기타부채로 구분하여 재정상태표에 표시한다. 차입부채는 현금(또는 다른 금융자산)을 지급하거나 불리한 조건으로 금융자산을 교환해야 하는 계약상의 의무로서 국채, 차입금, 국고채무부담행위액 및 기타차입부채를 말한다. 충당부채는 지출시기 또는 지출금액이 불확실한 부채로서 연금충당부채, 퇴직수당충당부채, 기타충당부채 등을 말한다. 기타부채는 차입부채와 충당부채에 해당하지 아니하는 부채로서, 사회보험부채, 선수수익 등을 말한다.

재정상태표에 표시하는 차입부채의 가액은 이 예규에서 따로 정한 경우를 제외하고는 원칙적으로 만기상환가액으로 평가한다.

(1) 차입부채 : 국채

국채는 부족한 세입을 보전하고 재정수요를 충당하기 위하여 국가가 발행하는 채권을 의미한다.

① 국채는 발행시 국채의 액면이자율과 시장이자율의 차이로 인하여 할인 또는 할증 발행하게 된다. 이때 실수령금액이 액면가액보다 적은 경우 그 차액을 국채할인발행차금이라 하고 실수령금액이 액면가액보다 많을 경우 그 차액을 국채할증발행차금이라 한다. 국채의 액면가액과 발행가액의 차이는 "국채할인(할증)발행차금"으로 액면가액에서 빼거나 더한다.

② 국채할인발행차금 및 국채할증발행차금은 국채발행시부터 최종상환시까지의 기간에 유효이자율법을 적용하여 상각 또는 환입하고 동 상각 또는 환입액은 국채이자에 가감한다. 국채와 관련한 유효이자율이란 국채로부터 만기일까지 기대되는 현금유출액의 현재가치를 발행가액과 일치시키는 이자율이다.

국채를 할인(할증)발행한 경우 각 연도에 인식할 이자비용은 다음과 같다.

당해 연도 이자비용=국채의 기초장부가액(액면가액±국채할인발행차금 또는 국채할증발행차금)×유효이자율

③ 각 이자지급일에 현금으로 지급되는 이자액은 국채의 액면가액에 표시이자율을 곱하여 계산된 금액으로 유효이자율법에서는 각 연도에 인식할 이자비용과 실제 지급한 이자액의 차이만큼 할인(할증)액을 상각(환입)한다. "유효이자율법"은 유효이자율을 적용하여 할인 또는 할증 발행차금의 상각액을 계산하는 방법을 말한다.

④ 국채발행시 발생하는 인쇄비, 수수료 등의 발행수수료는 발행비를 별도의 비용으로 처리하지 아니하고 국채발행가액에서 차감하여 기재한다.

(2) 차입부채 : 차입금

차입금은 일정한 기간 내에 원금의 상환과 일정한 이자를 지급한다는 채권 · 채무 계약에 따라 조달된 자금을 말한다. 차입금은 "국내차입금", "정부내차입금", "해외차입금"으로 구분한다. 해외차입금(차관)은 다음과 같이 분류할 수 있다.

① CPS(Currency Pooling System)차관 : 차관액을 차관통화에 대한 환율변화에 연동하지 않게 하기 위해 차관선에서 차관원금을 PUV(Pool Unit Value)로 고정하여 상환하도록 하는 차관
② 일반차관 : CPS차관이 아닌 차관으로 차관통화의 환율변화에 따라 차관원금이 변동하는 차관
③ 전대차관 : 정부가 차관의 실수요자인 전대차주와 체결한 전대계약에 따라 전대차주에게 전대할 조건으로 외국환 은행으로부터 차입한 외화자금을 말하며 전대차관은 공공자금관리기금(차관계정)을 통해서만 발생
④ 비전대차관 : 차관 중 전대차관이 아닌 차관으로 정부가 전대하지 않고, 공공자금관리기금이 직접 사용하는 차관

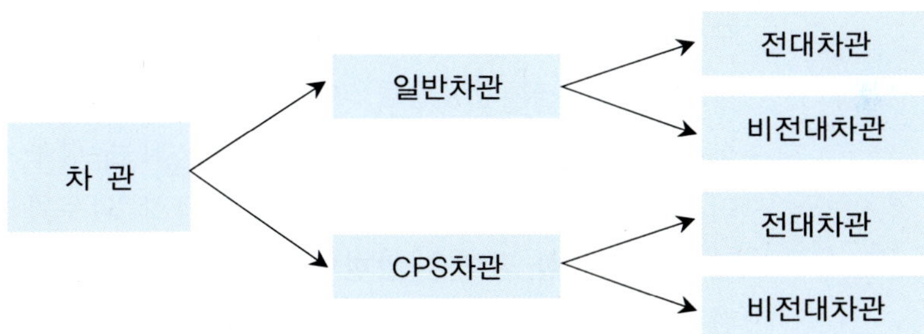

장기연불조건의 거래, 장기금전대차거래 또는 이와 유사한 거래에서 발생하는 차입금, 미지급금 등으로서 명목가액과 현재가치의 차이가 중요한 경우에는 현재가치로 평가한다. 명목가액과 현재가치의 차이가 중요한 경우란 다음의 조건을 모두 충족한 경우를 말한다. 다만, 차입금 중 "정부내차입금"은 현재가치로 평가하지 아니한다.

① 명목가액과 현재가치의 차이금액이 1억원을 초과

② 명목가액과 현재가치의 차이금액이 명목가액의 30%를 초과

현재가치 가액은 해당 금융부채로 인해 미래에 지급할 총금액을 해당 거래의 유효이자율(유효이자율을 확인하기 어려운 경우에는 유사한 조건의 국채 유통수익률을 말한다)로 할인한 가액으로 한다. 명목가액과 현재가치 가액의 차액은 "현재가치할인차금"으로 하여 금융부채의 명목가액에서 차감한다. 차입금, 미지급금 등의 "현재가치할인차금"은 유효이자율로 매 회계연도에 상각하여 재정운영결과에 반영한다.

(3) 차입부채 : 국고채무부담행위액 및 기타차입부채

국고채무부담행위액은 국고채무부담행위가 실제로 발생하는 연도에 국고채무부담행위와 관련된 계약상 의무가 이행되었으나 그 대가가 미지급된 부분을 말한다.

기타차입부채는 상기 차입부채 외의 "공채", "미지급금", "예수금", "미지급비용", "파생상품부채", "금융리스부채" 등을 말한다. 공채는 특별법에 따라 설치된 법인이 발행한 채권 중 「국가재정법」 제5조 제1항에 따라 설치된 기금의 부담으로 상환하여야 하는 채권을 말한다. 미지급금은 국고채무부담행위를 제외한 정부 고유의 행정활동, 재화 및 용역제공활동 등의 거래에 의하여 장래에 일정한 현금을 지급할 의무를 부담하게 되는 경우 등에서 발생한 부채를 말한다. 미지급비용은 기간경과로 인하여 지급할 의무가 발생한 금액 중 재정상태표일 현재 미지급한 금액을 말한다. 예수금은 국가회계실체 이외의 자와의 거래와 관련하여 임시로 받았다가 돌려줄 선금이나 보증금을 말한다. 파생상품부채는 다음의 요건을 모두 충족하는 차입부채 또는 이와 유사한 계약에 따라 발생한 의무를 의미한다.

① 기초변수 및 계약단위의 수량(또는 지급규정)이 있어야 한다. 다만, 기초변수가 물리적 변수(예 : 온도, 강우량 등)인 경우로서 해당 금융자산 등이 거래소에서 거래되지 않는 경우는 제외되며 비금융변수인 경우에는 계약의 당사자에게 특정되지 아니하여야 한다.

② 최초 계약시 순투자금액을 필요로 하지 않거나 시장가격변동에 유사한

영향을 받는 다른 유형의 거래보다 적은 순투자금액을 필요로 해야 한다.

③ 미래에 결제된다.

(4) 충당부채 : 연금충당부채

연금충당부채는 연금의 수급대상자에게 미래 추정연금지급액에 충당하기 위하여 보험수리적 평가방법 등을 적용하여 산정한 부채를 말한다. 우리나라의 경우 공무원연금, 군인연금, 사학연금 및 국민연금의 4대 공적연금제도가 국가의 기금으로 국가회계의 범위에 포함된다. 그러나 국가회계에서는 국가나 지방자치단체가 고용실체가 되어 피용자가 서비스의 제공에 대한 대가의 일부분과 교환으로 미래연금 등의 급부를 제공하는 공무원연금과 군인연금이 연금충당부채의 인식대상이나, 사학연금과 국민연금의 경우 연금회계처리지침의 연금충당부채 산정대상에 포함되어 있지 않다.

공무원연금과 군인연금은 연금의 형태를 기준으로 분류할 때 정부가 확정된 기여책임뿐만 아니라 공무원 등이 퇴직 후 받게 되는 혜택과 그 혜택을 결정하는 방법을 정하여 운용하는 확정급여형 퇴직금제도(DBP : Defined Benefit Plan)이다. 지급되는 혜택의 금액과 가치는 퇴직공무원의 연령 및 근속기간, 평균수명, 현직공무원의 기여금 부담액의 비율에 따라 결정된다.

퇴직연금 급여충당부채의 산정기준에는 보장급부채무, 누적급부채무, 예측급부채무 등 3가지 형태가 있다.

① 보장급부채무(VBO : Vested Benefits Obligation) : 연금채무의 범위를 현재시점에서 연금제도를 종료시킨다고 가정한 경우에 지불해야 할 금액으로 산출하는 것을 의미한다. 법적으로 연금수급권을 갖는 연금가입자와 기존 수급권자에 대한 미래 연금지급액의 현재가치를 연금충당부채로 산정하는 가장 보수적인 방법이다. 제도의 계속성을 전제하고 있지 않고, 고용계약에 따른 연금은 미래 지급을 전제로 하며, 제도가 종료되더라도 납입된 부분을 가입자에게 반환하는 내용에는 문제가 있는 등 단점이 있다.

② 누적급부채무(ABO : Accumulated Benefit Obligation) : 연금채무의 범위를 현시점이 아닌 퇴직시점의 급여액을 기준으로 산출하되 재정상태표일 현

재의 급여수준액에 기초하여 현재가치를 계산한다. VBO를 포함하는 개념으로서 법적연금 수급권 여부에 관계없이 연금가입자의 미래의 연금급여를 현재가치로 환산하여 충당부채를 측정하는 방법이다. 장래에 지급할 연금급여가 미래 급여수준이 아닌 현재의 급여수준에 기초하여 추정되므로 과소계상되는 단점이 있다.

③ 예측급부채무(PBO : Projected Benefit Obligation) : 연금채무의 범위를 현시점이 아닌 퇴직시점의 급여액을 기준으로 산출하되 재정상태표일 현재의 급여수준이 아닌 미래의 급여수준을 반영하여 인식하는 방법이다. 가입자의 장래소득에 기초하여 산출한 현재가치를 충당부채로 인식한다. 측정방법은 기본적으로 ABO와 동일하나 미래 급여수준을 고려하여 연금충당부채를 측정하는 점에서 차이가 난다. 이 방법은 미래의 급여수준 등 불확실한 추정에 근거해야 한다는 문제가 있기는 하나 계속성을 전제로 하여 최종적으로 적립해야 할 목표액을 부채개념으로 하는 경우에 적합하며, 미래의 급여수준을 반영하여 미래의 자원유출예상액을 측정한다는 장점이 있다.

우리나라의 공무원 및 군인연금에 대한 연금충당부채의 산정은 예측급부채무(PBO)방법에 따라 연금수급권 여부와 관계없이 미래 보수수준 증가액에 대한 합리적 가정을 반영한 추정보수와 추정근무기간 등을 반영하여, 보험수리적 방법으로 계산된 기간내 현금흐름의 현재가치로 연금충당부채를 인식한다. 또한 연금충당부채 및 연금비용 산정시 적용하는 보험수리적 평가방법은 미래 서비스 제공기간을 포함한 전체 서비스 제공기간 동안 발생한 예측연금총액의 현재가치를 각 기간에 할당하는 과정에서 연금채무 및 당기근무원가(표준보험료)를 산정하는 방식인 예측단위 적립방식(PUCM : Projected Unit Credit Method)을 사용한다.

연금대상자인 공무원과 군인의 경우 퇴직시에 연금과 별도로 "퇴직수당"이 지급된다(공무원연금법 제62조, 군인연금법 제37조). 퇴직수당은 연금제도와 재원이 구분되어 있으므로 연금충당부채 산정대상에서 제외된다. 그러나 연금충당부채 측정방법과 가정을 준용하여 계산한 금액을 "퇴직수당충당부채"로 인식해야 한다.

(5) 기타충당부채 : 퇴직급여충당부채

퇴직급여충당부채는 재정상태표의 장기충당부채에 해당하는 항목으로 재정상태표일 현재 공무원연금법 및 군인연금법을 적용받지 아니하는 퇴직금 지급대상자가 일시에 퇴직할 경우 지급해야 할 퇴직금을 추정하여 계상한 금액이다. 퇴직급여충당부채의 차감계정인 퇴직보험예치금은 직원의 퇴직급여수급권을 보장하기 위하여 보험사, 은행 등에 퇴직금의 일정부분을 적립해 두는 금액이다. 또한, 국민연금전환금이란 국민연금법의 규정에 의하여 납부한 퇴직금전환금으로서 퇴직급여충당부채의 차감계정이다.

예제 4-9 퇴직급여충당부채의 회계처리

J부처의 20×1년 12월 31일 현재 충당부채 설정 전 퇴직급여충당부채계정은 다음과 같다. 이 부처는 충당금의 60% 상당을 퇴직보험예치금으로 유지하는 정책을 가지고 있다. 당기에 퇴직급여추계액은 100,000,000원이다.

(단위 : 원)

구 분	기표계정	금 액
퇴직급여충당부채	퇴직급여충당부채	80,000,000
	퇴직보험예치금	(−)55,000,000
		25,000,000

풀이

〈20×1년 12월 31일 재정상태표일 결산시〉

(차) 퇴 직 급 여	20,000,000	(대) 퇴직급여충당부채	20,000,000
퇴직보험예치금*	12,000,000	한국은행국가예금	12,000,000

* 퇴직급여충당부채 설정액×60%=12,000,000원

(6) 기타부채 : 선수금 및 선수수익

재화나 용역의 제공, 유형자산 등 자산의 매각과 관련하여 제공 또는 매각이 완료되기 이전에 그 대가의 일부 또는 전부를 선수취하는 경우 "선수금"으로 처리한다. 수익발생시점에 앞서 대금 수납이 이루어진 경우에는 수납시 "선수수익"으로 처리하고, 수익이 발생하는 시점에 상계제거한다. 2회계연도 이상에 걸쳐

발생하는 수익에 대해 대금 수납이 먼저 이루어진 경우에는 당 회계연도에 속하는 수익발생분을 계산하여 수익으로 인식하고, 나머지는 "선수수익"으로 처리한다.

예제 4-10 선수수익의 회계처리

K부는 민간에게 20×1년 7월 1일에 토지를 임대하고 1년 임차료에 대하여 20×1년 7월 1일에 200,000원을 수령하였다.

풀이

〈20×1년 7월 1일 선수수익 수령시〉

(차) 한국은행국가예금	200,000	(대) 사용료수익	200,000

* 당해 사용료수익에 대하여는 국고금 유입시 인식한 후 결산시 조정함.

〈20×1년 12월 31일 재정상태표일 결산시〉

(차) 사용료수익*	100,000	(대) 선 수 수 익	100,000

* 200,000원(사용료수익인식금액)－200,000원(1년 사용료수익)×6월/12월＝100,000원(미경과 사용료수익)

객관식 문제

1 재정상태표에 대한 다음 설명 중 맞지 않는 것은?

① 회계연도말의 자산, 부채 및 순자산을 표시하는 재무제표이다.
② 기업에서 작성하는 재무상태표와 유사하며 국가회계실체의 재정상태를 나타낸다.
③ 회계실체의 운영성과에 대한 정보를 제공할 목적으로 작성한다.
④ 재정상태표에서 순자산은 자산에서 부채를 차감한 잔여액을 말한다.

해답_③

2 국가회계의 "자산"에 대한 설명 중 맞지 않는 것은?

① 미래 경제적 효익을 창출할 수 없어도 경우에 따라 자산이 될 수 있다.
② 자산은 과거의 거래나 사건의 결과로 발생한다.
③ 자산의 정의에 적합한 자산은 모두 인식되어 재무상태표에 보고된다.
④ 소유권 없이 실질적으로 소유하는 경우도 자산이 될 수 있다.

해답_③

3 사회기반시설 및 일반유형자산의 회계처리에 대한 설명 중 맞지 않는 것은?

① 내용연수만을 연장시키는 지출은 수익적 지출로서 당기비용으로 처리한다.
② 건설중인자산의 경우 결산시점 일괄적인 기성평가에 따라 건설중인자산으로 처리하는 것이 원칙이다.
③ 자산의 취득원가는 취득을 위하여 공급한 자산의 공정가액과 취득부대비용을 포함한다.
④ 무상으로 취득한 자산에 대하여는 취득한 자산의 공정가액 및 취득부대비용을 취득원가로 한다.

해답_①

4 국가회계의 차입부채항목으로 적절하지 않은 것은?

① 파생상품부채
② 연금충당부채
③ 국채
④ 미지급비용

해답_②

5 충당부채의 개념에 대한 설명으로 적절하지 않은 것은?

① 미래의 수익에 대응하는 비용으로서 장래에 지출될 것이 확실해야 한다.
② 과거사건이나 거래의 결과로 현재의무가 존재한다.
③ 금액을 추정해야 하는 부채로서 지출시기·금액 등이 확정되지 않은 것이다.
④ 그 의무의 이행에 소요되는 금액을 신뢰성 있게 측정할 수 있어야 한다.

해답_①

6 「국가회계기준에 관한 규칙」에서 정하는 재무상태표의 작성에 관한 설명으로 적절하지 않은 것은? (CPA 기출 문항 활용)

① 투자목적의 장기투자증권은 재정상태표일 현재 신뢰성 있게 공정가액을 측정할 수 있으면 그 공정가액으로 평가하며, 장부가액과 공정가액의 차이금액은 순자산조정에 반영한다.
② 재고자산의 시가가 취득원가보다 낮은 경우에는 시가를 재정상태표 가액으로 한다.
③ 사회기반시설 중 관리·유지 노력에 따라 취득 당시의 용역잠재력을 그대로 유지할 수 있는 시설에 대해서는 감가상각하지 아니하고 관리·유지에 투입되는 비용으로 감가상각비용을 대체할 수 있다. 다만, 효율적인 사회기반시설 관리시스템으로 사회기반시설의 용역잠재력이 취득 당시와 같은 수준으로 유지된다는 것이 객관적으로 증명되는 경우로 한정한다.
④ 장기연불조건의 거래, 장기금전대차거래 또는 이와 유사한 거래에서 발생하는 채권·채무는 명목가액으로 평가한다.

해답_④

chapter 5

재정운영표

제1절 재정운영표의 의의와 기본요소

1. 재정운영표의 의의

재정운영표(Statement of Operations, Statement of Net Cost)는 국가회계실체가 회계연도 동안 수행한 정책 또는 사업의 원가와 재정운영에 따른 원가의 회수명세 등을 포함한 재정운영결과를 나타내는 재무제표이다. 정부회계에 있어 재정운영표는 수익과 비용의 내역과 차이를 나타낸다는 점에서 기업회계의 손익계산서와 유사한 점도 있으나 정부회계실체가 기업과 달리 영리를 목적으로 하지 않고 국민 등에 대한 행정서비스의 제공을 주된 목적으로 하는 특성에 따라 재정운영표의 구조와 기본요소, 세부내역 및 최종수치에 있어 차이가 있다.

기업회계의 손익계산서는 매출액과 매출원가, 일반관리비 등을 가감하여 당기순이익(손실)을 산출하는 구조를 가지고 있으며 손익계산서의 최종수치인 당기순이익은 기업의 경영활동에 대한 성과를 나타내는 요약성과치로 주주 및 투자자 등 이해관계자들의 주된 관심사이다. 그러나 정부회계의 경우 재정운영표의 최종수치는 반드시 정부활동의 성과를 나타내는 수치라고 볼 수는 없다.

재정운영표는 현금의 수취 또는 지급 시점과는 다를 수 있는 수익과 비용의 발생에 대한 정보를 제공하며, 다음과 같이 활용될 수 있다.

① 수익에 대한 정확한 정보는 조세수익 및 다른 정부수익이 국가재정상태에 미치는 영향을 평가하는 데 매우 중요하며, 경우에 따라 장기적 차입의 필요성을 평가할 수 있는 정보를 제공한다.
② 수익에 대한 정보는 현재의 수익이 국가가 수행하는 현재의 프로그램과 행정서비스가 충분한 수준인지를 평가하는 데 도움을 준다.
③ 국가회계실체는 조세수익 등 필요한 수익수준의 결정, 기존 프로그램의 지속가능성, 새 프로그램과 서비스에 대한 원가소요액의 추정에 재정운영표 정보를 이용할 수 있다.
④ 재정운영표상 총원가(full cost)에 대한 정보는 특정정책에 대한 원가적 측면의 고려나 동일 목적 달성을 위한 대안들의 평가, 필요한 자원을 정부 내에서 조달할 것인지 외부에서 구입할 것인지 여부에 대한 결정, 행정서비스에 대한 수수료를 부과하는 경우 현재 수수료수준의 적절성에 대한 평가, 특정 원가요소에 대한 책임배분을 위해 이용될 수 있다.

2. 재정운영표의 기본요소

재정운영표의 기본요소는 수익과 비용이다. 예산회계에서 세입과 세출이 현금자원의 흐름에 대한 정보인 것과 마찬가지로 수익과 비용은 발생주의 회계에서 경제적 자원의 흐름에 대한 정보이다. 그러나 세입과 세출은 자산의 구입이나 부채의 조달 등 모든 현금의 유출입을 포함하지만 수익과 비용은 순자산의 증감을 초래하는 거래에서만 발생한다는 점에서 차이가 있다.

(1) 수 익

수익(revenue)은 일반적으로 자원의 유입을 의미한다는 점에서 현금개념의 수입 또는 세입과 유사점이 있다. 기업회계에서 수익은 기업실체의 경영활동과 관련된 재화의 판매 또는 용역의 제공 등에 대한 대가로 발생하는 자산의 유입 또는 부채의 감소라고 정의된다.

국가회계기준 제28조에서 "수익은 국가의 재정활동과 관련하여 재화 또는 용역을 제공한 대가로 발생하거나, 직접적인 반대급부 없이 법령에 따라 납부의무가 발생한 금품의 수납 또는 자발적인 기부금 수령 등에 따라 발생하는 순자산의 증가를 말한다"고 정의하고 있다. 미국 연방정부 회계기준자문위원회(FASAB)에 의하면 정부회계에서 수익은 정부나 지방자치단체의 재정수요를 충당하기 위하여 공권력에 의한 요구, 재화 및 용역을 공급한 대가의 획득 및 기부의 수취 등으로 발생하는 자원의 유입을 말한다.

(2) 비 용

비용(expense)은 일반적으로 자원의 유출을 의미한다는 점에서 현금개념의 지출 또는 세출과 유사점이 있다. 기업회계에서 비용은 기업실체의 수익을 창출하기 위해 희생된 대가라고 정의된다.

국가회계기준 제30조에서 "비용은 국가의 재정활동과 관련하여 재화 또는 용역을 제공하여 발생하거나, 직접적인 반대급부 없이 발생하는 자원 유출이나 사용 등에 따른 순자산의 감소를 말한다"고 정의하고 있다. 미국 연방정부 회계기준자문위원회의 회계기준에서 사용하는 정의에 따르면 비용은 회계기간 동안 회계실체의 임무나 프로그램과 관련된 활동을 수행하거나 재화공급, 서비스제공으로부터 발생하는 부채의 부담이나 자산의 사용 또는 유출을 말한다.

3. 재정운영표의 구조

재정운영표의 구조는 다음과 같이 보고주체별, 수익/비용 계정의 성질별 표시 여부에 따라 다르게 표시된다.

구 분	성질별	비성질별 (프로그램별, 분야별)
중앙관서 및 기금	방법1	방법2
국가	방법3	방법4

(1) 방법1(중앙관서 및 기금 수준의 성질별 재정운영표)

이 경우에는 수익, 비용, 재정운영결과로 구분하여 표시하는데, 수익은 이전수익

[도표 5-1]
재정운영표
(중앙관서 및 기금_
성질별)

성질별 재정운영표
당기 : 20XY년 1월 1일부터 20XY년 12월 31일까지
전기 : 20XX년 1월 1일부터 20XX년 12월 31일까지

○○부처, ○○기금 (단위 :)

	주 석	20XY	20XX
수익(Ⅰ+Ⅱ)		×××	×××
Ⅰ. 이전수익		×××	×××
1. 사회보험수익	×	×××	×××
2. 부담금수익	×	×××	×××
3. 제재금수익	×	×××	×××
4. 기타 이전수익	×	×××	×××
Ⅱ. 국가운영수익		×××	×××
1. 재화 및 용역제공수익	×	×××	×××
2. 연금수익	×	×××	×××
3. 이자수익	×	×××	×××
4. 배당수익	×	×××	×××
5. 자산처분이익	×	×××	×××
6. 자산평가이익	×	×××	×××
7. 기타 국가운영수익	×	×××	×××
비용(Ⅲ+Ⅳ)		×××	×××
Ⅲ. 이전비용		×××	×××
1. 국고보조사업비	×	×××	×××
2. 출연사업비	×	×××	×××
3. 사회보험비용	×	×××	×××
4. 지방교부금	×	×××	×××
5. 기타 이전비용	×	×××	×××
Ⅳ. 국가운영비용		×××	×××
1. 재화 및 용역제공원가	×	×××	×××
2. 연금비용	×	×××	×××
3. 인건비	×	×××	×××
4. 이자비용	×	×××	×××
5. 운영비	×	×××	×××
6. 감가상각비	×	×××	×××
7. 자산평가손실	×	×××	×××
8. 기타 국가운영비용	×	×××	×××
재정운영결과(비용－수익)		×××	×××

및 국가운영수익으로 구분하여 표시하고, 비용은 이전비용 및 국가운영비용으로 구분하여 표시하며, 재정운영결과는 비용에서 수익을 뺀 금액으로 표시한다.

(2) 방법2(중앙관서 및 기금 수준의 프로그램별 재정운영표)

중앙관서 및 기금 수준의 프로그램별 재정운영표에는 프로그램순원가, 재정운영순원가, 재정운영결과가 표시되는데, 각각의 계산방법은 다음과 같다.

① 프로그램순원가

- 프로그램순원가=프로그램총원가−프로그램수익
  - 프로그램총원가 : (프로그램을 수행하기 위해 투입한 원가합계)
+(다른 프로그램으로부터 배부받은 원가)
−(다른 프로그램에 배부한 원가)
  - 프로그램수익 : 프로그램의 수행과정에서 발생한 수익

② 재정운영순원가

- 재정운영순원가=프로그램순원가+관리운영비+비배분비용−비배분수익
  - 관리운영비 : 프로그램의 운영에 직접적으로 소요되지는 않으나 국가회계실체의 기본적인 기능수행 및 특정 프로그램의 행정운영과 관련된 인건비와 경비
  - 비배분비용 : 국가회계실체에서 발생한 비용 중 프로그램에 대응되지 않는 비용
  - 비배분수익 : 국가회계실체에서 발생한 수익 중 프로그램에 대응되지 않는 수익

③ 재정운영결과

- 재정운영결과=재정운영순원가−비교환수익 등
  - 비교환수익 등 : 직접적인 반대급부 없이 발생하는 수익과 그 밖의 재원이전거래 금액(순자산변동표의 재원의 조달 및 이전에 표시되는 비교환수익 등은 제외)

이 방법에 따른 재정운영표는 프로그램별 순원가를 산출하는 구조를 가지고 있다. 순원가 산출구조는 특정 정부 프로그램, 사업이나 활동의 원가정보를 제공하여 사업계획 수립이나 예산편성 및 사업관리 등 자원의 효율적 사용을 위한 의사결정 정보를 제공하는 데 초점을 맞추어 마련된 구조이다. 이 구조는 프로그램 예산상의 정부 프로그램 등(단위사업, 세부사업 등)의 원가합계(full cost)에서 수행과정에서 발생한 수익을 차감한 순원가(net program cost)의 정보를 제공하고 당해 사업이나 활동의 계획과 산출물이나 달성된 성과결과와 비교평가를 할 수 있도록 한다. 또한 관리운영비를 사업비와 별도로 구분함으로써 절약과 경제성의 원리가 적용되는 행정운영성 경비의 집행에 대한 정보를 제공하여 무분별한 경비 인상 등에 대한 통제 정보를 제공하고 정부활동의 재정운영에 대한 순원가 정보를 제공한다. 각 항목별 설명은 아래와 같다.

1) 프로그램순원가

프로그램순원가는 프로그램총원가에서 프로그램수익을 차감한 순원가를 말한다. 프로그램총원가란 국가회계실체가 프로그램을 수행하기 위해 투입한 원가합계에서 다른 프로그램으로부터 배부받거나 배부한 원가를 가감한 총원가를 말한다. 프로그램수익이란 특정 프로그램의 운영에 따라 재화나 용역을 제공한 대가로 발생하는 수익으로서 발생원천에 따라 특정 프로그램으로의 직접적인 추적이 가능하여 프로그램총원가에서 차감하는 수익을 말한다.

2) 관리운영비

관리운영비는 기관의 기본적인 기능수행을 위한 기관운영경비 및 특정사업의 행정운영과 관련한 종사자의 인건비와 운영경비를 말하며, 「정부기업예산법」 제3조에 따른 특별회계, 「책임운영기관의 설치·운영에 관한 법률」 제27조에 따른 책임운영기관특별회계 및 기금의 경우 관리업무비를 말한다.

3) 비배분비용

비배분비용은 국가회계실체가 투입 및 인식한 원가 중 개별프로그램에까지 추적하여 대응하는 것이 불가능하거나 프로그램에 배부하는 것이 합리적이지 않은 비용을 말한다.

4) 비배분수익

비배분수익은 국가회계실체의 교환수익 중 개별프로그램에까지 추적하여 대응하는 것이 불가능하거나, 프로그램에 배부하는 것이 합리적이지 않은 수익을 말한다.

5) 재정운영순원가

재정운영순원가는 프로그램순원가에서 관리운영비, 비배분비용 및 비배분수익을 가감하여 산출한다.

6) 비교환수익등

비교환수익등은 직접적인 반대급부 없이 발생하는 국세, 부담금, 기부금, 무상이전 및 제재금 등의 비교환수익과 순자산 증가 또는 감소 효과를 발생시키는 중앙관서간의 무상이전거래를 의미한다.

7) 재정운영결과

재정운영결과는 재정운영순원가에서 비교환수익등을 차감하여 산출한다. 국가회계실체의 재정운영표의 구성은 [도표 5-2]와 같다.

[도표 5-2] 재정운영표(중앙관서 및 기금_프로그램별)

프로그램별 재정운영표
당기 : 20XY년 1월 1일부터 20XY년 12월 31일까지
전기 : 20XX년 1월 1일부터 20XX년 12월 31일까지

○○부처, ○○기금 (단위 :)

	주 석	20XY			20XX		
		총원가	수 익	순원가	총원가	수 익	순원가
Ⅰ. 프로그램순원가	×	×××	(×××)	×××	×××	(×××)	×××
1. 프로그램(A)		×××	(×××)	×××	×××	(×××)	×××
2. 프로그램(B)		×××	(×××)	×××	×××	(×××)	×××
3. 프로그램(C)		×××	(×××)	×××	×××	(×××)	×××
4. 프로그램(D)		×××	(×××)	×××	×××	(×××)	×××
5. …		×××	(×××)	×××	×××	(×××)	×××
Ⅱ. 관리운영비	×			×××			×××
Ⅲ. 비배분비용	×			×××			×××
Ⅳ. 비배분수익	×			×××			×××
Ⅴ. 재정운영순원가(Ⅰ+Ⅱ+Ⅲ－Ⅳ)				×××			×××
Ⅵ. 비교환수익 등				×××			×××
1. 사회보험수익	×			×××			×××
2. 부담금수익	×			×××			×××
3. 제재금수익	×			×××			×××
4. 기타 이전수익 등	×			×××			×××
Ⅶ. 재정운영결과(Ⅴ－Ⅵ)				×××			×××

(3) 방법3(국가 수준의 성질별 재정운영표)

각 중앙관서, 기금 등을 포괄하는 국가 수준의 성질별 재정운영표의 경우에는 수익, 비용, 재정운영결과로 구분하여 표시하는데, 수익은 국세수익, 이전수익 및 국가운영수익으로 구분하여 표시하고, 비용은 이전비용 및 국가운영비용으로 구분하여 표시하며, 재정운영결과는 비용에서 수익을 뺀 금액으로 표시한다. 중앙관서 및 기금 수준에서와 달리 국세수익이 표시된다.

[도표 5-3]
재정운영표
(대한민국 정부_
성질별)

성질별 재정운영표

당기 : 20XY년 1월 1일부터 20XY년 12월 31일까지
전기 : 20XX년 1월 1일부터 20XX년 12월 31일까지

대한민국 정부 (단위 :)

	주 석	20XY	20XX
수익(Ⅰ+Ⅱ+Ⅲ)		×××	×××
Ⅰ. 국세수익	×	×××	×××
Ⅱ. 이전수익		×××	×××
1. 사회보험수익	×	×××	×××
2. 부담금수익	×	×××	×××
3. 제재금수익	×	×××	×××
4. 기타 이전수익	×	×××	×××
Ⅲ. 국가운영수익		×××	×××
1. 재화 및 용역제공수익	×	×××	×××
2. 연금수익	×	×××	×××
3. 이자수익	×	×××	×××
4. 배당수익	×	×××	×××
5. 자산처분이익	×	×××	×××
6. 자산평가이익	×	×××	×××
7. 기타 국가운영수익	×	×××	×××
비용(Ⅳ+Ⅴ)		×××	×××
Ⅳ. 이전비용		×××	×××
1. 국고보조사업비	×	×××	×××
2. 출연사업비	×	×××	×××
3. 사회보험비용	×	×××	×××
4. 지방교부금	×	×××	×××
5. 기타 이전비용	×	×××	×××
Ⅴ. 국가운영비용		×××	×××
1. 재화 및 용역제공원가	×	×××	×××
2. 연금비용	×	×××	×××
3. 인건비	×	×××	×××
4. 이자비용	×	×××	×××
5. 운영비	×	×××	×××
6. 감가상각비	×	×××	×××
7. 자산평가손실	×	×××	×××
8. 기타 국가운영비용	×	×××	×××
재정운영결과(비용－수익)		×××	×××

(4) 방법4(국가 수준의 분야별 재정운영표)

이 경우에는 사업순원가, 재정운영순원가, 재정운영결과로 표시되는데, 각각의 계산방법은 다음과 같다.

① 사업순원가

• 사업순원가=분야별 총원가−분야별 수익
 · 분야별 총원가 : (분야별 사업을 수행하기 위해 투입한 원가합계)
  +(다른 분야로부터 배부받은 원가)
  −(다른 분야에 배부한 원가)
 · 분야별 수익 : 분야별 사업의 수행과정에서 발생한 수익

② 재정운영순원가

• 재정운영순원가=사업순원가+관리운영비+비배분비용−비배분수익
 · 관리운영비 : 각 중앙관서 또는 기금의 프로그램별 재정운영표의 관리운영비를 합산한 금액
 · 비배분비용 : 각 중앙관서 또는 기금의 프로그램별 재정운영표의 비배분비용을 합산한 금액
 · 비배분수익 : 각 중앙관서 또는 기금의 프로그램별 재정운영표의 비배분수익을 합산한 금액

③ 재정운영결과

• 재정운영결과=재정운영순원가−비교환수익 등
 · 비교환수익 등 : 직접적인 반대급부 없이 발생하는 수익과 그 밖의 재원이전거래 금액

[도표 5-4] 재정운영표(대한민국 정부_분야별)

분야별 재정운영표
당기 : 20XY년 1월 1일부터 20XY년 12월 31일까지
전기 : 20XX년 1월 1일부터 20XX년 12월 31일까지

대한민국 정부 (단위 :)

	주 석	20XY			20XX		
		총원가	수 익	순원가	총원가	수 익	순원가
Ⅰ. 사업순원가	×	×××	(×××)	×××	×××	(×××)	×××
1. 분야(A)		×××	(×××)	×××	×××	(×××)	×××
2. 분야(B)		×××	(×××)	×××	×××	(×××)	×××
3. 분야(C)		×××	(×××)	×××	×××	(×××)	×××
4. 분야(D)		×××	(×××)	×××	×××	(×××)	×××
5. …		×××	(×××)	×××	×××	(×××)	×××
Ⅱ. 관리운영비	×			×××			×××
Ⅲ. 비배분비용	×			×××			×××
Ⅳ. 비배분수익	×			×××			×××
Ⅴ. 재정운영순원가(Ⅰ＋Ⅱ＋Ⅲ－Ⅳ)				×××			×××
Ⅵ. 비교환수익 등				×××			×××
1. 국세수익	×			×××			×××
2. 사회보험수익	×			×××			×××
3. 부담금수익	×			×××			×××
4. 제재금수익	×			×××			×××
5. 기타 이전수익 등	×			×××			×××
Ⅶ. 재정운영결과(Ⅴ－Ⅵ)				×××			×××

4. 수익과 비용의 인식

(1) 수익의 인식

수익은 국가의 재정활동과 관련하여 재화 또는 용역을 제공한 대가로 발생하거나, 직접적인 반대급부 없이 법령에 따라 납부의무가 발생한 금품의 수납 또는 자발적인 기부금 수령 등에 따라 발생하는 순자산의 증가를 말한다. 국가회계기준에서 규정한 발생주의에 따라 수익은 다음의 두 가지 요건이 충족될 때 인식한다.

① 측정요건 : 수익이 인식되기 위해서는 수익금액이 합리적으로 측정가능해야 한다.
② 가득요건 : 수익창출활동을 위한 결정적이며 대부분의 노력이 발생해야 한다.

국가회계기준에서 성질별 재정운영표의 수익은 그 성질에 따라 국세수익, 이전수익, 국가운영수익으로 구분된다. 국세수익은 국가가 조세를 징수하여 발생하는 수익이고, 이전수익은 직접적인 반대급부 없이 발생하는 수익 중 국세수익을 제외한 수익이다. 국가운영수익은 국가의 재정활동과 관련하여 발생하는 수익 중 국세수익과 이전수익을 제외한 수익이다.

한편, 국가회계기준에서 비성질별(프로그램별, 분야별) 재정운영표의 수익은 그 원천인 거래가 교환거래인가 또는 비교환거래인가에 따라 교환수익과 비교환수익으로 구분하고 있다. 교환수익은 국가회계실체가 재화 및 용역(서비스)을 제공한 대가로 발생하는 수익으로 국가운영수익에 대응되며, 재화 및 용역제공수익, 연금수익, 이자수익, 배당수익, 자산처분이익, 자산평가이익, 기타 국가운영수익으로 표시(성질별 재정운영표)되거나, 프로그램수익, 비배분수익(프로그램별 재정운영표)으로 표시된다. 비교환수익은 직접적인 반대급부 없이 국가회계실체가 지급을 요구할 수 있는 권력을 행사함으로써 발생한 수익으로 국세수익과 이전수익으로 구분되며, 국가회계실체의 특성에 따라 재정운영표 또는 순자산변동표에 표시된다. 교환수익과 비교환수익의 수익인식기준은 다음과 같다.

① 교환수익 : 수익창출활동이 끝나고, 그 금액을 합리적으로 측정할 수 있을 때
② 비교환수익 : 해당 수익에 대한 청구권이 발생하고 그 금액을 합리적으로 측정할 수 있을 때

일반회계와 기타특별회계의 경우에는 국고통일의 원칙에 따라 각 중앙관서의 장은 모든 세입을 기획재정부의 국고계정에 불입 후 예산배정을 통해 재정운영순원가의 재원을 마련하는 반면, 기업특별회계(책임운영기관특별회계를 포함함)와 기금의 경우 자체적으로 발생하는 비교환수익에 대해서는 국고계정에 불입 절차 없이 자체적인 사업수행원가의 재원으로 사용하게 된다. 따라서 중앙관서

의 재무제표 작성시 일반회계 및 기타특별회계(행정형 회계)에서 발생하는 비교환수익등은 예산배정의 절차를 통해 지원받는 순자산변동거래로 보아 순자산변동표에 표시하며, 기업특별회계와 기금(사업형 회계)의 경우에는 자체적인 수익거래의 개념으로 보아 재정운영표에 표시한다.

(2) 비용의 인식

비용은 국가의 재정활동과 관련하여 재화 또는 용역을 제공하여 발생하거나, 직접적인 반대급부 없이 발생하는 자원 유출이나 사용 등에 따른 순자산의 감소를 말한다. 비용 중 이전비용은 재화나 용역, 그 밖의 자산을 제공한 대가를 직접적으로 수취하지 않는 거래에서 발생한 비용을 말하고, 국가운영비용은 국가의 재정활동과 관련하여 발생하는 이전비용 외의 모든 비용을 말한다. 이에 비해 원가는 중앙관서의 장 또는 기금관리주체가 프로그램의 목표를 달성하고 성과를 창출하기 위하여 직접적·간접적으로 투입한 경제적 자원의 가치를 말한다. 한편, 재원의 이전은 순자산의 감소효과를 발생시키거나 순자산에 영향을 미치지 않는 중앙관서간의 무상이전거래를 말한다.

국가회계기준에서 규정한 발생주의에 따라 비용을 인식할 때 다음의 기준에 따라 인식한다.

① 재화나 용역제공 등 국가재정활동 수행을 위해 자산이 감소하고 그 금액을 합리적으로 측정할 수 있을 때 또는 법령 등에 따라 지출에 대한 의무가 존재하고 그 금액을 합리적으로 측정할 수 있을 때
② 과거에 자산으로 인식한 자산의 미래 경제적 효익이 감소 또는 소멸하거나 자원의 지출 없이 부채가 발생 또는 증가한 것이 명백한 때에 비용으로 인식

따라서 비용의 인식의 형태는 다음과 같이 구분될 수 있다. 첫째, 수익과 직접 관련하여 발생한 비용은 동일한 거래나 사건에서 발생하는 수익을 인식할 때 대응하여 인식한다. 이와 같은 예로는 재화판매수익에 대응하여 인식하는 재화판매원가를 들 수 있다. 둘째, 수익과 직접 대응할 수 없는 비용은 재화 및 용역의 사용으로 현금이 지출되거나 부채가 발생하는 회계기간에 인식한다. 이와 같

은 예로는 인건비 등을 들 수 있다. 셋째, 자산으로부터의 효익이 여러 회계기간에 걸쳐 기대되는 경우, 이와 관련하여 발생한 특정성격의 비용은 체계적이고 합리적인 배분절차에 따라 각 회계기간에 배분하는 과정을 거쳐 인식한다. 이와 같은 예로는 일반유형자산의 감가상각비와 무형자산의 상각비를 들 수 있다.

다시 말해, 국가회계에 있어서 비용은 재화나 용역의 제공 등 국가재정활동 수행을 위해 자산이 감소하고 그 금액을 합리적으로 측정할 수 있을 때 또는 법령 등에 따라 지출에 대한 의무가 존재하고 그 금액을 합리적으로 측정할 수 있을 때 인식한다. 후자의 경우는 특히 정부보조금이나 보상금 등 비교환거래에 따른 비용의 세부적인 인식기준으로 작용할 수 있다. 또한 감가상각비나 감액손실의 경우와 같이 과거에 자산으로 인식한 자산의 미래 경제적 효익이 감소 또는 소멸되거나 자원의 지출 없이 부채가 발생 또는 증가한 것이 명백한 때에도 비용을 인식한다.

한편, 성질별 재정운영표에서 비용은 그 성질에 따라 이전비용, 국가운영비용으로 나누는데, 이전비용은 직접적인 반대급부 없이 발생하는 비용이고, 국가운영비용은 국가의 재정활동과 관련하여 발생하는 비용 중 이전비용을 제외한 비용을 말한다.

제 2 절 수익과 비용의 회계

1. 교환수익

(1) 재화 및 용역제공수익

1) 재화판매수익

재화판매수익은 판매를 위하여 취득한 상품과 판매목적으로 생산한 제품 등을 비롯한 재고자산의 판매에 대한 대가로 국가의 주된 사업과 관련하여 발생하는 수익이다. 국가회계에 있어 재화판매수익의 예는 양곡관리특별회계의 미곡·잡곡·기타부산물 판매수입, 조달특별회계의 비축물자 사업수입, 복권기금의 복권사업수입 등 및 간행물, 영상물 판매수입 및 행정용품 판매수입이다.

재화의 판매로 인한 수익은 다음 조건이 모두 충족될 때 인식한다.

① 재화의 소유에 따른 위험과 효익의 대부분이 구매자에게 이전된다.
② 판매자는 판매한 재화에 대하여 소유권이 있을 때 통상적으로 행사하는 정도의 관리나 효과적인 통제를 할 수 없다.
③ 수익금액을 신뢰성 있게 측정할 수 있다.
④ 경제적 효익의 유입가능성이 매우 높다.
⑤ 거래와 관련하여 발생했거나 발생할 거래원가와 관련 비용을 신뢰성 있게 측정할 수 있다.

2) 용역제공수익

용역제공수익은 일반적인 계약에 의하여 합의된 과업을 수행함에 따른 대가로 국가가 수행하는 주된 사업과 관련하여 발생하는 수익이다. 용역제공수익의 예는 우편사업특별회계의 우편사업수입, 조달특별회계의 내외자구매 사업 관련수입(예 : 내자구매대행수익), 조달특별회계의 시설계약 사업수입(예 : 시설계약대행수익), 병원운영에 따른 용역제공수입, 교도소운영에 따른 용역제공수입, 국립학교 등의 입학금 및 수업료이다.

용역제공수익은 용역제공거래의 성과를 신뢰성 있게 추정할 수 있을 때 진행기준에 따라 인식한다. 다음 조건이 모두 충족되는 경우에는 용역제공거래의 성과를 신뢰성 있게 추정할 수 있다고 본다. 다만, 용역제공과 관련하여 아래의 조건을 하나라도 충족하지 못하는 경우에는 진행기준을 적용하지 아니하고 인식된 비용의 범위 내에서 회수가능한 금액을 수익으로 인식한다.

① 거래 전체의 수익금액을 신뢰성 있게 측정할 수 있다.
② 경제적 효익의 유입가능성이 매우 높다.
③ 진행률을 신뢰성 있게 측정할 수 있다.
④ 이미 발생한 원가와 거래를 완료하기 위해 추가로 발생할 원가를 신뢰성 있게 측정할 수 있다.

용역제공거래의 진행률은 다양한 방법으로 결정할 수 있다. 용역제공거래를 영위하는 국가회계실체 등은 용역제공거래의 특성에 따라 작업진행정도를 가장 신뢰성 있게 측정할 수 있는 방법을 선택해야 한다. 계약기간에 걸쳐 일정하게 용역을 제공하는 경우 계약기간의 경과에 따라 수익을 인식할 수 있으며, 제공된 용역의 진행정도에 따라 대가를 받는 경우 수령하거나 수령하기로 한 용역대가를 수익으로 인식한다.

계약기간의 경과 또는 용역대가 수령정도를 통해 작업진행정도를 신뢰성 있게 측정할 수 없을 경우, 진행률은 다음 ① 내지 ③을 이용하여 계산할 수 있다. 그러나 고객으로부터 받은 중도금 또는 선수금에 기초하여 계산한 진행률은 작업진행정도를 반영하지 않을 수 있으므로 적절한 진행률로 보지 아니한다.

① 총예상작업량(또는 작업시간) 대비 실제작업량(또는 작업시간)의 비율
② 총예상용역량 대비 현재까지 제공한 누적용역량의 비율
③ 총추정원가 대비 현재까지 발생한 누적원가의 비율. 현재까지 발생한 누적원가는 현재까지 수행한 용역에 대한 원가만을 포함하며, 총추정원가는 현재까지의 누적원가와 향후 수행해야 할 용역의 원가를 합계한 금액이다.

3) 사용료수익

사용료수익은 토지, 건물 등의 유・무형자산(인적자산 제외)을 타인에게 사용하게 함으로써 발생하는 수익으로, 전기통신 수탁사업수입, 입장료수입(관람료수입 포함), 항공 및 항만 시설 이용에 따른 수입(예 : 항행안전시설사용료 등), 토지・건물 대여수입, 토지와 건물 이외의 관유물대여수입 및 공업용수사용료 등 용수이용에 따른 수입을 말한다. 사용료수익은 기간단위의 계약에 의하여 사용하는 경우에는 기간배분에 의하여 수익을 인식하고, 입장료수입 등 1회성으로 사용하도록 하는 대가로 사용 즉시 대금을 수취하는 경우에는 대금을 수납하는 시점에 수익을 인식한다. 또한, 사용료수익과 별개로 보증금의 형태로 예치한 예납금은 사용수익기간의 계약완료시 반납해야 하는 금액이므로 사용료수익이 아닌 '임대보증금'으로 부채로 처리한다.

예제 5-1 사용료수익에 대한 회계처리

S부처 일반회계는 20×1년 3월 1일 국가소유 건물을 1년간 임대하고 임대보증금 10,000,000원 및 1년의 임대료 1,000,000원을 일시에 수납하였다.

풀이

〈20×1년 3월 1일〉

(차) 한국은행국가예금	11,000,000	(대) 기타의선수수익	1,000,000
		임대보증금	10,000,000

〈20×1년 12월 31일〉

(차) 기타의선수수익	833,333	(대) 사용료수익*	833,333

* 당해 연도 수익분=1,000,000원×(10/12(해당 월수))=833,333원

〈20×2년 2월 28일〉

(차) 기타의선수수익	166,667	(대) 사용료수익*	166,667
임대보증금	10,000,000	한국은행국가예금	10,000,000

* 20×2년 수익분=1,000,000원×(2/12(해당 월수))=166,667원

4) 수수료수익

수수료수익은 인적사무에 대한 반대급부로 수취하는 수익으로 면허, 허가, 인가 및 증명발급에 수반하는 수수료 및 기타수수료, 고시수수료, 청원경찰수수료 및 조달특별회계의 나라장터운영수입 등이 포함된다. 수수료수익은 관련된 계약의 경제적 실질을 반영하여 발생기준에 따라 수익을 인식한다.

증명발급에 따른 수수료 및 고시수수료 등의 경우 기간단위의 계약이 아니라 1회성으로 발생하는 수익으로, 즉시 대금을 수취하게 되므로 대금을 수납하는 시점에 수익을 인식한다. 검사수수료 등의 경우 계약에 따라 기간단위 또는 발생시점에 수익으로 인식한다.

(2) 연금수익 및 사회보험수익

연금수익 및 사회보험수익은 연금사업을 수행하는 국가회계실체 등이 사업의 수행을 위해 국가, 고용주실체 및 연금가입자로부터 징수하는 연금으로, 공무원연금법, 군인연금법에 따른 연금의 경우 연금수익으로 인식하고, 사립학교교직원

연금법, 국민연금법에 따른 연금의 경우 사회보험수익으로 인식한다.

연금의 경우 매달 부과고지에 의하여 징수를 하고 있다. 이 경우 부과고지시에 경제적 효익의 유입가능성이 매우 높고 수익금액을 신뢰성 있게 측정할 수 있으므로 동 시점에 수익을 인식하고, 미수연금수익으로 자산계상한다. 다만, 납부대상자의 자격변동, 납부예외의 수시발생 등에 따라 부과고지시에 연금수익금액의 신뢰성 있는 측정이 어려운 경우에는 수납시점에 인식할 수 있다. 이 경우 고지금액, 미납보험료 등은 주석으로 공시해야 한다.

연금기금의 연금수취액과 그 회계처리는 다음과 같다.

① 고용주실체로부터 지급받는 고용주부담금 : 고용주실체가 연금사업에 납부해야 하는 금액으로 연금수익의 경우 국가가 고용주실체로서 연금비용을 부담하는 것으로 재정운영표에 국가운영수익(성질별 재정운영표) 또는 프로그램수익(프로그램별 재정운영표)으로 처리한다. 사회보험수익의 경우 이전수익(성질별 재정운영표) 또는 비교환수익(프로그램별 재정운영표)으로 처리한다.

② 피고용자로부터 수취하는 피고용자기여금 : 연금가입자인 피고용자가 연금사업에 납부해야 하는 금액으로 연금수익의 경우 고용주부담금과 동일하게 국가운영수익(성질별 재정운영표) 또는 프로그램수익(프로그램별 재정운영표)으로 처리한다. 사회보험수익의 경우 이전수익(성질별 재정운영표) 또는 비교환수익(프로그램별 재정운영표)으로 처리한다.

③ 국가회계실체로부터 받는 보전금 : 연금기금의 재원 부족으로 다른 국가회계실체 등에서 재원을 보조받는 경우 연금수익의 경우 이전수익(성질별 재정운영표) 또는 비교환수익등(프로그램별 재정운영표)으로 인식한다. 사회보험수익의 경우에도 마찬가지로 이전수익(성질별 재정운영표) 또는 비교환수익(프로그램별 재정운영표)으로 처리한다.

(3) 보험수익과 보증수익

보험수익은 농어업재해재보험, 수출보험 등 보험사업을 영위하는 국가회계실체 등이 수취하는 보험료수입을 의미한다. 보험수익은 기간단위의 계약에 의하는 경우 기간배분에 의하여 수익을 인식한다.

보증수익은 보증사업을 영위하는 국가회계실체 등이 수취하는 보증료(일반 신용보증료 등)를 의미한다. 보증수익은 기간단위의 계약에 의하는 경우 기간배분에 의하여 수익을 인식한다.

(4) 이자수익, 평가이익, 자산처분이익 및 기타수익

재화 및 용역제공수익, 연금수익, 보험수익, 보증수익 외에 국가회계의 재정운영표에는 이자수익, 평가이익, 자산처분이익이 수익으로 포함된다. 또한 배당금수익, 외환차익, 파생상품거래이익, 충당부채환입, 대손충당금환입, 융자보조원가충당금환입, 채무상환이익, 과오지급금회수금, 법인세환급금, 보험차익, 신탁사업이익, 잡이익, 구상이익, 국채물가연동이익, 감액손실환입, 전기오류수정이익의 기타수익이 보고될 수 있다.

2. 그 외 비교환수익등

(1) 정의 및 인식기준

비교환수익등은 직접적인 반대급부 없이 발생하는 국세, 부담금, 기부금, 무상이전 및 제재금 등의 비교환수익과 순자산 증가 또는 감소 효과를 발생시키는 중앙관서간의 무상이전거래를 의미한다. 비교환수익은 국세수익과 이전수익으로 구분되는데, 국세수익이란 국가가 조세를 징수하여 발생하는 수익을 말하고, 이전수익이란 재화나 용역, 그 밖의 자산을 수취한 대가를 직접적으로 제공하지 않는 거래에서 발생하는 수익으로서 국세수익을 제외한 수익을 말하며, 사회보험수익, 부담금수익, 제재금수익, 기타이전수익으로 구분한다.

국세징수활동을 직접 수행하는 중앙관서의 재무제표 작성시에는 "국세수익"을 국세징수활동표에 표시하고, 국가의 재무제표 작성시에는 재정운영표에 표시한다. 국세징수활동표의 국세수익을 국가 재정운영표의 국세수익으로 대체하는 회계처리는「재무제표의 통합에 관한 지침」에서 규정한 바를 따른다. 국세와 관련된 비교환수익의 수익인식기준은 다음과 같다.

① 신고납부제도 적용세액 : 신고시점
② 부과과세제도 적용세액 : 부과고지시
③ 원천징수 조세수익 : 원천징수의무자가 원천징수세액을 납부하는 때

국세수익을 제외한 이전수익의 경우 청구권이 확정된 때에 그 확정된 금액을 수익으로 인식한다.

(2) 비교환수익등의 회계처리

1) 부담금수익

부담금수익은 공공시설로 인해 특별한 이익을 받은 자에게 징수하는 법정부담금인 수익자부담금, 각종 시설의 건설 또는 유지관리비용을 충당할 목적으로 사용자에게서 징수하는 법정부담금인 원인자부담금과 특정 공익사업을 수행하지만 부과대상과 사용내역 간의 관계가 직접적이지 않은 법정부담금인 조세성부담금으로 구성된다.

부담금수익은 국가의 법적・계약적・행정적 청구권이 확정된 때 수익을 인식한다. 부담금수익에 대한 행정적 청구권은 징수결의에 의하여 부과고지시 발생하므로 부과고지시 수익을 인식하고, 향후 수취시 미수채권을 상계처리한다.

2) 제재금수익

제재금수익은 법이나 규정 및 계약 등을 위반한 자에게 부담시키는 지급의무에 따라 발생하는 수익으로 다음과 같이 분류된다.

① 변상금수익 : 법령과 계약에 의거하여 국가가 수납할 변상금
② 위약금수익 : 계약당사자의 특약에 따라 채무불이행의 경우에 채무자가 채권자에게 지급하기로 약정한 금전
③ 가산금수익 : 세금 또는 공공요금 등을 납부해야 할 행정법상의 의무가 있는 사람이 그 의무를 지체하는 경우 이에 대한 제재로 부과하는 할증된 금액
④ 벌금수익 : 법령에 의하여 국가가 수납할 형벌의 성질을 갖는 벌금, 범칙금, 즉결재판에 의한 벌금, 범칙금 등

⑤ 몰수금수익 : 법령에 의하여 국가가 수납할 몰수금, 몰수물품 및 압수물 공매대금 등

제재금수익 중 벌금, 과료, 범칙금 또는 몰수품으로서 청구권이 확정된 때나 몰수품을 몰수한 때에 그 금액을 확정하기 어려운 경우에는 벌금, 과료 또는 범칙금이 납부되거나 몰수품이 처분된 때에 수익으로 인식할 수 있다.

3) 전입금

전입금은 국가의 법적·계약적·행정적 청구권이 확정된 시점인 부과고지시점에 인식한다. 예산회계가 아닐 경우에는 무상으로 받는 금전의 경우에는 실제 자금을 납부받는 시점에 수익으로 인식하나, 예산회계에 따라 징수결의에 의하여 무상이전이 발생하는 경우에는 실제 납부 이전이라 하더라도 징수결의를 거친 후 부과고지시에 이미 청구권이 확정된다고 할 수 있으므로 부과고지시점에 수익을 인식하도록 한다.

① 일반회계전입금 : 정부내부거래로서 일반회계로부터 무상으로 받는 전입금

② 특별회계전입금 : 정부내부거래로서 특별회계로부터 무상으로 받는 전입금

③ 기금전입금 : 정부내부거래로서 「정부기업예산법」 제3조에 따른 특별회계, 「책임운영기관의 설치·운영에 관한 법률」 제27조에 따른 책임운영기관특별회계 및 기금이 다른 기금으로부터 무상으로 받는 전입금

4) 자산수증이익 및 채무면제이익

사용수익권상각이익을 제외한 자산수증이익은 청구권이 확정되는 자산 수취시점에 다음과 같이 인식한다.

① 정부내자산수증 : 다른 국가회계실체로부터 무상관리전환 등으로 이관받는 자산의 장부가액에서 "자산재평가이익"을 차감한 금액

② 정부외자산수증 : 무주부동산의 취득, 기부채납 등의 방법으로 취득한 자산의 취득 당시 공정가액

③ 정부외기부금 : 국가회계실체 외의 자로부터 기부받은 금액

채무면제이익은 채무액의 전부 또는 일부를 면제받아 원래 지급해야 할 원리금보다 적은 금액을 지급함에 따라 발생하는 이익으로, 채무면제이익 인식시점은 실제 채무의 면제가 확정되는 시점으로 한다. 일반적으로 합의에 의한 채무면제일 경우에는 합의일, 법원의 인가에 의한 채무면제일 경우에는 법원의 인가일이 인식시점이 된다. 그러나 채권자와 채무자 간에 약정한 조건이 충족되지 않아서 합의일 또는 법원의 인가일에 자산 또는 지분증권의 이전, 새로운 계약조건의 시행 등의 사건이 이루어지지 않는 경우에는 그 조건이 충족되는 시점을 인식시점으로 한다.

3. 비 용

(1) 이전비용

이전비용은 재화나 용역, 그 밖의 자산을 제공한 대가를 직접적으로 수취하지 않는 거래에서 발생한 비용으로 국고보조사업비, 출연사업비, 사회보험비용 및 지방교부금 등으로 구분한다. 국고보조사업비는 「보조금 관리에 관한 법률」에 의해 국가 외의 자가 행하는 사무 또는 사업에 대하여 국가가 이를 조성하거나 재정상의 원조를 하기 위하여 교부하는 보조금에 따른 비용을 말한다. 출연사업비는 법령에 의해 국가회계실체 이외의 공공기관, 민간 또는 해외에 지급한 출연금에 따른 비용을 말한다. 지방교부금은 지방자치단체의 행정 운영에 필요한 재원을 교부하는 지방재정교부금과 지방자치단체가 교육기관 및 교육행정기관을 설치·경영하는 데 필요한 재원의 전부 또는 일부를 국가가 교부하는 지방교육재정교부금을 말한다. 기타이전비용으로 융자보조비용, 보전비 등이 있다.

(2) 재화 및 용역제공원가

재화의 판매 및 용역의 제공을 위하여 판매되거나 소모된 재고자산/용역의 제공으로 인하여 발생한 원가를 의미하며, 재화판매원가와 용역제공원가로 구분

된다. 재화판매원가는 재화판매수익을 창출하기 위하여 소요된 재고자산의 원가이며 용역제공원가는 용역제공수익을 창출하기 위하여 소요된 용역제공의 원가이다.

(3) 인건비 등

인건비란 공무원 등이 고용관계 또는 위임관계에 의하여 근로를 제공하고 그 대가로 지급받는 급여 및 상여 등의 일체의 금품 및 이익을 말한다. 급여 등 인건비는 발생주의에 의거하여 기간경과에 따라 비용처리한다. 즉, 재정상태표일 현재 아직 지급되지는 않았으나 기간경과에 따라 급여로 계상되어야 할 금액은 인건비와 미지급비용으로 회계처리한다.

복리후생비는 근로환경의 개선 및 근로의욕의 향상 등을 위하여 간접적으로 부담하는 시설운영 및 유지비용, 경비 등을 말한다.

퇴직급여는 공무원연금법 및 군인연금법 적용을 받는 국가공무원 외 직원에게 퇴직 후 지급하는 급여를 말하며 퇴직급여충당부채 설정시 발생하는 비용계정으로서 다음과 같이 산정된다.

퇴직급여 = 당기말 현재 퇴직금추계액
−(전기말 현재 퇴직금추계액 − 당기중 실제 퇴직금지급액)

예제 5-2 퇴직급여에 대한 일반적인 회계처리

20×1년 12월 31일 ○○기금의 재정상태표상 퇴직급여충당부채는 110,000,000원으로 계상되어 있었다. 20×2년 12월 31일 퇴직급여지급대상자가 증가하여 퇴직급여충당부채가 140,000,000원으로 평가되었다. 이 경우 20×2년 12월 31일의 회계처리는 다음과 같다.

풀이

〈20×2년 12월 31일 기말평가시〉

(차) 퇴 직 급 여	30,000,000	(대) 퇴직급여충당부채	30,000,000

(4) 운영비

운영비란 국가의 재정활동과 관련하여 운영 전반에 걸쳐 발생한 비용으로서 일반수용비, 공공요금 및 제세, 소모품비, 업무추진비, 지급임차료, 유류비, 교육훈련비, 여비교통비, 학교운영비, 복리후생비, 고용부담금을 말한다.

(5) 자산감액손실

자산의 물리적인 손상 또는 시장가치의 급격한 하락 등으로 해당 자산의 회수가능가액이 장부가액에 미달하고 그 미달액이 중요한 경우에는 장부가액을 회수가능가액으로 조정하고, 장부가액과 회수가능가액의 차액을 그 자산에 대한 감액손실의 과목으로 재정운영순원가에 반영한다.

예제 5-3 취득원가로 평가하는 시장성 없는 지분증권의 감액손실 회계처리

20×1년 10월 1일 ××부처는 시장성 없는 AA주식 30주를 30,000원(1주당 1,000원)에 취득하였다. 하지만 20×2년 12월 31일 주식발행회사가 완전자본잠식상태에 있다는 것이 공시되었다.

풀이

〈20×2년 12월 31일 기말평가시〉

(차) 투자증권감액손실	30,000	(대) 장기투자증권(지분증권)	30,000

※ 회수가능가액은 지분증권발행자의 순자산을 자산별로 시장가격, 공시지가, 또는 감정가액 등을 적용하여 평가한 공정가액을 말한다. 따라서 완전자본잠식상태인 주식발행회사의 순자산가치는 0이므로 장부가액 전액을 투자증권감액손실로 인식한다.

객관식 문제

1 재정운영표의 구조에 대한 설명 중 적절하지 않은 것은?

① 프로그램총원가에서 프로그램수익을 차감하여 프로그램순원가를 산출한다.
② 재정운영순원가는 프로그램순원가에서 관리운영비, 비교환수익 등을 가감하여 산출한다.
③ 프로그램총원가는 프로그램과 관련하여 발생하여 프로그램별 배부가 가능한 원가를 말한다.
④ 프로그램수익은 교환수익으로서 특정 프로그램으로의 직접적인 추적이 가능한 수익을 말한다.

해답_②

2 수익과 수입의 차이에 대한 설명으로 적절하지 않은 것은?

① 수익은 발생주의 회계에서, 수입은 현금주의 회계에서 사용하는 개념
② 수익은 수입과 달리 비현금거래에서도 발생가능
③ 수익은 수입보다 포괄적인 개념이므로 수입의 증가는 항상 수익의 증가를 초래
④ 회계용어상 수익과 대비되는 개념은 비용이며, 지출은 수입과 대비되는 개념

해답_③

3 국가회계기준에서의 수익인식에 관한 다음 설명 중 타당하지 않은 것은?

① 수익을 그 원천에 따라 교환수익과 비교환수익으로 구분한다.
② 교환수익은 재화 및 용역을 제공한 대가로 발생하는 수익이다.
③ 비교환수익은 직접적인 반대급부 없이 국가회계실체가 지급을 요구할 수 있는 권력을 행사함으로써 발생하는 수익이다.
④ 비교환수익은 항상 순자산변동표에 표시한다.

해답_④

4 프로그램 운영에 직접적으로 소요되지는 않으나, 기관의 기본적인 기능 수행 및 특정사업의 행정 운영과 관련한 인건비와 경비를 의미하는 비용은?

① 프로그램총원가 ② 관리운영비
③ 비배분비용 ④ 배분비용

해답_②

5 「국가회계기준에 관한 규칙」에서 정하는 재정운영표 작성에 관한 설명으로 틀린 것은?
(CPA 기출 문항 활용)

① 중앙관서 또는 기금의 재정운영표를 통합하여 작성하는 국가의 재정운영표는 내부거래를 제거하여 작성하되 재정운영순원가, 비교환수익 등 및 재정운영결과로 구분하여 표시하고, 재정운영결과는 각 중앙관서별로 구분하여 표시한다.
② 국가 수준에서 성질별 재정운영표상의 수익은 국세수익, 이전수익, 국가운영수익으로 구분한다.
③ 세법상 원천징수하는 국세의 경우에는 원천징수의무자가 원천징수한 금액을 신고・납부하는 때에 수익으로 인식한다.
④ 국가가 법령 등을 위반한 자에게 부과하는 벌금, 과료, 범칙금 또는 몰수품으로서 청구권이 확정된 때나 몰수품을 몰수한 때에 그 금액을 확정하기 어려운 경우에는 납부 또는 처분 시점에서 수익을 인식할 수 있다.

해답_①

chapter 6

순자산변동표, 현금흐름표 및 국세징수활동표

제1절 순자산변동표

1. 순자산변동표의 의의

국가회계기준 제23조의 규정에 의하면 순자산은 자산에서 부채를 뺀 금액이라고 정의하며 기본순자산, 적립금및잉여금, 순자산조정으로 구분한다. 이와 같이 순자산은 국가의 자산에서 부채를 차감한 잔여액이며 원천에 따라 구분하고 있으나 기업회계에서 소유주지분인 자본과 같이 그 자체에 중요한 의미를 부여하기는 쉽지 않다.

일반적으로 정부의 순자산은 정부에 의해 통제되고 사회에 귀속되는 순자원을 의미하며, 다음 세대에까지 영향을 미치는 세대간 자본의 성격으로 해석된다. 자산이 부채를 초과하는 경우에는 현 세대의 납세의무자들이 부채를 갚고도 남는 자산을 미래 세대가 사용가능하므로 미래의 납세자들에게 혜택을 줄 것이며, 그 반대의 경우에는 현 세대에 축적한 자산이 부채를 갚기에도 불충분하므로 미래 세대의 비용으로 현 세대의 납세자들이 정부서비스의 혜택을 입고 있다는 것이다.

국가회계의 재무제표 중 하나인 순자산변동표는 보고실체의 회계연도 동안의 순자산의 증감내역을 체계적으로 표시하는 것이 목적이다. 재정상태표에 자산과 부채의 차이로 보고되는 순자산의 회계연도 동안의 변동은 국가회계실체의 투자와 차입 등 자본거래와 재정운영의 결과에 따른 재정상태의 요약적인 변동을 나타낼 수 있으므로 순자산의 변동을 체계적으로 분석할 수 있는 정보를 제공하는 것은 매우 중요하다.

2. 순자산변동표의 구조 및 구성요소

순자산변동표는 국가회계실체의 회계연도 동안 순자산의 변동명세를 표시하는 재무제표로서, 중앙관서 또는 기금의 순자산변동표와 중앙관서와 기금의 순자산변동표를 통합하여 작성하는 국가의 순자산변동표로 구분된다.

중앙관서 또는 기금의 순자산변동표는 기초순자산, 재정운영결과, 재원의 조달 및 이전, 조정항목, 기말순자산으로 구분하여 표시하고, 국가의 순자산변동표는 기초순자산, 재정운영결과, 조정항목, 기말순자산으로 구분하여 표시한다.

재원의 조달 및 이전은 비교환수익과 순자산 증가 또는 감소 효과를 발생시키는 중앙관서간의 무상이전거래로서, 「정부기업예산법」 제3조에 따른 특별회계, 「책임운영기관의 설치·운영에 관한 법률」 제27조에 따른 책임운영기관특별회계 및 기금의 경우에는 재정운영표의 '비교환수익등'에 반영되나, 일반회계나 기타특별회계의 경우에는 순자산변동표의 재원의 조달 및 이전에 반영된다. 국가통합재무제표의 경우 재원의 조달 및 이전은 국가회계실체간 내부거래로서 상계제거되기 때문에 순자산변동표에 나타나지 않는다.

조정항목은 투자증권평가손익, 자산재평가이익, 보험수리적손익 및 기타순자산의 증감 등을 의미한다. 다음은 중앙관서 또는 기금의 순자산변동표의 구조이다.

[도표 6-1] 순자산변동표(부처, 기금)

순자산변동표
당기 : 20XY년 1월 1일부터 20XY년 12월 31일까지
전기 : 20XX년 1월 1일부터 20XX년 12월 31일까지

○○부처, ○○기금 (단위 :)

	주 석	기본 순자산	적립금 및 잉여금	순자산 조정	합 계
Ⅰ. 전기 기초순자산		×××	×××	×××	×××
1. 보고금액		×××	×××	×××	×××
2. 전기오류수정손익	×	×××	×××	×××	×××
3. 회계변경누적효과	×	×××	×××	×××	×××
Ⅱ. 재정운영결과			×××		×××
Ⅲ. 재원의 조달 및 이전			×××		×××
1. 재원의 조달			×××		×××
(1) 국고수입			×××		×××
(2) 사회보험수익			×××		×××
(3) 부담금수익			×××		×××
(4) 제재금수익			×××		×××
(5) 기타 이전수익			×××		×××
2. 재원의 이전			×××		×××
(1) 국고이전지출			×××		×××
(2) 기타 이전비용			×××		×××
Ⅳ. 조정항목		×××	×××	×××	×××
1. 투자증권평가손익	×	–	–	×××	×××
2. 자산재평가이익	×	–	–	×××	×××
3. 보험수리적손익	×	–	×××	–	×××
4. 기타 순자산의 증감	×	×××	×××	×××	×××
5. …	×	×××	×××	×××	×××
Ⅴ. 전기 기말순자산(Ⅰ－Ⅱ＋Ⅲ＋Ⅳ)		×××	×××	×××	×××
Ⅵ. 당기 기초순자산		×××	×××	×××	×××
1. 보고금액		×××	×××	×××	×××
2. 전기오류수정손익	×	×××	×××	×××	×××
3. 회계변경누적효과	×	×××	×××	×××	×××
Ⅶ. 재정운영결과			×××		×××

Ⅷ. 재원의 조달 및 이전			×××		×××
1. 재원의 조달			×××		×××
(1) 국고수입			×××		×××
(2) 사회보험수익			×××		×××
(3) 부담금수익			×××		×××
(4) 제재금수익			×××		×××
(5) 기타 이전수익			×××		×××
2. 재원의 이전			×××		×××
(1) 국고이전지출			×××		×××
(2) 기타 이전비용			×××		×××
Ⅸ. 조정항목		×××	×××	×××	×××
1. 투자증권평가손익	×	—	—	×××	×××
2. 자산재평가이익	×	—	—	×××	×××
3. 보험수리적손익	×	—	×××	—	×××
4. 기타 순자산의 증감	×	×××	×××	×××	×××
5. …	×	×××	×××	×××	×××
Ⅹ. 당기 기말순자산(Ⅵ－Ⅶ＋Ⅷ＋Ⅸ)		×××	×××	×××	×××

[도표 6-2] 순자산변동표(대한민국 정부)

순자산변동표
당기 : 20XY년 1월 1일부터 20XY년 12월 31일까지
전기 : 20XX년 1월 1일부터 20XX년 12월 31일까지

대한민국 정부 (단위 :)

	주 석	기본 순자산	적립금 및 잉여금	순자산 조정	합 계
Ⅰ. 전기 기초순자산		×××	×××	×××	×××
1. 보고금액		×××	×××	×××	×××
2. 전기오류수정손익	×	×××	×××	×××	×××
3. 회계변경누적효과	×	×××	×××	×××	×××
Ⅱ. 재정운영결과			×××		×××
Ⅲ. 조정항목		×××	×××	×××	×××
1. 투자증권평가손익	×	−	−	×××	×××
2. 자산재평가이익	×	−	−	×××	×××
3. 보험수리적손익	×	−	×××	−	×××
4. 기타 순자산의 증감	×	×××	×××	×××	×××
5. …	×	×××	×××	×××	×××
Ⅳ. 전기 기말순자산(Ⅰ − Ⅱ + Ⅲ)		×××	×××	×××	×××
Ⅴ. 당기 기초순자산		×××	×××	×××	×××
1. 보고금액		×××	×××	×××	×××
2. 전기오류수정손익	×	×××	×××	×××	×××
3. 회계변경누적효과	×	×××	×××	×××	×××
Ⅵ. 재정운영결과			×××		×××
Ⅶ. 조정항목		×××	×××	×××	×××
1. 투자증권평가손익	×	−	−	×××	×××
2. 자산재평가이익	×	−	−	×××	×××
3. 보험수리적손익	×	−	×××	−	×××
4. 기타 순자산의 증감	×	×××	×××	×××	×××
5. …	×	×××	×××	×××	×××
Ⅷ. 당기 기말순자산(Ⅴ − Ⅵ + Ⅶ)		×××	×××	×××	×××

3. 순자산변동표항목의 산출 및 회계처리

(1) 기초순자산

기초순자산은 전기에 이미 보고된 순자산의 금액이다. 그러나 해당 금액이 당기에 발생한 회계정책의 변경이나 중대한 전기오류수정으로 인하여 변동된 경우에는 전기에 이미 보고된 금액을 별도로 표시하고 회계정책변경이나 오류수정이 매 회계연도에 미치는 영향을 가감한 후 기초순자산을 표시한다.

1) 전기오류수정손익

오류수정이란 전기 또는 그 이전 기간의 재무제표를 작성할 때 발생하였던 오류를 당기에 발견하여 이를 수정하는 것을 의미한다. 당기에 발견한 전기 또는 그 이전 기간의 오류는 당해 재정운영표에 '전기오류수정이익' 또는 '전기오류수정손실'의 계정과목으로 반영한다. 다만, 중대한 오류에 대해서는 오류가 발생한 회계연도의 재무제표항목을 수정하여 재작성해야 한다. 이 경우 비교재무제표를 작성할 때에는 전기 이전에 발생한 오류를 수정함에 따른 영향은 전기 순자산변동표의 기초순자산에 반영한다.

예제 6-1 전기오류수정손익에 대한 회계처리

Y부처는 20×1년 1월 1일에 건물을 20,000,000원(내용연수 40년, 잔존가액 없음, 정액법 상각)에 취득하였다. 이에 대하여 20×1년, 20×2년, 20×3년에 감가상각을 수행하지 아니한 것을 20×4년 결산시 발견하였다. 이에 대하여 Y부처는 20×4년 오류수정을 수행한 후 20×4년 감가상각을 수행하려고 한다. 재무제표에 미치는 영향이 중대하다고 판단되는 경우 이에 대한 회계처리는 다음과 같다.

풀이

〈20×4년 12월 31일 재정상태표일 결산시〉

(차) 전기오류수정손실*	1,500,000	(대) 건물감가상각누계액	1,500,000
(차) 건물감가상각비**	500,000	(대) 건물감가상각누계액	500,000

* 20×1년~20×3년 감가상각비 : 20,000,000원/40년×3년=1,500,000원

** 20×4년 감가상각비 : 20,000,000원/40년=500,000원

(예제 6-1)에서 오류발견 전 전기(20×0년)말 순자산가액을 200,000,000원(기본순자산 100,000,000원과 적립금및잉여금 100,000,000원으로 구성)으로 가정할 경우 20×1년 순자산변동표의 기초순자산은 다음과 같이 표시된다(오류로 인한 영향은 적립금및잉여금에만 영향을 미치는 것으로 가정).

	기본순자산	적립금및잉여금	순자산조정	합 계
Ⅰ. 기초순자산	100,000,000	98,500,000	–	198,500,0000
1. 보고금액	100,000,000	100,000,000	–	200,000,000
2. 전기오류수정손익	–	(1,500,000)	–	(1,500,000)
3. 회계변경누적효과	–	–	–	–

2) 회계변경누적효과

회계정책의 변경은 국가회계기준 등 또는 관련법규의 개정이 있거나, 회계정보의 유용성을 향상시키기 위하여 새로운 회계정책을 적용하는 것을 의미한다. 새로운 회계정책의 적용에 따라 전기 재무제표의 순자산에 미치는 영향은 새로운 회계정책이 적용되는 해당 연도의 기초순자산에 '회계변경누적효과'로 반영한다.

순자산변동표에서 회계변경누적효과를 반영하여 기초순자산의 보고금액을 수정하는 방법은 위 오류수정의 경우와 동일하다.

(2) 재정운영결과

순자산변동표의 재정운영결과에 보고되는 금액은 재정운영표의 재정운영결과와 동일한 금액이다. 한 회계연도 동안의 보고실체의 수익이 비용을 초과하는 경우 양(+)의 재정운영결과로서 순자산을 증가시키며, 비용이 수익을 초과하는 경우 음(−)의 재정운영결과로서 순자산을 감소시킨다.

(3) 재원의 조달 및 이전

재원의 조달은 비교환수익과 국고수입을 의미한다. 비교환수익은 직접적인 반대급부 없이 발생하는 국세, 부담금, 기부금, 무상이전 및 제재금 등의 수익을 의미하고, 국고수입은 일반회계와 기타특별회계에서만 발생하는 것으로 배정받은 예산을 집행함으로써 실제 사용한 예산금액을 의미한다.

비교환수익은 일반회계나 기타특별회계의 경우에는 순자산변동표의 '재원의 조달 및 이전'에 반영되나, 「정부기업예산법」 제3조에 따른 특별회계, 「책임운영기관의 설치·운영에 관한 법률」 제27조에 따른 책임운영기관특별회계 및 기금의 경우에는 재정운영표의 비교환수익등에 반영된다.

국고수입은 일반·특별회계에서 국고금회계로부터 배정받은 국고를 실제로 집행할 때 사용하는 계정이며, 국고이전수입은 일반·특별회계에 수납된 수입금을 국고금회계로 이전시킬 때 국고금회계에서 사용하는 계정이다.

예제 6-2 국고수입 및 국고이전수입 인식과 관련된 회계처리

① ○○씨는 20×1년 5월 31일자로 기한이 마감되는 소득세 6백만원을 신고납부하였다.
② ○○부처 ○○일반회계에서 정부산하기관에 장기로 5억원을 대여하기 위하여 기획재정부의 승인을 득하여 예산 내에서 집행하였다.

풀이

① 〈국세청-일반회계〉

(차) 국고이전지출	6,000,000	(대) 소득세수익	6,000,000

〈국고금회계-일반회계계정〉

(차) 한국은행국가예금	6,000,000	(대) 국고이전수입	6,000,000

② 〈○○부처 ○○회계〉

(차) 장기융자금	500,000,000	(대) 국 고 수 입	500,000,000

〈국고금회계〉

(차) 세출예산지출액	500,000,000	(대) 한국은행국가예금	500,000,000

재원의 이전은 순자산 감소효과를 발생시키는 중앙관서간의 무상이전거래와 국고이전지출을 의미한다. 중앙관서간의 무상이전거래는 무상이전지출과 기타재원이전을 포함한다.

중앙관서간의 무상이전거래는 일반회계와 기타특별회계의 경우 순자산변동표상 '재원의 조달 및 이전' 항목에 반영되고, 국가결산보고서의 경우 내부거래 상계 후 잔액이 재정운영표상 '기타재원 조달 및 이전' 항목에 반영된다.

국고이전지출은 일반·특별회계에 수납된 수입금을 국고금회계로 이전시킬 때 일반·특별회계에서 사용하는 계정이며, 세출예산지출액은 각 정부부처에 대한 정부의 예산배정 후 실제 집행시 국고금회계에서 사용하는 계정이다. 국고이전지출과 세출예산지출액의 사례는 상대부처의 입장에서 보면 국고이전수입에서 본 (예제 6-2)의 사례와 동일하다.

(4) 순자산조정

순자산변동표의 순자산조정항목은 투자증권평가손익, 자산재평가이익, 보험수리적손익 및 기타순자산의 증감이다.

1) 투자증권평가손익

투자목적으로 취득한 투자증권은 재정상태표일 현재 신뢰성 있게 공정가액을 측정할 수 있는 경우 공정가액으로 평가해야 한다(국가회계기준 제33조). 이 경우 장부가액과 공정가액의 차이금액은 순자산변동표상 순자산 조정항목으로 인식한다.

공정가액은 '합리적인 판단력과 거래의사가 있는 독립적인 당사자 사이의 거래에서 자산이 교환되거나 부채가 결제될 수 있는 금액'으로 정의되는데, 상장주식 등 유가증권의 경우 시가가 공정가격이 된다. 시가가 없는 경우 '공정가액'을 신뢰성 있게 추정할 수 있으면 추정된 공정가액을 사용한다.

예제 6-3 투자증권평가손익에 대한 회계처리

A부처는 일반회계에서 자금운용 목적으로 20×1년 1월 1일에 만기가 재정상태표일로부터 1년 이상인 지분증권을 500,000,000원에 취득하였다. 이에 대하여 20×1년말 지분증권의 공정가액은 520,000,000원이었다. 취득시와 결산시의 회계처리는 다음과 같다.

풀이

〈20×1년 1월 1일 취득시〉

(차) 장기투자증권	500,000,000	(대) 한국은행국가예금	500,000,000

〈20×1년 12월 31일 결산시(재정상태표일)〉

(차) 장기투자증권	20,000,000	(대) 투자증권평가이익*	20,000,000

* 기말결산시 장기투자증권의 시가와 취득가액의 차이금액을 순자산변동표상 조정항목인 투자증권평가이익에 반영한다.

2) 기타순자산의 증감

순자산변동표상 순자산의 조정이 전기오류수정손익, 회계변경누적효과, 납입자본의 증감, 투자증권평가손익 및 파생상품평가손익 이외의 순자산의 변동으로 인해 필요한 경우이며, 국가회계실체의 무주물취득, 양여 등 정부외에 대한 자산의 수증 및 기부 등으로 인해 순자산이 증가하거나 감소하는 경우를 포함한다.

제 2 절 현금흐름표

1. 현금흐름표의 의의

현금흐름표가 2025년부터 국가회계법령상 재무제표에 신규로 포함된다.[1] 그 이전에는 재정상태표, 재정운영표, 순자산변동표, 주석이 국가회계법상의 재무제표였으나, 현금흐름표가 국가재무제표에 포함되면서 재정상태표, 재정운영표, 순자산변동표, 현금흐름표, 주석이 국가재무제표의 구성 항목이 되었다.

우리나라 국가회계의 발생주의 도입 당시 현금흐름 정보는 세입·세출 결산을 통해 파악가능하다고 판단하여 현금흐름표의 도입은 보류되었다. 그러나 세입·세출 결산이 회계, 기금별로 분산되고 예산과목별로만 집계되어 통합적인 현금흐름 정보를 제공하지 못하고, 현금흐름표를 통해 확인할 수 있는 정보(예 : 각 활동별 현금흐름)를 한눈에 검토하기 어려운 점이 있으며, 총잉여금·재정운영결과조정표가 발생주의 정보와 현금주의 정보의 차이내역만을 공시하여 실질적 현금흐름 파악이 곤란하다는 것이 현금흐름표의 도입 배경이다. 또한 국가회계의 발생주의 도입국가의 대부분이 현금흐름표를 도입하고 있다는 점도 있었다. 이에 따라 현금흐름표 도입으로 인해 국가 현금흐름을 재정활동별(정부 운영, 투자, 재무 활동), 계정별(유형, 무형, 투자 자산 등)로 구분하여 체계적으로 파악할 수 있게 되고, 재정활동별로 현금 조달원천과 집행결과를 집계하여 현금흐름 정보

1) 국가회계법 제14조, 국가회계기준에 관한 규칙 제5조, 기획재정부(2022.12.16) 국가결산보고서 개편 방안.

를 한눈에 파악하는 동시에 현금흐름의 질을 분석하는 등 심층적인 분석이 가능할 것으로 기대하고 있다.

국가재무제표 현금흐름표에서 "현금"은 「금융자산과 금융부채 회계처리지침」에 따른 "현금및현금성자산"으로 통화 및 타인발행수표 등 통화대용증권과 보통예금, 당좌예금 및 큰 거래비용 없이 현금으로 전환이 용이하고 이자율 변동에 따른 가치변동의 위험이 중요하지 않은 증권 및 금융상품으로서 취득 당시 만기일이 3개월 이내인 것을 말한다.

2. 현금흐름표의 구조와 내용

국가재무제표에서의 현금흐름표는 국가활동을 운영활동, 투자활동, 재무활동으로 나누어 각 활동별 현금흐름을 파악하도록 되어 있는데, 운영활동은 경상적인 정부운영에 따른 현금유입(국세수익 등), 유출(인건비 등)을 보이고, 투자활동은 금융상품, 투자증권, 유형자산 등 정부가 경제적 효익 창출을 위해 매매하는 자산의 취득(현금유출)·처분(현금유입)을 보이며, 재무활동은 차입금 등 재정상태표상 재무활동과 관련된 계정과목의 증감 및 상환을 보인다. 참고로 현금흐름표의 구성은 각국 사례, 회계기준별로 용어 차이는 있으나 공통적으로 아래와 같이 세 가지 활동으로 분류하여 현금흐름이 집계된다.

[도표 6-3] 기준별 현금흐름 집계 유형

IPSAS	영국, 호주 등	GFS '01	지자체 회계	비영리조직 회계기준
• operating activity • investing activity • financing activity	• operating activity • investing activity • financing activity	• operating activity • investments in nonfinancial asset • financing activity	• 경상활동 • 투자활동 • 재무활동	• 사업활동 • 투자활동 • 재무활동

(자료 : 기획재정부(2022.12.16) 국가결산보고서 개편 방안)

운영활동으로 인한 현금흐름은 투자활동과 재무활동에 속하지 않은 활동으로 인한 현금흐름이며 국가의 기본적인 활동수행에 대한 현금흐름 정보로 조세수입 등 현금유입과 서비스 제공 등 현금유출에 대한 정보를 제공한다. 즉, 국세의 징수, 정책사업 운영 및 관리 활동 등 투자활동과 재무활동에 속하지 아니하는 모든 활동에서 발생하는 현금 유입과 유출을 말한다. 운영활동으로 인한 현금유입과 유출의 예시는 다음과 같다.

[도표 6-4]
운영활동으로 인한 현금 유출입 예시

운영활동으로 인한 현금유입 (Cash Inflow)	운영활동으로 인한 현금유출 (Cash Outflow)
• 국세, 부담금, 제재금의 징수 등에 따른 현금유입 • 재화의 판매와 용역의 제공에 따른 현금유입 • 연금·보험사업을 수행하는 경우 연금·보험수익과 관련된 현금유입 • 이자와 배당금의 수취에 따른 현금유입 • 전입금, 국고수입 등 타 국가회계실체와의 이전거래에 따른 현금유입	• 보조금, 출연금, 교부금의 지급에 따른 현금유출 • 재화와 용역의 구입에 따른 현금유출 • 국가의 근무용역을 제공하는 자와 관련하여 직·간접적으로 발생하는 현금유출 • 연금·보험사업을 수행하는 경우 연금·보험비용과 관련된 현금유출 • 이자 지급에 따른 현금유출 • 전출금, 국고이전지출 등 타 국가회계실체와의 이전거래에 따른 현금유출

투자활동으로 인한 현금흐름은 국가가 지속적인 행정서비스 제공을 위한 자산취득, 정책목적 달성을 위한 융자 실행 및 금융자산 매입, 매각 등에 따른 현금흐름 정보를 제공한다. 즉, 현금의 대여와 회수 활동, 투자증권 및 유·무형자산의 취득과 처분 활동 등으로 인한 현금흐름을 말하는데, 재정상태표상 자산으로 인식되는 지출 등과 관련된 현금흐름 등을 표시한다. 투자활동으로 인한 현금 유입과 유출의 예시는 다음과 같다.

[도표 6-5]
투자활동으로 인한 현금 유출입 예시

투자활동으로 인한 현금유입 (Cash Inflow)	투자활동으로 인한 현금유출 (Cash Outflow)
• 대여금의 회수에 따른 현금유입 • 금융상품, 투자증권, 유·무형자산의 처분에 따른 현금유입	• 현금의 대여, 금융상품, 투자증권, 유·무형자산의 취득에 따른 현금유출

재무활동으로 인한 현금흐름은 국가 지출재원 마련을 위한 부채 발행 및 상환 규모에 대한 정보를 제공하는데, 차입·상환 및 출연금의 증가 등 부채와 순자산에 영향을 미치는 현금흐름이다. 이 현금흐름 정보로 인해 정부 지출 중 조세수입과 세외수입으로 충당하지 못한 부분에 대하여 국채 발행 등의 규모 파악

을 가능하게 할 것으로 보인다. 재무활동으로 인한 현금 유입과 유출의 예시는 다음과 같다.

[도표 6-6]
재무활동으로 인한 현금 유출입 예시

재무활동으로 인한 현금유입 (Cash Inflow)	재무활동으로 인한 현금유출 (Cash Outflow)
• 국 · 공채의 발행, 차입금의 차입, 출연금의 증가에 따른 현금유입	• 국 · 공채의 상환, 차입금의 상환, 출연금의 감소, 리스부채의 상환에 따른 현금유출

통상적으로 현금흐름표는 운영활동 작성방식에 따라 직접법과 간접법으로 구분되고, 민간회계에서는 간접법으로 현금흐름표를 작성하는 것이 대다수의 보고 형태이다. 그러나 국가회계는 직접법 방식이 보다 적합하여 직접법으로 보고하는 것을 원칙으로 하고 있다. 즉, 현금을 수반하여 발생한 수익 또는 비용 항목을 총액으로 표시하되, 운영활동의 보고 방식에 있어 현금의 유입은 원천별로, 현금의 유출은 용도별로 각각 분류하는 직접법으로 작성하는 것을 원칙으로 한다. 직접법 적용시 총현금유입과 총현금유출의 주요 항목별 정보는 회계기록을 통하여 얻거나 재정운영표의 수익 · 비용에 다음 항목을 조정하여 얻을 수 있다.

[도표 6-7]
직접법 적용시 적용대상 항목

- 운영활동에 관련된 채권 · 채무 등 자산 · 부채의 변동
- 기타 비현금항목
- 투자활동 현금흐름이나 재무활동 현금흐름으로 분류되는 기타 항목

현금흐름표에서 현금의 유입과 유출 내용에 대하여는 기중 증가 또는 기중 감소를 상계하지 아니하고 각각 총액으로 표시한다. 다만, 거래가 빈번하여 총금액이 크고 단기간에 만기가 도래하는 현금의 유입과 유출 항목, 현금흐름이 국가회계실체의 활동이 아닌 상대방의 활동을 반영하는 경우로서 이를 대리함에 따라 발생하는 현금의 유입과 유출 항목은 순증감액으로 표시할 수 있다. 국 · 공채 발행으로 인한 현금유입시에는 발행금액으로 표시한다.

현금흐름표와 관련하여 유형자산의 연불구입, 리스로 자산을 취득하는 경우 등 현금의 유입과 유출이 없는 거래 중 유의적인 거래를 주석으로 공시한다.

[도표 6-8]
현금흐름표

현금흐름표
당기 : 20XY년 1월 1일부터 20XY년 12월 31일까지
전기 : 20XX년 1월 1일부터 20XX년 12월 31일까지

○○부처, ○○기금, 대한민국 정부 (단위 :)

	주 석	20XY	20XX
Ⅰ. 운영활동으로 인한 현금흐름	×	×××	×××
1. 운영활동으로 인한 현금유입		×××	×××
(1) 국세수입		×××	×××
(2) 사회보험수입		×××	×××
(3) 부담금·제재금수입		×××	×××
(4) 이자수입		×××	×××
…			
2. 운영활동으로 인한 현금유출		×××	×××
(1) 보조금 지급		×××	×××
(2) 출연금 지급		×××	×××
(3) 지방교부금 지급		×××	×××
(4) 사회보험지출		×××	×××
(5) 인건비 지급		×××	×××
(6) 이자지급		×××	×××
…			
Ⅱ. 투자활동으로 인한 현금흐름	×	×××	×××
1. 투자활동으로 인한 현금유입		×××	×××
(1) 금융상품, 투자증권 처분		×××	×××
(2) 대여금 회수		×××	×××
(3) 일반유형자산, 사회기반시설 처분		×××	×××
(4) 무형자산 처분		×××	×××
…			
2. 투자활동으로 인한 현금유출		×××	×××
(1) 금융상품, 투자증권 취득		×××	×××
(2) 대여금 지급		×××	×××
(3) 일반유형자산, 사회기반시설 취득		×××	×××
(4) 무형자산 취득		×××	×××
…			
Ⅲ. 재무활동으로 인한 현금흐름	×	×××	×××
1. 재무활동으로 인한 현금유입		×××	×××
(1) 국공채 발행		×××	×××
(2) 차입금 차입		×××	×××
…			
2. 재무활동으로 인한 현금유출		×××	×××
(1) 국공채 상환		×××	×××
(2) 차입금 상환		×××	×××
…			
Ⅳ. 현금의 증감(Ⅰ+Ⅱ+Ⅲ)		×××	×××
Ⅴ. 기초의 현금		×××	×××
Ⅵ. 기말의 현금(Ⅳ+Ⅴ)		×××	×××

제3절 국세징수활동표

1. 국세징수활동표의 의의

국세징수활동표란 국세청과 같은 기관이 국가를 대신하여 세입을 징수·수납하고, 이를 통합국고에 이전하는 재무활동에 대한 보고서를 말한다. 국세징수활동표는 국세를 징수하는 활동으로 인해 당해 발생한 회수가능 세금(국세수익) 중 실제로 징수하여 국고에 귀속된 세금(국고이전지출)이 얼마인지를 나타내는 국(관)세청 및 기획재정부에서 작성하는 국가재무제표의 주석에 포함된다. 국세수익은 국가의 재정수입을 위하여 국가가 부과징수하는 관세 및 내국세의 회수가능가액을 의미한다. '국세수익'은 해당 수익에서 '국세환급금'을 차감한 잔액으로 표시된다.

국가의 경우 정부형 회계, 즉 일반회계 및 기타특별회계는 국고통일의 원칙에 의하여 모든 세입은 직접 사용이 금지되고 국고에 통합해야 한다. 국세청과 관세청 등 세입징수기관은 관련 세법에 의하여 조세를 징수하지만 그 회계소관인 기획재정부의 통합국고에 징수한 세금을 불입해야 한다.

2. 국세징수활동표의 구조와 내용

국세징수활동표의 양식은 [도표 6-9]와 같으며 국세수익과 처분 내역을 보고한다. 국세수익은 총발생금액에서 대손상각비를 차감하여 순액을 산출한다. 처분은 국고이전지출에 타회계이전, 물납과 미수국세증감을 가산하고 대손충당금을 차감하여 계산한다.

[도표 6-9]
국세징수활동표 양식

	20XY		20XX	
Ⅰ. 국세수익		×××		×××
1. 국세수익발생금액		×××		×××
(1) 소득세수익	×××		×××	
(2) 법인세수익	×××		×××	
(3) 부당이득세수익	×××		×××	
(4) 상속세수익	×××		×××	
(5) 증여세수익	×××		×××	
(6) 재평가세수익	×××		×××	
(7) 부가가치세수익	×××		×××	
…				
2. 대손상각비		(×××)		(×××)
3. 대손충당금환입		×××		×××
Ⅱ. 처분		×××		×××
1. 국고이전지출		×××		×××
(가) 총현금수입	×××		×××	
(1) 소득세수입	×××		×××	
(2) 법인세수입	×××		×××	
(3) 부당이득세수입	×××		×××	
(4) 상속세수입	×××		×××	
(5) 증여세수입	×××		×××	
(6) 재평가세수입	×××		×××	
(7) 부가가치세수입	×××		×××	
…				
(나) 국세환급금	(×××)		(×××)	
2. 타회계이전		×××		×××
3. 물납		×××		×××
4. 미수국세의 증(감)		×××		×××
5. 대손충당금의 증(감)		(×××)		(×××)
Ⅲ. 차감 계		–		–

3. 국세징수활동표의 회계처리

(1) 국세수익의 종류

국세징수활동표에 보고되는 수준별 항목(회계과목)은 다음과 같다.

주 석	I	II	III
국세징수활동표	국세징수	국세수익	소득세수익
			법인세수익
			부당이득세수익
			상속세수익
			증여세수익
			재평가세수익
			부가가치세수익
			특별소비세수익
			주세수익
			전화세수익
			증권거래세수익
			인지세수익
			관세수익
			방위세수익
			교통·에너지·환경세수익
			교육세수익
			농어촌특별세수익
			종합부동산세수익
			토지초과이득세수익
			지방교육양여세수익
			기타내국세수익
			개별소비세수익

(2) 국세징수활동표상 국세수익 및 국고이전지출

납세자가 국(관)세를 국고금수납대리점에 신고, 납부하는 경우 국(관)세청 및 기획재정부는 국세징수활동표에 해당 세목의 '국세수익'으로 계상함과 동시에 '국고이전지출'로 회계처리를 하고, 국고금회계에서는 이를 받아 현금으로 계상함과 동시에 '국고이전수입'으로 처리한다. 다만, 부과고지되는 국(관)세의 경우에는 부과고지시점에 '국세수익'을 인식함과 동시에 '미수국세'를 계상하였다가 납부시점에 '미수국세'의 회수처리를 한 후 국고로 이전되는 수납액을 '국고이전지출'로 처리한다. 다만, 이 경우 국세징수활동표상의 수입은 국(관)세청, 기획재정부 해당 회계에 속하는 수익이 아니므로 재정운영표가 아닌 국세징수활동표(국세청, 관세청, 기획재정부)에 표시된다.

'국세수익'은 현금주의가 아닌 발생주의에 의하여 계상된 수익으로 미수채권을 포함하나, '국고이전지출'은 현금수입만을 국고금회계로 이전한다.

(3) 재정운영표상 국세수익 및 국세징수활동표상 국세수익의 관계

1) 중앙관서 결산

'국세수익'은 국가재정수입의 대부분을 차지하는 주수입원으로 징수기관을 통해 조성된 재원은 각 중앙관서 및 회계·기금에 예산배정된다. 각 중앙관서 및 회계·기금은 국세수익 등을 재원으로 하여 예산배정을 받은 후 각종 지출의 집행이 가능하게 된다. 따라서 중앙관서 결산의 관점에서는 국세수익을 징수기관의 수익으로 보지 않고 별도의 국세징수활동표를 작성하여 국세의 부과 및 징수 내역을 기재하도록 하고, 각 중앙관서 및 회계·기금은 국세수익 등을 재원으로 하여 자금배정을 받은 후 각종 지출을 집행하고 있으며, 해당 지출이 집행될 때 국고이전수입(순자산변동표)으로 처리한다.

예제 6-4 국세수익의 회계처리

○○씨는 20×1년 증여세 1억원을 고지받았고, 그중 8천만원을 납부하였다.

풀이

〈국세청 일반회계〉

① 징수결의시

(차) 미 수 국 세 (재정상태표)	100,000,000	(대) 국 세 수 익 (국세징수활동표)	100,000,000

② 수납시

(차) 국고이전지출 (국세징수활동표)	80,000,000	(대) 미 수 국 세 (재정상태표)	80,000,000

〈기획재정부 일반회계〉
별도의 회계처리 없음

〈국고금회계〉

(차) 한국은행국가예금	80,000,000	(대) 국고이전수입	80,000,000

이와 같이 회계처리할 경우 국세수입은 예산회계에서는 기획재정부의 세입으로 처리되나, 중앙관서 재무결산시에는 재정운영표에 표시되지 않아 예산결산상 총잉여금과 재무결산상 재정운영결과의 차이를 발생시키게 되므로 기획재정부의 총잉여금·재정운영결과조정표 작성시 국세수입을 차이항목으로 표시한다.

2) 국가결산

국가결산보고서의 관점에서는 '국세수익'은 국가재정의 직접적인 수입원으로 각 중앙관서의 경우와 같이 예산배정의 절차를 통해 재원을 조달하는 것이 아니므로 재정운영표의 비교환수익등의 '국세수익'으로 직접 표시된다.

4. 처 분

처분이란 국세수익 인식에 따른 순자산 증가가 현금수납액의 국고이전 등에 의해 감소되는 것을 의미하며, 국고이전지출, 물납 등에 따른 타회계이전, 미수국세채권의 증감을 포함한다.

5. 기 타

(1) 국세의 물납제도 및 회계처리

상속세에서는 유동성 부족으로 인하여 조세를 금전으로 납부하기 곤란한 경우 다른 자산으로 대신 납부하도록 물납규정을 두고 이를 허용하고 있다. 물납과 관련된 규정 및 물납자산의 회계처리는 다음과 같다.

① 상속세에서 상속재산 중 부동산과 유가증권의 가액이 해당 상속재산가액의 2분의 1을 초과하고, 상속세 납부세액이 2천만원을 초과하며, 상속세 납부세액이 법령상의 금융재산의 가액을 초과하는 경우 부동산과 유가증권으로 납부할 수 있도록 하고 있다.
② 국세를 물납받은 경우 해당 자산은 국세청을 통하여 기획재정부로 이전하게 되고 한국자산관리공사에 위탁하게 된다.
③ 국세청은 물납으로 취득하는 부동산은 취득시 '건설중인기타의유형자산'(재정상태표)으로 분류하고 기획재정부 이관시 타회계이전(국세징수활동표)으로 처리하며, 유가증권은 투자증권으로 분류한다.
④ 이때 부동산 및 유가증권의 취득가액은 물납하고자 하는 국세금액으로 한다. 물납자산의 경매에 의하여 미수국세를 회수할 때의 처분손익은 국가에 귀속된다.
⑤ 물납으로 수취한 부동산도 기획재정부 이관에 따른 본계정 대체시 일반유형자산의 상각규정에 따라 상각한다.

(2) 국세징수활동표상 대손상각비 및 재정운영표상 대손상각비의 관계

국세징수활동표는 국세징수와 관련된 모든 정보를 포함하는 주석에 반영되는 정보이므로 미수국세에 대한 대손상각비를 '국세징수활동표'에 반영한다. 다만, 국가재정운영표에서는 대손상각비를 국세수익에서 차감하는 형식으로 표시한다. 따라서 재정운영표상 대손상각비는 미수국세에 대한 대손상각비를 제외한 국가채권에 대한 대손상각비만 포함하게 된다.

객관식 문제

1 순자산변동표에 대한 다음 설명 중 맞지 않는 것은?

① 국가회계실체의 회계연도 동안 순자산의 변동명세를 표시하는 재무제표이다.
② 중앙관서의 순자산변동표는 기초순자산, 재정운영결과, 재원의 조달 및 이전, 조정항목, 기말순자산으로 구분한다.
③ 국가의 순자산변동표는 기초순자산, 재정운영결과, 재원의 조달 및 이전, 조정항목, 기말순자산으로 구분하여 표시한다.
④ 순자산변동표는 재정상태표, 재정운영표와 같이 국가회계의 재무제표에 속한다.

해답_③

2 순자산변동표의 기초순자산과 관련이 없는 것은?

① 보고금액(전기 보고된 순자산금액)
② 전기오류수정손익(중대한 오류인 경우)
③ 회계변경누적효과
④ 재정운영결과

해답_④

3 '재원의 조달 및 이전'에 대한 설명 중 타당하지 않은 것은?

① 재원의 조달 및 이전은 비교환수익과 순자산 증가 또는 감소효과를 발생시키는 중앙관서간의 무상이전거래를 의미한다.
② 기업특별회계, 책임운영기관특별회계, 기금의 경우에는 재정운영표의 비교환수익 등에 반영된다.
③ 일반회계나 기타특별회계의 경우에는 순자산변동표에 반영된다.
④ 국가재무제표 작성시에는 재정상태표의 순자산조정으로 반영된다.

해답_④

4 다음 중 순자산의 조정항목에 해당하지 않는 것은?

① 자산재평가이익 ② 전기오류수정손익

③ 투자증권평가손익 ④ 보험수리적손익

해답_②

5 국세징수활동표에 대한 다음 설명 중 맞지 않는 것은?

① 국세징수활동표는 주석으로 국가재무제표에 포함된다.

② 국세징수활동표는 국세수익, 처분, 차감계로 구성된다.

③ 국세징수활동표상 국세수익은 국가재정운영표의 국세수익으로 기재된다.

④ 국세 및 관세 징수활동으로 발생한 수익과 처분에 대한 정보를 제공한다.

해답_①

chapter 7

국고금회계와 기금회계

제1절 국고금회계

1. 국고금회계의 의의

국가를 재산권의 주체로서 인식하여 이를 국고라 하고, 국고에 속하는 현금의 총칭을 국고금이라 한다. 여기에는 세입금·세출금과 세입세출 외의 현금을 포함한다.

국고금관리법 제2조는 국고금의 정의를 다음과 같이 제시하고 있다.

① 국고금이란 법령 또는 계약 등에 의하여 국가의 세입으로 납입되거나 기금(동법 제3조 제1항 제2호의 규정에 의한 기금을 말함)에 납입된 모든 현금 및 현금과 동일한 가치를 가지는 것으로서 대통령령이 정하는 것을 말한다.

② 국고금은 동법 제32조의 규정에 따라 재정증권의 발행 또는 한국은행으로부터의 일시차입에 의하여 조달된 현금 등과 동법 제34조의 규정에 따라 국고여유자금의 운용목적으로 취득한 금융자산을 포함한다.

국고금의 취급은 국고통일의 원칙에 따라 한국은행이 일괄하여 행한다(국고금관리법 제31조, 한국은행법 제71조). 각 중앙관서의 장은 법률에 특별한 규정이 없는 한 해당 중앙관서에서 발생하는 수입을 국고에 납부해야 하며 직접 사용하지 못하고 또한 세출의 경우에도 예산배정에 의하여 통합 국고금에서 자금을 받아 집행하는데, 국고금회계는 이러한 국고자금의 통합관리를 위한 자금관리회계를 말한다. 세입·세출예산의 적용을 받지 않고 특별한 자금을 운용하기 위한 기금(중앙관서의 장이 관리하는 기금과 민간기금 포함)과 자금운용의 특수성을 인정해야 하는 기업특별회계(책임운영기관회계를 포함) 및 예산외 우체국보험특별회계는 국고금회계의 적용에서 제외된다.

국고금회계가 적용되는 일반회계와 기타특별회계의 경우 국고통일의 원칙에 따라 각 중앙관서의 장은 모든 세입을 기획재정부의 국고계정에 불입한 후 예산배정을 통해 지출재원을 마련한다. 따라서 일반회계와 기타특별회계의 경우 수입과 지출이 발생하면 국고금회계를 통해 국고계정에 불입하고, 국고계정에서 지출하는 회계처리를 하게 된다.

2. 국고금의 회계 및 재무제표 표시

(1) 국고금의 회계처리 원칙

발생주의 재무제표의 계정과목상 국고금은 일반·특별회계 및 중앙관서의 장이 관리·운용(기금의 관리 또는 운용 업무를 위탁한 경우를 포함)하는 기금이 보유하고 있는 국고금관리법상 국고금으로, 현금통화 및 보통예금, 당좌예금, 여유자금 운용 목적으로 취득하는 통화대용증권을 비롯하여 현금전환이 용이하고 이자율변동에 따른 가치변동 위험이 중요하지 않은 유가증권 및 단기금융상품 등을 의미한다.

일반회계와 특별회계의 재원이 되는 모든 수입은 각 개별회계에서는 '국고이전지출'로 처리하고 국고금회계에서는 '국고이전수입'으로 처리한다. 지출시는 국고금회계에서는 '세출예산지출액'으로 처리하고 일반회계 및 특별회계에서는 '국고수입'으로 처리한다. 다만, 국고금관리법 제12조의 규정에 의하여 금고은행이 수납의 사무를 취급하고 있는 경우에는 국고금회계에 의하여 처리하지 아니한다. 일상적인 지출목적의 관서운영경비로 배정받는 경우에는 '국고예금' 계정을 사용하게 된다. 국고금회계에서는 해당 회계로 관서운영경비 지출시 '세출예산지출액'으로 처리한다.

(2) 결산보고서에의 반영

국고금회계는 기획재정부의 독립된 하부 회계로서 독립적으로 결산을 수행하며, 중앙관서 통합재무제표에 국고금회계를 추가반영하여 국가결산보고서 재무제표를 작성한다. 국고금회계의 '국고이전수입'에서 '세출예산지출액'을 차감한 잔액이 일반회계 및 특별회계와 관련하여 예산상 당해 연도에 발생한 '세계잉여금'으로, 재무제표에는 당해 연도 '국고금'의 순증가분으로 반영된다.

(3) 여유자금운용

국고금은 국고금관리법 제32조의 규정에 따라 재정증권의 발행 또는 한국은행으로부터의 일시차입에 의하여 조달된 현금 등과 동법 제34조의 규정에 따라 국고여유자금의 운용목적으로 취득한 금융자산을 포함하도록 하고 있다. 따라서 국고금의 여유자금 운용목적으로 취득하는 정기예적금 등의 금융상품과 투자증권 등은 국고금회계에서는 별도의 계정으로 구분관리하여 해당되는 계정과목으로 각각 처리한다. 국가결산보고서 재무제표 작성시에는 '국고금여유자금운용액' 계정과목으로 통합하여 재정상태표에 현금및현금성자산으로 표시한다.

3. 국고금의 회계처리

(1) 국고금수납

국고금수납은 수입발생시 국세징수활동표에 반영되는 국(관)세청에서 징수하는 세금과, 기타 일반적으로 재정운영표에 반영되는 수익으로 나눌 수 있다.

1) 국(관)세청 징수세금 수납시

납세자가 국(관)세를 납부하는 경우 국(관)세청 등은 국세징수활동표에 '국세수익'의 해당 세목의 수익으로 계상함과 동시에 국고로 이전하는 회계처리를 하고, 국고금회계에서는 이를 받아 현금으로 계상함과 동시에 국고이전수입으로 처리한다. 이때, 신고하였으나 납부하지 아니한 미수채권의 경우에는 국고금회계로 이전되지 아니하고 실제 납부한 금액만을 국고금회계로 이전한다.

예제 7-1 국세청 징수세금 수납시 회계처리

국세청이 소득세 8백만원을 신고납부받았다.

풀이

〈국세청-일반회계〉

(차) 국고이전지출	8,000,000	(대) 소득세수익	8,000,000

〈국고금회계〉

(차) 한국은행국가예금	8,000,000	(대) 국고이전수입	8,000,000

2) 기타수입금의 수납시

일반회계 및 특별회계 모두 납부자가 부담금 등을 납부하는 경우 각 개별회계에서는 국고이전지출로 처리하고 국고금회계에서는 국고이전수입으로 처리한다. 특별회계의 경우에도 수입금을 수납하는 시점에서는 위에서 언급한 회계처리만 수행하고, 실제 특별회계에서 사용할 때 국고금회계로부터 국고수입으로 처리(국고금회계는 세출예산지출액)하도록 한다. 이렇게 발생하는 특별회계의 수입에서 지출을 차감한 잔액은 국고금회계에서 특별회계 귀속수입 중 세출예산지출액 금액과의 차액으로 잉여금을 구분하여 관리하는 것으로 하고 별도의 회계처리는 수행하지 아니한다.

예제 7-2 기타수입금 수납시 회계처리

대법원 일반회계는 소유 건물을 임대하고 임차인으로부터 300만원의 임대료를 수납받았다.

풀이

〈대법원-일반회계〉

(차) 국고이전지출	3,000,000	(대) 임대료수익	3,000,000

〈국고금회계-일반회계계정〉

(차) 한국은행국가예금	3,000,000	(대) 국고이전수입	3,000,000

(2) 국고금지출

1) 세출예산지출액

정부는 각 정부부처의 연간 예산배정에 대한 국회의 승인 후, 기획재정부의 승인하에 월별자금계획 및 월별세부자금계획 등을 통하여 자금을 배정한다. 실제 자금의 집행은 개별지출관의 요구에 의하여 승인을 득한 후 한국은행 본점의 국고금계좌로부터 정부에 물품을 납부한 업자 등 채권자의 예금계좌로 입금하게 된다.

재무제표에는 실제 예산의 집행(지출)시 지출에 대한 회계처리를 실시한다. 실제 예산집행(지출)시 해당 회계는 '국고수입'으로 처리하고, 국고금회계는 '세출예산지출액'으로 각 회계에 예산을 배정함과 동시에 거래처(채권자) 지출분개를 한다.

예제 7-3 세출예산지출액의 회계처리

A부처 일반회계에서 연구비 2천만원을 지출하기 위하여 기획재정부의 승인을 얻어 예산 내에서 집행하였다.

풀이

〈A부처-일반회계〉

(차) 연 구 비	20,000,000	(대) 국 고 수 입	20,000,000

〈국고금회계〉

(차) 세출예산지출액	20,000,000	(대) 한국은행국가예금	20,000,000

2) 관서운영경비

국고금관리법 제24조 관서운영경비의 지급규정에 의하여 지급하는 관서운영경비는 '국고예금' 계정과목으로 회계처리한다. 관서운영경비의 경우 경비의 지출을 위하여 국고금회계로부터 배정을 받아 각 해당 회계에서 지출하는 것이므로 일반 및 특별 회계는 국고수입으로 수취하여 해당 비용으로 지출한다. 다만, 관서운영경비 잔액의 반납시 기존 관서운영경비 지급이 과다했던 것으로 지급시 인식한 '세출예산지출액' 및 '국고수입'을 차감하도록 한다.

'국고예금'은 관서운영경비를 교부받는 각 회계에서 사용하게 되나, 남은 잔액에 대하여 국고금회계로 반납하게 되므로 기말시점에서는 동 계정 잔액은 남아 있지 않게 된다.

예제 7-4 관서운영경비의 회계처리

20×1년 3월 1일 B부처 ○○일반회계에서 직원의 해외출장비로 여비 150만원을 관서운영경비규정에 따라 선지급하였다. 이 직원은 출장 후인 20×1년 5월 1일 사후정산을 위해 여비와 관련 증빙 제출 후 남은 잔액 30만원을 반납하였다.

풀이

① 20×1년 3월 1일 국고금회계로부터 관서운영경비 교부시

〈B부처 ○○회계〉

(차) 국 고 예 금	1,500,000	(대) 국 고 수 입	1,500,000

〈국고금회계〉

(차) 세출예산지출액	1,500,000	(대) 한국은행국가예금	1,500,000

② 20×1년 3월 1일 관서운영경비 지출시

〈B부처 ○○회계〉

(차) 국 내 여 비	1,500,000	(대) 국 고 예 금	1,500,000

③ 20×1년 5월 1일 관서운영경비 잔액 반납시

〈B부처 ○○회계〉

(차) 국 고 예 금	300,000	(대) 국 내 여 비	300,000
(차) 국 고 수 입	300,000	(대) 국 고 예 금	300,000

〈국고금회계〉

(차) 한국은행국가예금	300,000	(대) 세출예산지출액	300,000

4. 국고금회계 적용에 따른 국고금의 재무제표 표시

일반회계와 기타특별회계의 경우 국고통일의 원칙에 따라 해당 회계에 속하는 중앙관서의 수입 및 지출이 국고금회계에 의해 단일국고에서 관리됨에 따라 중앙관서의 재정상태표에는 국고금이 표시되지 아니하며 국가의 재정상태표에 국고금이 표시된다.

기업특별회계, 책임운영기관특별회계, 중앙관서의 장이 관리하는 기금의 경우 해당 국가회계실체가 보유하는 국고금이 소관 중앙관서의 재정상태표에 표시된다. 기업특별회계와 책임운영기관특별회계의 경우 발생되는 수익이 해당 국가회계실체의 직접적인 지출재원이 되므로 국고금회계를 사용할 필요성이 없으나, 해당 특별회계의 잉여현금성자산이 국고금관리법상 국고금에 포함되므로 국고금의 일괄관리를 위해 국고금회계를 사용하여 수익 및 비용 지출 회계처리를 수행하며 별도의 결산조정분개를 통해 해당 국가회계실체 재정상태표에 현금성자산이 표시되도록 한다.

제 2 절 기금회계

1. 출연금 및 부담금의 의의 및 회계처리

(1) 출연금 및 부담금의 의의

출연금은 국가가 재정사업 등을 비영리기관에 위탁한 경우, 이러한 사업을 수행하는 기관에게 재정상 원조를 할 목적으로 법령에 근거하여 반대급부 없이 제공하는 금전적 재산을 의미한다. 기금의 경우 관련 정부뿐 아니라 금융기관, 기업 등으로부터 출연금을 받아 재원을 조성할 수 있으나, 여기서 말하는 출연금은 부담금관리기본법의 적용을 받는 금융기관 또는 기업 등으로부터의 출연금은 제외한다.

부담금은 "특정의 공익사업과 특별한 관계에 있는 자에 대하여 그 사업에 필요한 경비를 부담시키기 위하여 과하는 금전지급의무" 또는 "정부 등 공적기관 서비스 공급의 대가로 사용자나 수익자가 직접 지불하거나 해당 서비스와 연관이 깊은 재화, 서비스 사용시 간접적 형태로 대가를 지불하는 금액"이라고 정의할 수 있다. 여기서 부담금이란 부담금관리기본법 제2조에 따라 "법률에 의하여 금전적 부담의 부과권한이 부여된 국가회계실체가 분담금, 부과금, 예치금, 기여금 그 밖의 명칭에 불구하고 재화 또는 용역의 제공과 관계없이 특정 공익사업과 관련하여 법률이 정하는 바에 따라 부과하는 조세 외의 금전지급의무"를 의미한다.

국가재정법 제5조에 따르면 기금은 국가가 특정한 목적을 위하여 특정한 자금을 신축적으로 운용할 필요가 있을 때에 법률로써 설치하며, 별도로 규정된 법률에 의해 설치된 기금은 정부의 출연금 또는 법률에 따른 민간부담금을 재원으로 할 수 있다. 즉, 출연금과 부담금은 기금의 재산을 조성하는 가장 기본적인 재원이므로 이에 대한 명확한 회계처리지침을 제시하여 회계처리의 통일성 및 기금간 비교가능성을 제고해야 한다.

(2) 출연금 및 부담금의 회계처리

1) 출연금

기금이 정부 또는 민간으로부터 수령한 출연금 등을 통해 조성된 재원은 각 기금의 설치근거법상 목적을 달성하기 위해 해당 기금이 수행하는 업무상 필요한 지출에 충당된다. 각 기금은 보증, 융자, 보험 등의 다양한 업무를 수행하며 이러한 업무를 수행함에 있어 필요한 지출에 조성된 재원을 사용함으로써 해당 재원이 소진될 수도 있으나, 원본을 유지할 수도 있다.

기금이 수령하는 출연금의 회계처리는 각 기금의 업무특성에 따른 재원의 유지여부를 고려하여 이루어져야 한다. 출연금은 기금이 수행하는 공익사업에 대해 정부나 기타 금융기관 등이 제공하는 금전적 지원으로, 기금이 수행하는 업무의 결과와 직접적인 인과관계가 없다는 특성에서 그 이유를 찾을 수 있다. 즉, 기금의 업무특성에 대한 고려 없이 기금이 수행하는 사업과 직접적인 인과관계가 없는 재정적 지원을 일괄적으로 수익 또는 순자산증감으로 처리할 경우 기금의 성과가 왜곡표시될 가능성이 있기 때문이다. 예를 들어 기금이 자산을 취득하는 사업을 수행하며 이를 위해 정부출연금을 수령하는 경우 이를 모두 수익에 반영한다면 재정운영결과에서 이익이 크게 발생하는 것으로 해석되어 기금의 성과가 적절하게 표시되지 않을 수 있다. 따라서 기금이 수령하는 정부 또는 민간으로부터의 출연금은 기금설치 근거법상 기금설치의 목적을 위해 지출되는 재원의 용도에 따라 달리 회계처리하며, 재정운영표의 비교환수익등 항목 또는 순자산변동표의 기타순자산증감 항목으로 처리한다. 단, 재원의 용도를 일률적으로 판단하기 어려운 경우에는 그 주된 용도에 따라 회계처리할 수 있다.

① 기금이 출연금을 재정운영표의 비교환수익등으로 반영하는 경우 기금이 출연금 등으로 조성된 재원을 운영비 등에 충당하여 조성된 재원이 소진되는 경우 재정운영표의 비교환수익등 항목으로 처리한다. 기금이 사업을 수행함에 있어 조성된 재원을 사업비용 충당(대표적으로 보험관련 기금), 관리, 운영비 등의 충당 또는 연구개발 관련 비용 충당의 용도에 주로 사용하는 경우 조성된 재원이 소진되는 것으로 간주하여 재정운영표의 비교환수익등 항목으로 처리한다.

예제 7-5 재정운영표의 비교환수익등 항목 회계처리

20×1년 4월 1일 노동부 일반회계는 임금채권보장법 제5조(국고의 부담)에 따라 임금채권보장기금에 75백만원을 출연했다. 출연금은 일시에 수령되었다. 20×1년 4월 1일 공공기관에 대한 회계처리는 다음과 같다.

풀이

〈노동부 일반회계〉

(차) 출 연 비	75,000,000	(대) 한국은행국가예금*	75,000,000

* 국고금회계는 적용하지 않음

〈임금채권보장기금〉

(차) 현금및현금성자산	75,000,000	(대) 일반회계전입금*	75,000,000

* 무상이전수입의 계정과목으로 '재정운영표의 비교환수익등'에 표시됨

(자료 : 기획재정부 기금회계처리지침)

② 기금이 출연금을 순자산변동표의 순자산증감 항목으로 반영하는 경우 기금이 출연금 등으로 조성된 재원을 주로 자산 또는 부채의 변화를 가져오는 용도로 사용하여 조성된 재원의 원본이 유지되는 경우 순자산변동표의 순자산증감

항목으로 처리한다. 기금이 사업을 수행함에 있어 조성된 재원을 시설 신설 및 증설 등 자본적 지출, 자산매입(부실채권, 유가증권 등의 매입) 또는 융자금의 재원, 신용보증이나 채무보증의 재원 또는 차입금 및 이자 상환의 용도에 주로 사용하는 경우 조성된 재원의 원본이 유지되는 것으로 간주하여 순자산변동표의 기타순자산증감 항목으로 처리한다.

기금에 출연금을 지급하는 일반회계 등의 경우 해당 기금에서 조성된 재원의 주된 용도를 정확히 파악하는 것이 어려우므로 해당 출연금을 출연비의 계정과목으로 재정운영표의 프로그램총원가에 반영한다.

예제 7-6 순자산변동표의 기타순자산의 증감 항목 회계처리

20×1년 12월 31일 국방부 일반회계는 군인복지기금법 제4조(복지계정의 재원과 용도)에 따라 군인복지기금에 25억원을 출연했다. 출연금은 기금의 한국은행수입계좌로 수령했다. 20×1년 12월 31일 일반회계 전입금에 대한 회계처리는 다음과 같다.

풀이

〈국방부 일반회계〉

(차) 출 연 비	2,500,000,000	(대) 한국은행국가예금	2,500,000,000

〈군인복지기금〉

(차) 현금및현금성자산	2,500,000,000	(대) 정부출연금*	2,500,000,000

* '기타순자산의 증감' 계정과목으로 순자산변동표의 조정항목에 반영하며 적립금 및 잉여금의 증가에 표시함

2) 부담금

부담금은 출연금과 달리 기금이 수행하는 사업과 직접적인 이해관계를 가진 자에게만 제한적으로 부담시키는 것으로 국가회계기준 제28조에 비교환수익으로 정의됨에 따라 비교환수익으로 회계처리한다.

예제 7-7 재정운영표의 비교환수익등 항목 회계처리 – 원자력연구개발사업비용부담금

발전용원자력운영자인 ××회사는 분기종료후 원자력법 제9조의3 및 원자력법 시행령 제20조의10에 따라 50억원의 부담금을 납부기한인 20×1년 4월 10일에 납부하였다. 동 납부액은 원자력연구개

발기금의 법정부담금으로 동 기금의 20×1년 4월 10일의 회계처리는 다음과 같다.

풀이

(차) 현금및현금성자산	5,000,000,000	(대) 부담금수익 (재정운영표의 비교환수익등)	5,000,000,000

2. 준비금 및 적립금의 의의 및 회계처리

(1) 준비금 및 적립금의 의의

보험 및 보증 사업을 영위하는 기금의 경우 사고의 발생에 따라 보험 및 보증계약에 대한 보험금 및 보증변제금 등을 지급해야 하는 등 예기치 않은 손실이 발생할 가능성이 있다. 이 경우 해당 기금이 미래에 발생할 수 있는 지급의무를 이행할 수 있도록 적절한 준비금 또는 적립금을 산출하고 부채로 적립하여 보험료 등의 수익에 대응하는 비용을 인식함으로써 수지의 불균형을 예방하고 기금의 담보능력을 확보할 필요가 있다.

미래에 발생한 보험금 및 보증변제금 등의 지급을 이행하기 위한 부채 적립액이라는 의미에서 준비금과 적립금은 국가회계기준에서 정의하고 있는 충당부채와 유사하다고 볼 수 있다. 국가회계기준에서는 충당부채에 대해 지출시기 또는 지출금액이 불확실한 불확정부채로 포괄적인 정의를 제시하고 있으나, 여기서 규정하는 준비금 및 적립금 등은 현재 발생하거나 미래에 발생할 사건에 의해 발생할 수 있는 우발적인 손실에 대비하기 위한 부채로 한정하며 연금과 같이 지급이 약정되어 있으나 지출금액이 확실하지 않아 추계에 따라 계상하는 부채는 포함하지 아니한다.

국가회계기준은 준비금과 적립금에 대한 사항을 별도로 규정하고 있지는 않으나 국가회계기준 제3조에 따라 일반적으로 인정되는 회계원칙과 기금의 설치근거법령 등 규정에 따라 준비금과 적립금 등을 회계처리한다.

(2) 준비금 및 적립금의 회계처리

1) 보험사업수행기금

보험사업은 농어업재해재보험, 수출보험 등을 포함한다. 보험사업을 수행하는 기금은 회계관련 법령 등에 의한 적립금과 준비금을 계상할 수 있으며, 그 내용은 다음과 같다.

① 미경과보험료적립금 : 기말시점에 모든 유효한 보험계약의 총보험료 중에서 당기말 현재 보험기간이 경과하지 않은 보험료상당액을 의미한다. 미경과보험료적립금을 계상하는 이유는 보험계약자의 의무인 보험료 지급의무는 즉시로 이루어지지만 보험자의 위험부담의무는 즉시 이행되지 않고 일정한 기간 동안 계속되므로 이 기간이 경과해야만 비로소 해당 의무가 완성되기 때문이다.

② 지급준비금 : 당기말 현재 보험계약과 관련하여 사고발생이 통지되었거나 보험금지급이 청구된 건 중 보험금지급이 예상되는 금액, 보험금에 관한 소송이 계류중에 있는 사건 중 보험금지급이 예상되는 금액과 이의신청유효기간 이내의 면책금액 및 당기말 발생했으나 발생통지 또는 보험금이 청구되지 않은 사고건에 대해 지급될 추정 보험금을 포함한다.

③ 비상위험준비금 : 거액의 보험사고 및 환변동보험 손실에 대비하기 위해 당기의 경과보험료에 예정손해율을 적용하여 산출된 금액을 의미한다.

보험사업을 수행하는 기금에 있어 관련 적립금과 준비금이 증가하는 경우 미경과보험료적립금전입액, 지급준비금전입액 및 비상위험준비금전입액으로 처리하며, 감소할 경우에는 미경과보험료적립금환입액, 지급준비금환입액 및 비상위험준비금환입액은 보험충당부채환입액으로 회계처리한다.

중앙관서 결산을 위한 재무제표 작성시에는 해당 적립금과 준비금은 기타장기충당부채에 포함한다. 단 미경과보험료적립금은 충당부채의 정의에 해당하지 않으므로 기타비유동부채에 포함한다.

2) 사회보험사업수행기금

사회보험사업은 고용보험, 산재보험 등을 포함한다. 사회보험사업을 수행하는 기금은 해당 사업이 광의의 보험사업에 해당되므로 회계관련 법령 등에 따라 준비금을 적립하며 적립대상 및 적립기준은 사회보험의 특성을 고려하여 해당 기금의 설치근거법에 따르도록 한다. 관련법에서 규정하는 책임준비금은 향후 1년간의 사회보험지급액에 대한 예상금액으로서 매년말 전년도 지급결정액을 기준으로 산정된다.

책임준비금이 증가하는 경우는 책임준비금전입액으로, 감소하는 경우는 책임준비금환입액으로 회계처리하며, 책임준비금은 기타장기충당부채에 포함한다.

3) 보증사업수행기금

보증사업을 수행하는 기금은 기술신용보증, 농림수산업자신용보증, 신용보증기금 등을 포함한다. 보증사업을 수행하는 기금은 기업회계기준에 의한 준비금과 미래손실예상액에 대한 별도의 충당부채를 계상할 수 있으며, 그 내용은 다음과 같다. 준비금이 증가하는 경우는 해당 준비금의 준비비로, 감소하는 경우는 해당 준비금환입액으로 회계처리한다.

① 대위변제준비금, 재보증보전준비금 및 보전금지급준비금 : 보증업무에 따라 발생할 수 있는 보증사고에 의한 손실을 보전하기 위해 설정하는 준비금으로, 보증사업의 세부성격에 따라 계정과목을 달리하여 설정할 수 있다. 일반적으로 사고사유가 발생하였으나 지급시기 미도래 등으로 지급되지 아니한 금액에 대하여 과거 5개년간 경험률에 의한 보증사고대위변제율 및 구상채권대손율을 적용하여 대위변제준비금 및 재보증준비금을 산출한다.

② 유동화회사보증대위변제준비금 : 중소기업의 회사채발행을 지원하기 위한 보증에 따라 발생가능한 손실추정액으로, 보증자산 유동화전문회사의 기초자산에 대한 평가를 바탕으로 손실액을 추정하여 적립한다.

4) 기타기금

보험, 사회보험, 보증사업을 수행하는 기금 외에도 수행하는 업무의 특성으로 인해 미래우발손실이 예상되는 기금은 준비금의 적립을 통해 비용을 계상하고 부채를 표시하는 것이 합리적이라고 판단되는 경우 적절한 산출기준에 따른 준비금을 부채로 계상할 수 있다.

객관식 문제

1 다음 중 국고금에 해당하지 않는 것은?

① 한국은행국가예금
② 중앙관서의 장이 관리하지 않는 기금이 보유하고 있는 현금성자산
③ 국고예금
④ 국가가 보유하는 현금전환이 용이하고 이자율변동에 따른 가치변동 위험이 중요하지 않은 유가증권 및 단기금융상품

해답_②

2 공정거래위원회의 일반회계에서 과징금 50억원을 수납하여 국고에 불입하였다. 이 경우 필요한 모든 분개로 맞는 것은?

	차변	금액	대변	금액
①	(차) 한국은행국가예금	50억원	(대) 제재금수익	50억원
②	(차) 국고이전지출	50억원	(대) 제재금수익	50억원
	(차) 한국은행국가예금	50억원	(대) 국고이전수입	50억원
③	(차) 현 금 예 금	50억원	(대) 제재금수익	50억원
④	(차) 한국은행국가예금	50억원	(대) 국고이전수입	50억원

해답_②

3 산업통상자원부 일반회계에서 연구비 1억원을 지출하기 위하여 기획재정부의 승인을 얻어 예산 내에서 집행하였다. 이 경우 국고금회계에서 필요한 분개로 맞는 것은?

	차변	금액	대변	금액
①	(차) 국고이전지출	1억원	(대) 한국은행국가예금	1억원
②	(차) 연 구 비	1억원	(대) 국고이전수입	1억원
③	(차) 세출예산지출액	1억원	(대) 한국은행국가예금	1억원
④	(차) 한국은행국가예금	1억원	(대) 국고이전지출	1억원

해답_③

4 "특정의 공익사업과 특별한 관계에 있는 자에 대하여 그 사업에 필요한 경비를 부담시키기 위하여 과하는 금전지급의무" 또는 "정부 등 공적기관 서비스 공급의 대가로 사용자나 수익자가 직접 지불하거나 해당 서비스와 연관이 깊은 재화, 서비스 사용시 간접적 형태로 대가를 지불하는 금액"으로 정의할 수 있는 것은?

① 부담금　　② 출연금
③ 제재금　　④ 부과금

해답_①

5 출연금에 대한 다음의 설명 중 적절하지 않은 것은?

① 국가가 재정사업을 수행하는 기관에 재정상 원조를 할 목적으로 법령에 근거하여 반대급부 없이 제공하는 금전적 재산이다.
② 출연금은 경우에 따라 재정운영표의 비교환수익등으로 회계처리될 수 있다.
③ 출연금은 경우에 따라 순자산변동표의 조정항목으로 회계처리될 수 있다.
④ 출연금을 수령하는 기금의 업무특성과 회계처리는 무관하게 이루어진다.

해답_④

chapter 8

국가회계결산 및 예산회계연계

제1절 국가회계결산

1. 국가회계결산의 의의

국가회계결산은 국가의 재정상태와 재정운영결과를 일정한 형식에 따라 정리·기록·보고하는 것이라고 정의할 수 있다. 국가회계에 있어 결산의 주체는 기금관리주체와 중앙관서의 장이며 기획재정부장관은 국가회계법 제13조 제3항에 의하여 국가회계실체를 모두 통합한 '국가결산보고서'를 작성해야 한다.

결산의 주된 목적은 결산보고서를 작성하여 회계연도말 국가의 재정상태와 한 회계연도 동안의 재정운영결과를 의회와 국민 등 다양한 이용자에게 보고하고 이를 분석·평가하여 다음연도의 예산편성시 재정운영에 환류하고자 하는 것이다. 국가회계결산의 결과물인 결산보고서는 결산개요, 세입세출결산, 재무제표, 성과보고서의 4종류로 「헌법」 제55조, 「국가재정법」 제56조 내지 제61조와 「국가회계법」 제13조 내지 제26조의 규정에 근거한다.

① 결산개요(국가회계법 제15조 제1항) : 각 결산의 주체는 해당 실체의 일반 현황 및 예산결산과 재무결산의 주요 내용을 요약하여 예산 및 기금의

집행결과, 재정의 운영내용과 재무상태를 분명하게 파악할 수 있도록 결산개요를 작성한다.

② 세입세출결산(국가회계법 제15조 제2항) : 각 결산의 주체는 해당 실체의 세입세출예산 또는 기금운용계획과 같은 구분에 따라 그 집행결과를 종합하여 세입세출결산을 작성한다. 중앙관서결산보고서 및 국가결산보고서의 경우에는 일반회계 및 특별회계의 세입세출결산 및 기금의 수입지출결산을 포함하고, 기금결산보고서의 경우에는 수입지출결산만을 포함한다.

③ 재무제표(국가회계법 제15조 제3항, 국가회계기준 제5조) : 각 결산의 주체는 발생주의 · 복식부기 회계제도에 따라 해당 실체의 재무제표, 재무제표에 대한 주석으로 구성된 재무제표를 국가회계기준에 따라 작성한다.

④ 성과보고서(국가회계법 제15조 제4항) : 각 결산의 주체는 「국가재정법」 제85조의6에 따른 성과계획서에서 정한 성과목표와 그에 대한 실적을 대비하여 작성한다.

국가회계의 결산일정은 국가재정법 제58조 및 제59조에 규정되며 그 내용은 다음과 같다.

① 중앙관서의 장은 회계연도마다 그 소관에 속하는 일반회계, 특별회계 및 기금을 통합한 '중앙관서결산보고서'를 작성하여 다음연도 2월말까지 기획재정부장관에게 제출해야 한다.

② 중앙관서의 장이 아닌 기금관리주체는 회계연도마다 '기금결산보고서'를 작성하여 소관 중앙관서의 장에게 제출해야 한다.

③ 기획재정부장관은 회계연도마다 중앙관서결산보고서를 통합하여 '국가결산보고서'를 작성한 후 국무회의 심의를 거쳐 대통령의 승인을 얻으며, 승인을 얻은 국가결산보고서를 다음연도 4월 10일까지 감사원에 제출해야 한다.

2. 재무회계결산

국가회계실체의 결산보고서 중 재무제표 작성을 위한 회계를 재무회계라 한다. 재무회계 결산업무는 기중 회계처리를 토대로 결산자료 준비와 이의 확인 및 대사, 이상항목에 대한 오류수정 및 결산조정분개, 내부거래 제거작업 등을 통해 재무제표와 부속명세서를 작성하는 일련의 과정을 거친다. 이러한 재무회계결산은 디지털예산회계시스템의 회계관리시스템에 의한 회계처리 및 각종 장부와 보고서의 출력, 수작업에 의한 내용확인 등의 작업이 포함된 복합적인 과정을 의미하기도 한다.[1]

현행 디지털예산회계시스템에 의한 재무회계결산작업은 [도표 8-1]과 같이 연중 현금회계 중심의 수입·지출·자산 업무수행과정에서 생성된 발생주의 회계자료를 기초로, 연말 결산관련 회계처리를 추가하여 회계별 재무제표를 산출한다.

[도표 8-1]
연중 회계처리 및 연말 결산과정 흐름도

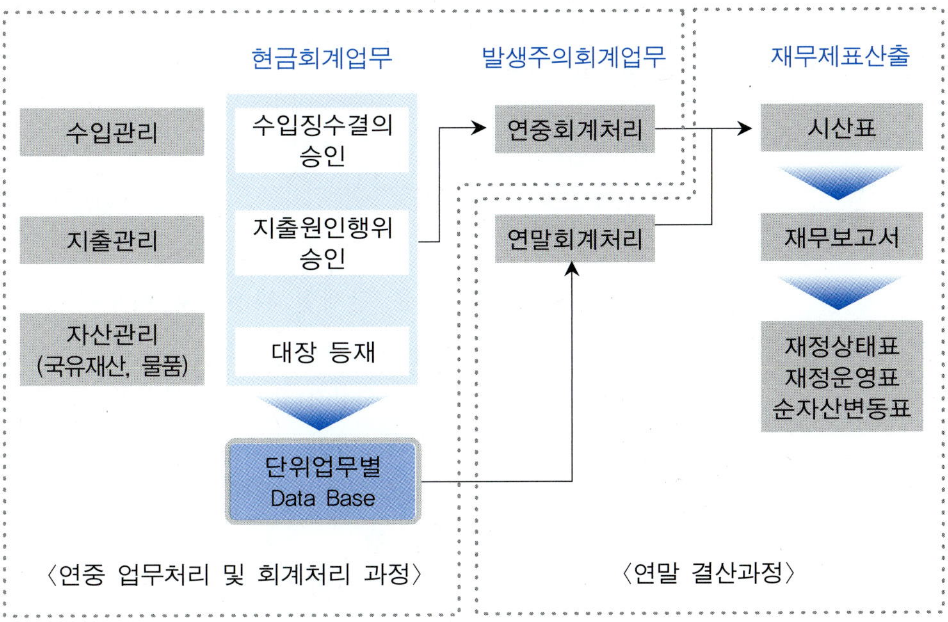

1) 이하 결산에 관한 설명 부분은 "국가회계 전문교육(기획재정부 교육교재, 2014. 6)"을 참고하였음.

이렇게 산출된 회계별 재무제표는 [도표 8-2]와 같이 내부거래 제거작업을 거쳐 부처통합, 국가통합 재무보고서로 최종 산출된다.

[도표 8-2]
재무보고서의 통합과정

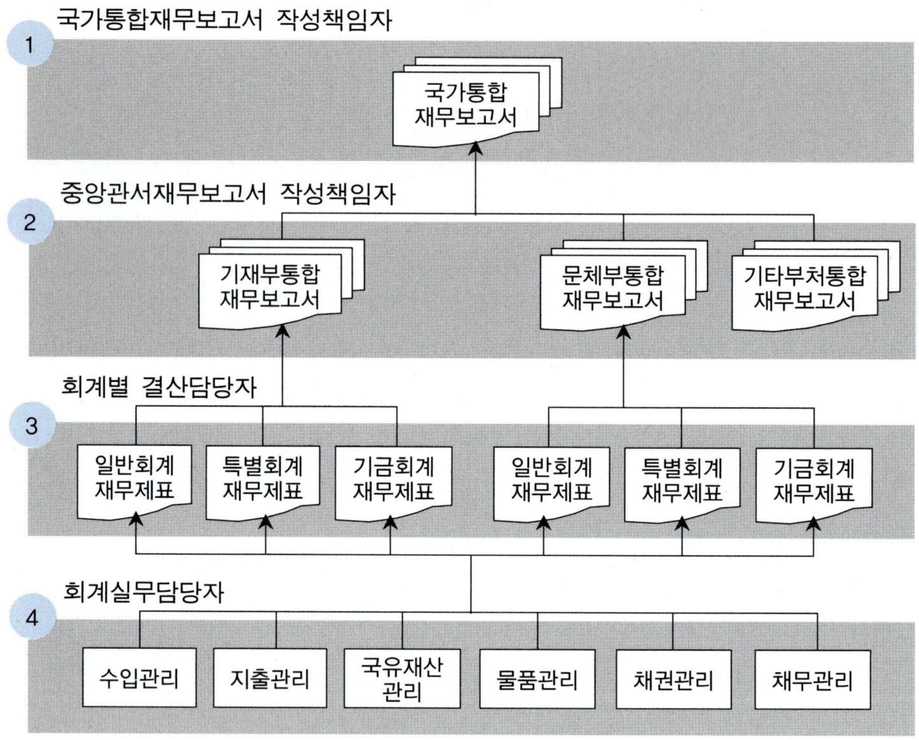

결산업무는 다음과 같은 단계별 과정으로 이루어진다.

1단계 : 결산자료 준비－(수정전)합계잔액시산표 등 결산자료 준비
2단계 : 결산자료 확인 및 대사
3단계 : 오류수정 및 미결산계정 정리
4단계 : 결산조정분개 수행
5단계 : 재무제표 작성－회계별 중앙부처통합, 정부통합 재무제표 작성
6단계 : 주석 등 작성

(1) 결산자료 준비

신뢰성 있는 복식부기 · 발생주의 회계정보 산출을 위해서는, 예산결산자료 및 현업관서의 재무정보가 종합적으로 취합되어야 하며, 이들 정보는 결산담당자가 관리하고 있는 회계정보와 비교 · 대사, 결산조정 회계처리시 이용, 주석 등의 추가정보 산출에 활용되어야 한다. 결산자료의 준비단계는 다음과 같다.

① 수정전합계잔액시산표, 총계정원장, 계정과목별원장, 분개장 등 관련 자료를 준비한다.
② 예산결산자료를 취합한다.
③ 현업관서로부터 재무회계결산을 위한 추가정보를 수집한다(예 : 투자유가증권 현황, 보험가입 현황, 국채, 담보보증행위 현황 등).

(2) 결산자료 확인 및 대사

결산자료 확인 및 대사는 다음과 같이 이루어진다.

① 수정전합계잔액시산표의 계정과목, 차 · 대변 금액 등에 대한 전반적 검토 및 회계장부와의 비교를 통해 이상항목, 미결산항목 등의 존재여부를 확인한다.
② 예산회계(단식) 결산자료와 재무회계(복식) 결산자료를 대사한다.
③ 위의 과정을 통해 발견한 이상항목, 불일치사항 등에 대하여 분개장 · 결의내역 · 결의상세내역 조회 및 현업담당자 확인 등의 과정을 통해 원인 파악 및 회계처리의 적정성을 판단한다.

(3) 오류수정 및 미결산계정 정리

오류수정 및 미결산계정 정리단계는 다음과 같다.

① 위의 2단계에서 발견한 이상항목, 불일치사항 등을 적정하게 수정하는 오류수정 회계처리를 실시한다.

② '자산미분류계정' 등의 '미결산항목'에 대하여 본계정으로 정리하는 작업을 수행한다.

(4) 결산조정분개 수행

결산조정분개란 회계기간중 현금주의에 따라 회계처리를 해오던 것을 발생주의 회계처리로 변경하기 위해 결산시 추가로 수행하는 분개를 말한다. 결산조정분개는 '발생주의 회계에 따른 수정', '유동성대체', '내부거래 제거'로 구분된다.

① 발생주의 회계에 따른 수정 : 미수수익과 미지급비용, 선급비용과 선수수익의 인식, 대손상각, 감가상각, 자산·부채의 평가, 장기충당부채의 인식 등이 있다.
② 유동성대체 : 장기채권, 장기차입부채 중 재정상태표 기준일로부터 기산하여 1년 이내에 회수 또는 상환기일이 도래하는 부분을 유동자산 또는 유동부채 중 유동성장기채권, 유동성장기차입부채로 대체표시하는 것을 의미한다.
③ 내부거래 제거 : 계정간 내부거래 제거, 부처 내 회계간 내부거래 제거, 부처간 내부거래 제거로 구분된다.

재무회계결산을 확정하기 위하여 위에서 언급한 결산조정분개를 결산일자 기준으로 실시한다.

(5) 재무제표 작성

계층별로는 현 단계까지 결산과정을 거쳐 작성된 국가회계실체별 재무제표와 이를 기초로 산출된 중앙관서 재무제표 및 국가 재무제표가 있다.[2] 또한 (수정후)합계잔액시산표를 토대로 하여 재정상태표, 재정운영표, 순자산변동표 등의 재무제표를 작성한다.

---

2) 국(관)세를 징수하는 보고주체의 경우는 기본재무제표 외에 국(관)세징수활동표를 추가하여 산출함.

[도표 8-3] 재무제표의 작성방법

(수정후)합계잔액시산표
회계연월 : ○○년 ○○월

소관 : 기획재정부 회계 : 일반회계 (단위 : 원)

차 변		계정과목	대 변	
합 계	잔 액		잔 액	합 계
	자산계정 잔액	계층별계정과목명	부채계정 잔액	
		(공시계정…발생계정)	순자산계정 잔액	
	비용계정 잔액	:	수익계정 잔액	

① 비용, 수익 항목(교환거래)

재정운영표
○○년 기초부터 ○○년 기말까지

구 분	금 액
비 용	
수 익	
순수익(비용)	

① 자산, 부채, 순자산 항목

재정상태표
○○년 기말 현재

구 분	금 액
자 산	
부 채	
순자산	

① 비용, 수익 항목(비교환거래)

순자산변동표
○○년 기초부터 ○○년 기말까지

구 분	금 액
자원의 조달	
순수익(비용)	
순자산	

② 순수익(비용)

③ 일치

(6) 주석 등 작성

재무제표를 작성한 후 다음 단계로 주석 등을 작성한다. 주석은 정보이용자에게 충분한 회계정보를 제공하기 위하여 채택한 중요한 회계정책과 재무제표에 중대한 영향을 미치는 사항을 설명한 것으로, 다음과 같은 사항을 주석으로 표시한다.

① 재무제표 작성기준 및 중요한 회계처리방법
② 국가회계기준에서 주석 공시를 요구하는 사항
③ 재정상태표, 재정운영표, 순자산변동표 및 현금흐름표에 표시되지 않은 사항으로서 재무제표를 이해하는 데 필요한 추가 정보

제 2 절 국가회계 예산과 회계의 연계

1. 예산과 회계의 연계의 의의

예산의 운영이 잘 이루어지기 위해서는 예산과 회계(재무회계)가 밀접히 연계되어야 한다. '예산과 회계의 연계'란 예산과정에서 정책결정자들이 요구하는 정보와 집행담당자들이 요구하는 회계정보(재무제표 정보)를 동시에 제공하기 위한 것으로 다음과 같은 의미를 가지고 있다.

[도표 8-4]
효율적 재정운영체계

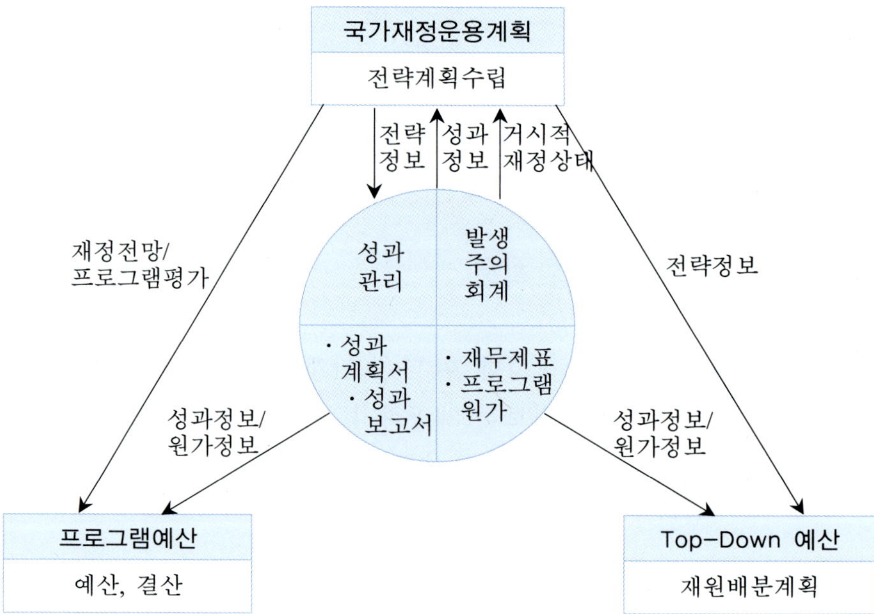

① 예산과 회계 양자간에 나타날 수 있는 인식상의 차이를 극복함으로써 보다 완전한 정보의 추출을 확보하려는 의도
② 현금주의에 의하여 운영되는 예산과 발생주의의 적용을 받는 재무회계 간의 연계를 통해 예산과정의 합리적 통제, 합리적 의사결정과정의 확보 등 정부운영을 위한 보다 신뢰성 있고 올바른 정보를 도출하기 위한 것
③ 예산이 소기의 목적을 얼마나 효율적으로 달성하였는지에 대하여 회계가 기여하는 것

예산과 회계의 연계 필요성은 다음과 같이 요약될 수 있다.

(1) 예산기능의 효과적 수행

일반적으로 예산과정은 예산에서 정한 원칙과 기준을 준수하여 집행하였는가를 통제하는 지출에 대한 통제기능, 동일한 업무를 최소의 비용으로 수행하였는가, 정부자원이 효율적으로 사용되었는가를 파악가능하도록 하는 관리기능 및 정부목표달성 및 운영성과 평가기능의 세 가지 중요한 기능을 수행한다. 이러한 기능을 효과적으로 수행하기 위해서는 단순히 예산과 실적을 대비하는 것을 넘어서 예산회계와 재무회계를 연계시켜 정부운영의 결과와 성과를 파악하는 것이 중요하다.

(2) 정부성과의 올바른 파악

재무회계가 예산회계와 연계되지 않고 기록으로서의 기능만을 수행할 경우, 재무회계는 현행 세입세출결산이 예산과 이를 집행한 지출실적만을 대비하므로 예산범위 내에서의 지출의 정당성에 대한 정보만을 제공하게 되는 한계를 극복하지 못하고 정부성과를 파악하는 데 유용한 정보를 제공하지 못하게 된다. 따라서 예산을 편성하고 집행하여 그 결산내역을 제출하는 경우 정부가 목표를 달성하는 데 어느 정도의 비용이 소요되었는가를 판단하고, 정부활동의 성과를 올바르게 파악하기 위해 제공되는 정보의 가치를 높이기 위해서는 재무회계 정보가 정부 예산자료와 연계성을 지녀야 한다.

(3) Feedback 기능의 강화

일반적 예산회계에서는 자산, 부채에 대한 정보를 체계적으로 제공하지 않으므로 현행 예산결산에서의 단순한 실적만 대비할 때 적절한 자본수지(순자산)에 대한 계획이 어려워 예산수립에 합리적 정보를 제공할 수 없으므로 발생주의 회계와의 연계를 통하여 자본수지를 고려한 예산수립의 Feedback 기능을 강화할 수 있다.

2. 예산과 회계의 연계유형

예산과 회계의 연계유형은 연계의 과정 및 시기에 따라 [도표 8-5]와 같이 구분 가능하며, 현재 국가회계에서는 예산거래의 정보를 회계정보로 전환하여 연계하는 관리과목연계유형을 채택하고 있다.

[도표 8-5]
예산과 회계의 연계유형

<table>
<tr><th colspan="2">연계유형별</th><th>의 미</th><th>특 징</th></tr>
<tr><td colspan="2">완전연계</td><td>예산회계시스템과 재무회계시스템이 회계연도 개시전부터 결산시까지 동일한 체제 내에서 운영</td><td>예산의 전체과정에 대한 통합정보를 제공함. 회계연도 어느 시점에서도 예산회계과 재무회계의 통합정보를 제공가능함</td></tr>
<tr><td rowspan="3">불완전 연계</td><td>관리과목 연계</td><td>예산회계항목과 재무회계항목을 연계하는 중간항목을 통한 연계</td><td>예산회계시스템의 정보를 관리항목으로 연결하여 재무회계시스템의 정보로 전환하여 연계하며 회계기간 시작부터 연계가 가능함</td></tr>
<tr><td>결산연계</td><td>예산회계시스템과 재무회계시스템이 별개로 운영되며 결산시점에서 통합</td><td>예산회계시스템과 재무회계시스템상 처리가 거래별로 별도로 이루어지며, 결산조정을 통하여 연계하는 형태임</td></tr>
<tr><td>기록연계</td><td>예산회계시스템과 재무회계시스템이 별개로 운영</td><td>재무회계시스템은 단지 예산집행에 대한 결과의 기록으로서 기능하며, 예산집행의 합법성 여부를 기록하는 데 초점을 맞춤</td></tr>
</table>

3. 예산과 회계의 연계방안

(1) 예산과 회계의 연계방향

발생주의 국가회계제도의 도입에 따라 예산회계와 재무회계 절차가 병행되어 수행되므로 결산과정에서 적용되는 준거기준과 동일한 거래에 대하여 필요정보 및 인식기준이 상이할 수 있다. 따라서 예산결산 정보와 재무결산 정보가 일관된 정보를 산출할 수 있도록 체계의 일원화가 필요하다.

기존의 세입, 세출, 비예산 거래는 모두 재무회계방식으로도 기록될 수 있으며, 발생주의에 근거한 결산조정분개 등이 추가로 반영되어 최종적인 재무회계 정보가 산출될 수 있다. 따라서 예산결산과 재무결산의 절차가 중복되지 않도록 예산회계 정보가 재무회계 정보로 연계될 수 있어야 하며, 이를 위해 결산체계 및 결산서류의 정비가 필요하다. 계정과목체계(COA)를 정비하여 예산과목(목단위)과 회계계정과목이 연계된 회계정보를 제공함으로써 예산이 적절히 환류될 수 있도록 하는 것이 연계의 방향이라 할 수 있다.

[도표 8-6]
예산과 회계의 연계

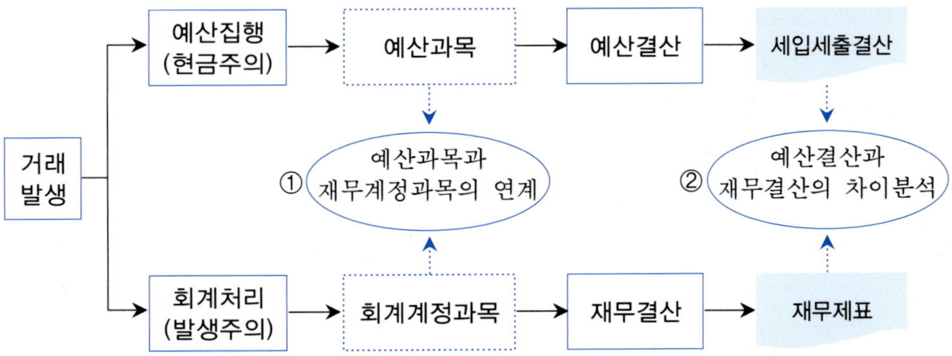

① 예산과목과 재무계정과목의 연계 : 거래처리의 효율성 및 실적정보의 예산 환류 기능 제고
② 예산결산과 재무결산의 차이분석 : 현금주의 실적과 발생주의 실적 간 연계정보 제공

(2) 예산과 회계의 연계방법

현재 국가회계에 있어 예산회계에 익숙한 공무원의 현실을 감안하여 업무의 진행은 예산회계에 근간하여 수행하되, 발생하는 예산의 거래유형에 따라 예산회계 정보가 재무회계 정보로 전환될 수 있어야 한다. 이를 위해 예산의 집행시 예산과목이 재무회계계정과목으로 연계되도록 하였다. 처리된 예산결산 정보와 재무결산 정보는 각각의 결산서에 나타나도록 하되, 예산회계와 재무회계가 통합된 결산보고서 체계를 정립하여 예산실적과 발생주의에 의한 재무회계 실적간 차이정보를 함께 제공할 수 있다.

1) 예산과목과 재무계정과목의 연계

다음과 같은 방법으로 예산과목과 재무계정과목을 연계하여 거래처리의 효율성 및 실적정보의 예산 환류 기능을 제고한다.

① 예산과목은 단순한 예산의 기록측면이 아니라 실제 사업을 집행하는 각 부처의 예산 소단위의 적용가능성을 고려하여 현업의 업무를 반영
② 예산과목의 최하위 과목(세목의 세부항목)이 재무계정과목의 최하위 단위와 대응
③ 수익·비용에 해당하는 예산과목의 경우 예산과목과 계정과목이 1 : 1 또는 1 : n으로 대응될 수 있도록 계정과목을 세분화
④ 하나의 재무계정과목이 둘 이상의 예산과목에 해당하지 않도록 예산과목의 구성항목 일부를 정비
⑤ 자산·부채 변동에 해당하는 예산의 경우 예산계정과목과 회계계정과목이 1 : 1, 1 : n뿐만 아니라 n : 1 방식으로도 대응

디지털예산회계시스템에 반영된 예산과목과 재무계정과목의 연계는 다음과 같은 '계정과목 매핑(Mapping)표'에 나타나 있다. 계정과목 매핑표는 예산의 최하위 단위인 세목 내 세부항목별로 재무계정과목을 연결시킨 표를 의미한다. [도표 8-7]은 계정과목 매핑표의 일부이다.

이러한 예산과목과 재무계정과목의 연계결과를 업무의 유형별로 시스템에 반영하여, 디지털예산회계시스템을 사용하는 중앙정부 공무원이 업무수행시 별

[도표 8-7]
계정과목 매핑표

예산과목 구분				MAPPING 구분	재무 계정과목	레벨별 계정과목			
목(Ⅰ)		세목(Ⅱ)		세부항목	CODE	1	2	3	4
210	운영비	01	일반수용비	1. 사무용품 구입비	51040100	비용	프로그램총원가/관리운영비/비배분비용	소모품비	사무용품비
210	운영비	01	일반수용비	2. 인쇄비 및 유인비	51050000	비용	프로그램총원가/관리운영비/비배분비용	인쇄비	
210	운영비	01	일반수용비	3. 안내 · 홍보물 등 제작비	51040200	비용	프로그램총원가/관리운영비/비배분비용	소모품비	홍보물품비
210	운영비	01	일반수용비	4. 소모성 물품 구입비	51040300	비용	프로그램총원가/관리운영비/비배분비용	소모품비	소모성물품비

[도표 8-8]
거래별 자동분개 사례

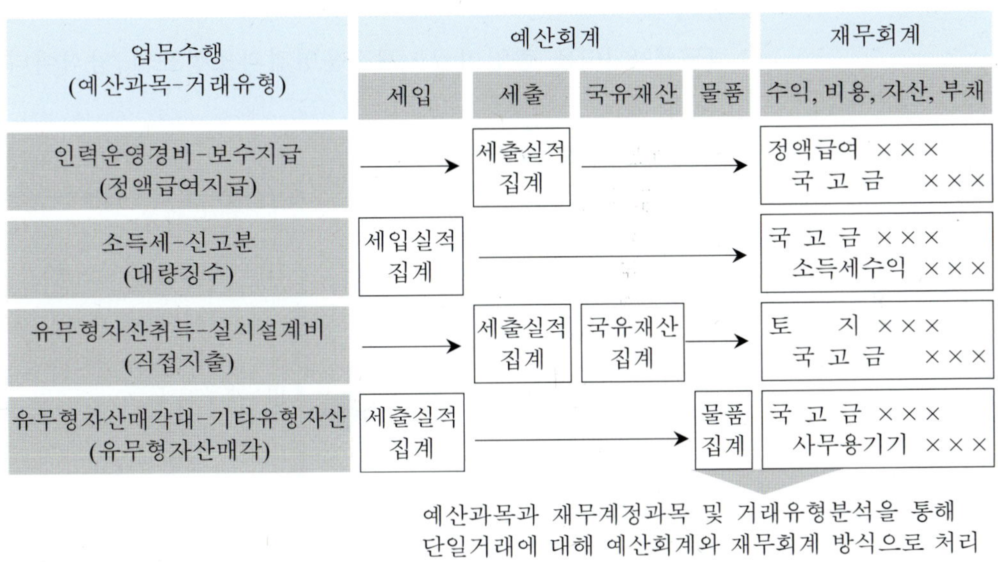

도의 계정과목 선택 없이 자동으로 분개가 실현될 수 있는 것이다([도표 8-8]).

그러나 예산과목은 현금기준에 의한 항목으로만 구성되어 있으므로, 세입세출예산과 연계되지 않는 발생주의 재무계정과목(대손상각비, 자산처분손실, 평가손실 등)은 별도로 분개하여 반영해야 한다.

2) 예산 · 재무 통합결산보고서 체계 정립

정부의 재정활동은 예산의 편성 및 집행, 결산의 과정을 거쳐 상이한 인식기준에 의해 예산결산과 재무결산의 형태로 나타나나, 이러한 결산정보의 내용은 하나의 결산보고서 체계 내에서 보여야 한다. 또한, 정보이용자들은 이러한 정보를 다양하게 활용하기 위하여 예산결산과 재무결산에 따른 결과의 차이에 대한 정보를 필요로 한다. 미국 연방정부의 통합 재무제표의 경우 순원가예산적자 조정명세서(reconciliations of net operating cost and unified budget deficit)에서 재무결산과 예산결산의 차이를 조정하고 있다.

우리나라는 기존의 국가재정법에 의하여 작성하였던 예산결산서와 국가회계법에 의한 재무결산서를 통합하여 [도표 8-9]와 같은 통합결산보고서 체계를 구축하고, 주석에 '총잉여금 · 재정운영결과조정표'를 도입하여 예산결산의 총잉여금과 재무결산의 재정운영결과의 차이내역에 대한 정보를 보여주도록 하고 있다.

[도표 8-10]은 총잉여금 · 재정운영결과조정표의 양식이다.

[도표 8-9]
통합결산보고서

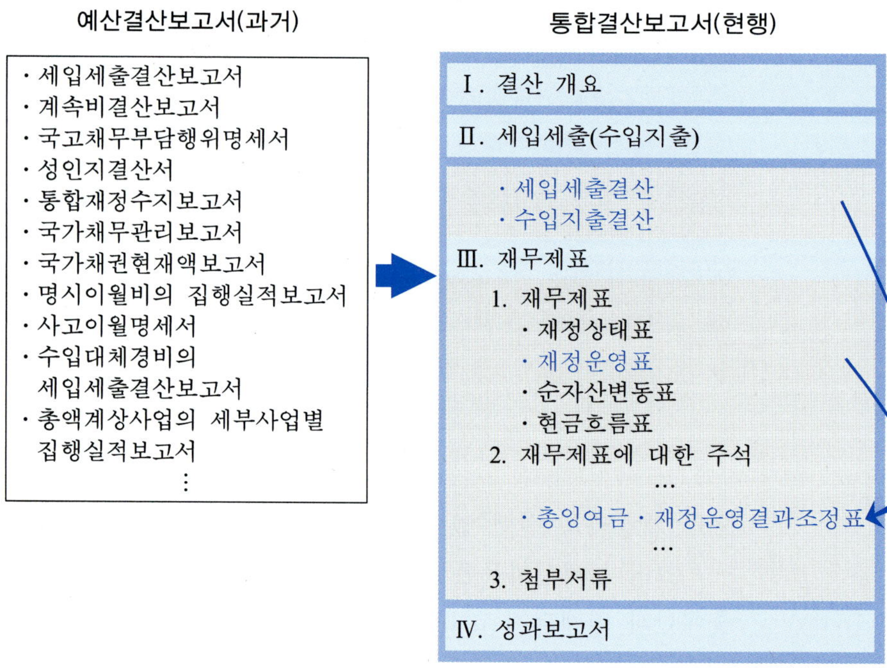

[도표 8-10]
총잉여금 · 재정운영 결과조정표 양식 –정부통합

	20XY		20XX	
I. 총잉여금		×××		×××
II. 차이항목		×××		×××
1. 자산 · 부채의 증감	×××		×××	
(1) 금융상품의 증가(감소)	×××		×××	
(2) 투자증권의 증가(감소)	×××		×××	
(3) 대여금의 증가(감소)	×××		×××	
…				
2. 발생주의 기간수익 · 비용 차이	×××		×××	
(1) 부담금수익 차이	×××		×××	
(2) 제재금수익 차이	×××		×××	
(3) 재화및용역제공수익 차이	×××		×××	
…				
III. 재정운영결과(I + II)		×××		×××

	20XY	20XX
I. 일반회계	×××	×××
(1) 세입	×××	×××
(2) 세출	(×××)	(×××)
II. 특별회계	×××	×××
1. 기타특별회계	×××	×××
(1) 세입	×××	×××
(2) 세출	(×××)	(×××)
2. 기업특별회계	×××	×××
(1) 세입	×××	×××
(2) 세출	(×××)	(×××)
3. 책임운영기관특별회계	×××	×××
(1) 세입	×××	×××
(2) 세출	(×××)	(×××)
III. 기 금	×××	×××
(1) 수입	×××	×××
(2) 지출	(×××)	(×××)
IV. 총잉여금(I + II)	×××	×××

객관식 문제

1 국가의 결산에 관한 다음 설명 중 적절하지 않은 것은?

① 재무회계결산은 회계연도중의 모든 거래를 최종적으로 확정하여 재무보고서를 작성하고 장부를 마감하는 일련의 절차를 말한다.
② 예산회계결산은 세입예산과 세출예산의 집행내역을 확정하는 것이다.
③ 재무회계결산의 대상은 예산거래이며 예산외거래는 포함되지 않는다.
④ 재무회계결산시 발생주의 수정분개를 추가하여 재무제표를 작성하게 된다.

해답_③

2 국가의 재무회계체계를 설명한 것 중 맞지 않는 것은?

① 국가의 재무회계체계는 회계·기금별 재무결산, 중앙관서 재무결산, 국가통합 재무결산으로 구성되어 있다.
② 중앙관서 통합재무제표의 작성이 완료되면 회계·기금간 내부거래를 제거하여 국가통합 재무제표를 작성한다.
③ 국가의 회계순환과정은 회계기간중의 회계처리와 회계기간말의 결산과정으로 나누어진다.
④ 재무제표 작성시의 내부거래를 제거하는 것은 자산·부채의 과대계상을 방지하기 위한 것이다.

해답_②

3 국가회계의 결산시 결산조정분개 단계에서 수행되어야 할 회계처리가 아닌 것은?

① 내부거래 제거　　② 미지급금 지출
③ 발생주의 수정항목 처리　　④ 유동성 대체

해답_②

4 국가회계에서 예산과 회계(재무회계) 연계의 의미에 해당하지 않는 것은?

① 예산과 회계 양자간에 나타날 수 있는 인식상의 차이를 극복함으로써 보다 완전한 정보의 추출

② 예산이 소기의 목적을 얼마나 효율적으로 달성하였는지에 대하여 회계가 기여

③ 예산과 회계를 연계하여 예산회계 결산수치와 재무회계 결산수치를 통일

④ 현금주의에 의하여 운영되는 예산과 발생주의 적용을 받는 재무회계 간의 연계를 통해 예산과정의 합리적 통제, 합리적 의사결정과정의 확보 등 추구

해답_③

5 우리 국가회계에서 예산결산의 총잉여금과 재무결산의 재정운영결과의 차이내역에 대한 정보를 보여주기 위한 서식은?

① 예산자원보고서 ② 순원가조정보고서

③ 세입세출결산보고서 ④ 총잉여금 · 재정운영결과조정표

해답_④

6 국가의 결산에 관한 다음 설명 중 적절하지 않은 것은? (CPA 기출 문항 활용)

① 국가의 결산보고서는 결산개요, 세입세출결산, 재무제표, 성과보고서로 구성된다.

② 감사원은 제출된 국가결산보고서를 감사하고 다음연도 5월 20일까지 기획재정부장관에게 송부하여야 하며, 정부는 감사원의 감사를 거친 국가결산보고서를 다음연도 5월 31일까지 국회에 제출하여야 한다.

③ 중앙관서의 장은 회계연도마다 그 소관에 속하는 일반회계, 특별회계 및 기금을 통합한 결산보고서를 작성하여야 한다.

④ 기획재정부장관은 회계연도마다 중앙관서결산보고서를 통합하여 국가의 결산보고서를 작성한 후 감사원의 심의를 거쳐 대통령의 승인을 받아야 한다.

해답_④

PART Ⅲ

지방자치단체회계

chapter 9

지방자치단체회계의 법령체계와 범위

제1절 지방자치단체 회계 관련 법규

지방자치단체의 예산회계 및 재무회계를 규정하는 가장 기본적이고 중요한 법률은 지방자치법, 지방재정법, 지방회계법이다. 지방회계법 및 동법 시행령과 관련하여 지방회계기준인 '지방자치단체 회계기준에 관한 규칙(행정안전부령)', 실무 매뉴얼에 해당하는 '지방자치단체 복식부기 · 재무회계 운영규정(행정안전부훈령)' 등이 있으며, '공유재산 및 물품관리법', '지방자치단체 기금관리 기본법', '지방공기업법' 등을 통해 공유재산, 기금 및 지방공기업에 대한 관리 및 회계처리 등을 규정하고 있다. [도표 9-1]은 이러한 지방회계 관련 법령 및 주요 내용을 요약하고 있다.

[도표 9-1]
지방회계 관련 법령의 주요 내용

No.	법 령	법체계	주요 내용
1	지방자치법	법, 시행령	· 회계연도 규정, 결산절차 및 결산검사
2	지방재정법	법, 시행령	· 지방자치단체 재정운용에 대한 기본내용 규정 · 예산에 대한 전반적인 내용 · 성과보고서 · 채권의 관리(채권현재액보고서)

			· 부채의 관리(채무관리보고서)
3	지방회계법	법, 시행령	· 결산에 대한 전반적인 내용(결산서 작성 등) · 지방회계기준 제정 · 수입, 지출, 현금, 금고 관련 규정
4	공유재산 및 물품 관리법	법, 시행령	· 공유재산 및 물품의 종류, 취득, 관리, 처분 · 공유재산(물품) 증감 및 현재액보고서 등
5	지방자치단체 기금 관리 기본법	법, 시행령	· 기금의 설치, 운용, 관리, 결산 · (여유자금)통합관리기금의 설치 및 운용
6	지방공기업법	법, 시행령, 시행규칙	· 지방공기업특별회계의 운용, 관리 · 기업회계기준에 준하는 회계처리 및 공인회계사의 회계감사보고서 첨부
7	지방자치단체 회계기준에 관한 규칙(지방회계기준)	부령	· 재무제표의 구성 및 작성 기준 규정 · 회계의 일반원칙 및 재무제표 작성 · 자산, 부채, 수익, 비용의 인식기준, 자산·부채 평가기준 · 주석 및 필수보충정보의 작성
8	지방자치단체 복식부기·재무회계 운영규정	훈령	· 세부 계정과목별 회계처리지침 · 결산 및 재무제표 작성시 주의사항 · 사업원가 산출을 위한 지방회계의 원가계산 · 재정운영표의 작성방법

(자료 : 지방자치단체 복식부기·재무회계 운영규정(행정안전부, 2023, p.15) 인용)

제 2 절 지방자치단체 재무회계 법규

지방자치단체의 발생주의·복식부기 회계(이하 '재무회계'라 함)에 관련된 법규에는 지방재정법, 지방회계법 및 지방자치단체 회계기준에 관한 규칙(이하 '지방회계기준'이라 함)이 있다. 지방회계기준의 하위 규칙으로 행정안전부 훈령인 지방자치단체 복식부기·재무회계 운영규정이 있다. 이러한 법규의 체계를 그림으로 나타내면 [도표 9-2]와 같다.

[도표 9-2]
지방자치단체 재무회계 법규의 체계

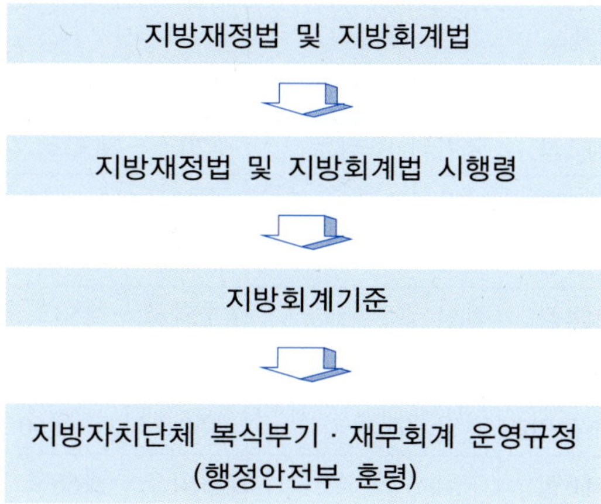

1. 지방재정법 및 지방회계법

지방재정법은 지방자치단체의 재정에 관한 기본원칙을 정함으로써 지방재정의 건전하고 투명한 운용과 자율성을 보장함을 목적으로 제정되었으며, 지방재정법의 구조는 [도표 9-3]과 같다.

과거 지방재정법은 제4장(결산)을 포함하여, 기존의 예산회계결산에 추가하여 재무회계결산을 시행하도록 규정하였다. 그러나 지방자치단체의 예산 · 회계 · 결산 · 자금관리 · 채권 등 다양한 분야를 포괄하고 있는 지방재정법에서 지방자치단체의 결산 · 수입 · 지출 · 현금 등 지방자치단체의 회계 및 자금관리에 관한 사항을 지방회계법에서 따로 정함으로써 지방자치단체 회계제도의 특수성을 반영하도록 하였다. 또한 지방회계의 투명성을 강화하고 회계부정을 예방하기 위하여 회계책임관제도 및 내부통제제도를 도입하는 등 지방자치단체의 회계를 투명하게 처리하고 자금을 효율적으로 관리하려는 것으로 지방회계법이 제정되었다. 지방회계법의 구조는 [도표 9-4]와 같다.

지방회계법 제12조(지방회계기준)에 지방재정활동에 따라 발생하는 경제적 거래 등을 발생사실에 따라 복식부기 방식으로 회계처리하는 데에 필요한 기준을 행정안전부장관이 기획재정부장관과 협의하여 행정안전부령으로 정하도록 하고 있는데, 이 행정안전부령이 지방회계기준이다. 지방회계기준은 지방자치단체의 회계업무가 적정하게 처리되도록 하고, 지방자치단체의 재정상태 및 재정

[도표 9-3]
지방재정법의 구조

장	내 용	조 문
제1장	총칙	제1조~제19조 (제8조, 제14조~제16조, 제17조의2 삭제)
제2장	경비의 부담	제20조~제32조 (제30조 삭제)
제2장의2	지방보조금의 관리	(제32조의2~제32조의11 전체 삭제)
제3장	예산	제33조~제50조
제4장	결산	(제51조~제53조의2 전체 삭제)
제5장	재정분석 및 공개	제54조~제60조의2 (제53조의3, 제56조 삭제)
제5장의2	긴급재정관리	제60조의3~제60조의9
제6장	수입	(제61조~제66조 전체 삭제)
제7장	지출	(제67조~제76조 전체 삭제)
제8장	현금과 유가증권	(제77조~제81조 전체 삭제)
제9장	시효	제82조~제84조
제10장	채권의 관리	제85조~제87조
제10장의2	부채의 관리	제87조의2~제87조의3
제11장	복권	제88조
제12장	회계관계공무원	(제89조~제95조 전체 삭제)
제13장	보칙	제96조의2~제96조의3 (제96조 삭제)
제14장	벌칙	(제97조~제98조 전체 삭제)

[도표 9-4]
지방회계법의 구조

장	내 용	조 문
제1장	총칙	제1조~제11조
제2장	회계처리의 기준 등	제12조~제13조
제3장	결산	제14조~제19조
제4장	수입	제20조~제28조
제5장	지출	제29조~제37조
제6장	현금과 유가증권	제38조~제43조
제7장	회계관계공무원	제44조~제50조
제8장	보칙	제51조~제55조

운용의 내용을 객관적이고 통일적이며 명백하게 나타낼 수 있도록 정해야 한다.

지방회계법상 결산서[1]는 [도표 9-5]와 같으며, 이 중 재무제표는 지방회계기준에 따라 작성하여야 하고, 공인회계사법에 따른 공인회계사의 검토의견을 받아야 한다.[2]

[도표 9-5]
지방회계법상 결산서

순 번	내 용
1	결산개요
2	세입, 세출 결산
3	재무제표(주석을 포함한다) 가. 재정상태표 나. 재정운영표 다. 순자산변동표
4	성과보고서

또한 지방회계법 제11조는 행정안전부장관이 다음의 사항에 대한 자문을 위하여 「행정기관 소속 위원회의 설치·운영에 관한 법률」 제7조의2에 따른 정책자문위원회에 그 심의를 요청하여야 한다고 규정하고 있다.

① 지방회계 관련 법령의 제정·개정·폐지
② 지방회계 관련 주요정책의 수립·시행

2. 지방재정법 시행령과 지방회계법 시행령

지방재정법 시행령과 지방회계법 시행령은 각 법률, 즉 지방재정법과 지방회계법에서 위임된 사항과 그 시행에 필요한 사항을 규정하고 있으며, 각 시행령의 구조는 [도표 9-6], [도표 9-7]과 같다.

1) 지방회계법 제15조
2) 지방회계법 제16조 제3항

[도표 9-6]
지방재정법 시행령의 구조

장	내 용	조 문
제1장	총칙	제1조～제31조 (제2조～제5조, 제9조, 제27조～제28조, 제30조의2～제30조의4 삭제)
제2장	경비의 부담	제32조～제38조 (제37조～제37조의7 삭제)
제3장	예산	제38조의2～제58조 (제43조～제45조 삭제)
제4장	결산	(제59조～제63조의2 전체 삭제)
제5장	재정분석 및 공개	제64조～제68조 (제66조, 제66조의2 삭제)
제5장의2	긴급재정관리	제69조～제72조의2
제6장	삭제	(제73조～제84조의2 전체 삭제)
제7장	지출	제85조 (제86조～제101조 삭제)
제8장	삭제	(제102조～제106조 전체 삭제)
제9장	채권과 채무	제107조～제133조
제10장	삭제	(제134조～제139조 전체 삭제)
제11장	보칙	제146조, 제147조 (제140조～제145조 삭제)

[도표 9-7]
지방회계법 시행령의 구조

장	내 용	조 문
제1장	총칙	제1조～제5조 (제6조～제7조 삭제)
제2장	지방회계 등에 대한 전문기관	제8조～제9조
제3장	결산	제10조～제17조
제4장	수입	제18조～제31조
제5장	지출	제32조～제47조
제6장	현금과 유가증권	제48조～제52조
제7장	회계관계공무원	제53조～제56조
제8장	보칙	제57조～제68조

재무회계와 관련된 지방회계법 시행령에는 제13조(공인회계사의 검토의견)를 포함하고 있다.[3)]

3) 지방회계법 시행령 제13조(공인회계사의 검토의견) ① 법 제16조 제3항에 따른 공인회계사의 검토의견에는 검토의 대상과 기준, 재무제표의 적정성 등이 포함되어야 한다.
② 공인회계사의 검토의견 작성에 관한 세부적인 사항은 행정안전부장관이 정한다.

3. 지방회계기준

지방회계기준은 당시 행정자치부(현 행정안전부) 산하의 지방자치단체 회계기준 심의위원회에 의해 2005년에 마련된 공개초안을 바탕으로 하여 제정되었다. 공개초안은 공청회에서 발표되고 수정을 거쳐 2006년에 행정자치부령으로 공표되었다.

지방회계기준은 지방자치단체의 회계처리 및 재무제표 보고의 통일성과 객관성을 확보함으로써 정보이용자에게 유용한 정보를 제공하고, 지방자치단체의 재정투명성과 공공책임성을 제고함을 목적으로 한다. 지방회계기준의 구조는 [도표 9-8]과 같다.

[도표 9-8] 지방회계기준의 구조

장	내 용	조 문
제1장	총칙	제1조～제6조
제2장	재무제표	제8조～제9조 (제7조 삭제)
제3장	재정상태표	제10조～제25조
제4장	재정운영표	제26조～제30조 (제31조～제34조 삭제)
제5장	현금흐름표	제35조～제37조
제6장	순자산변동표	제38조～제39조
제7장, 제7장의2	결산총평, 주석, 필수보충정보 및 부속명세서	제41조～제44조 (제40조 삭제)
제8장	자산 및 부채의 평가	제45조～제61조

지방회계기준은 제1장에서 제8장까지 총 61조의 본문으로 구성되어 있다.[4] 각 장의 내용을 요약하면 다음과 같다.

제1장(제1조～제6조)은 총칙으로 회계기준의 목적, 적용대상, 정의, 재무보고의 목적, 일반원칙 및 유형별 회계실체에 대해서 규정하고 있다.

제2장(제8조～제9조)은 재무제표의 종류, 재무제표의 작성원칙에 대해서 규정하고 있다. 재무제표는 재정상태표, 재정운영표, 현금흐름표, 순자산변

4) 지방회계기준의 일부 조문은 개정되는 과정에서 삭제되었다.

동표, 주석, 필수보충정보 및 부속명세서로 구성된다.

제3장(제10조~제25조)은 재정상태표의 구성요소인 자산, 부채, 순자산의 정의, 인식기준, 분류 및 재정상태표 작성기준에 대한 규정을 담고 있다.

제4장(제26조~제30조)은 재정운영표의 구성요소인 수익과 비용의 정의, 인식기준, 분류, 재정운영표 작성기준 및 원가계산에 대해서 규정하고 있다.

제5장(제35조~제37조)은 현금흐름표의 구성요소인 경상활동, 투자활동, 재무활동의 구분 및 현금흐름표 작성기준에 대해서 규정하고 있다.

제6장(제38조~제39조)은 순자산변동표에 대해서 규정하고 있다.

제7장 및 제7장의2(제41조~제44조)는 주석, 필수보충정보 및 부속명세서를 규정하고 있다.

제8장(제45조~제61조)은 자산 및 부채의 평가, 자본적 지출과 경상적 지출의 구분, 우발상황, 회계변경과 오류수정 및 재정상태표 보고일 이후 발생한 사건 등을 규정하고 있다.

4. 지방자치단체 복식부기 · 재무회계 운영규정

지방자치단체 복식부기 · 재무회계 운영규정은 행정안전부 훈령으로 지방자치단체가 재무회계업무를 수행하는 과정에서 발생하는 구체적인 회계실무에 대해서 통일된 처리방안을 제시하고, 지방회계기준에서 규정하고 있는 내용을 실무적이며 상세하게 설명하기 위하여 마련된 회계처리지침이다. 지방자치단체 복식부기 · 재무회계 운영규정의 구조는 [도표 9-9]와 같다.

[도표 9-9] 지방자치단체 복식부기 · 재무회계 운영규정의 구조

장	내 용
제1장	지방자치단체 복식부기 · 재무회계 운영규정 총설
제2장	수입 지출거래의 복식부기 회계처리
제3장	결산보정사항과 발생주의 회계처리
제4장	재무제표의 작성 및 공시
제5장	재무제표에 대한 공인회계사의 검토

객관식 문제

1 지방자치단체회계에 대한 설명 중에서 틀린 것은?

① 지방자치단체회계는 예산회계와 재무회계로 구분할 수 있다.
② 지방자치단체는 예산회계와 재무회계 중에서 하나만 택일하여 결산보고할 수 있다.
③ 지방자치단체 예산회계는 현금주의 · 단식부기를 사용하고 있다.
④ 지방자치단체 재무회계는 발생주의 · 복식부기를 사용하고 있다.

해답_②

지방자치단체는 예산회계결산과 재무회계결산을 모두 해야 한다.

2 지방자치단체회계 관련 법규에 대한 설명 중에서 틀린 것은?

① 지방회계법은 지방자치단체의 회계에 관한 기본원칙을 정하고 있다.
② 지방재정법 시행령은 지방재정법에서 위임된 사항과 그 시행에 필요한 사항을 규정한다.
③ 지방자치단체 회계기준에 관한 규칙은 지방자치단체의 재정투명성과 공공책임성을 제고함을 목적으로 한다.
④ 지방자치단체 복식부기 · 재무회계 운영규정은 지방자치단체 예산회계를 실무적이며 상세하게 처리하기 위한 회계처리지침이다.

해답_④

지방자치단체 복식부기 · 재무회계 운영규정은 지방자치단체 예산회계가 아니라, 재무회계를 위한 회계처리지침이다.

3 지방재정법에 관한 설명 중 틀린 것은?

① 지방재정법은 지방자치단체 예산회계에 대해 규정하고 있다.
② 지방회계법은 지방자치단체 재무회계에 대해 규정하고 있다.
③ 지방재정법은 지방자치단체 재무회계를 실무적이며 상세하게 처리하기 위한 회계처리지침이다.
④ 지방회계법은 지방자치단체가 발생주의 · 복식부기 제도를 사용하여 재무제표를 작

성하도록 규정하고 있다.

해답_③

지방재정법은 회계처리지침이 아니라, 예산회계 및 재무회계의 결산을 규정하고 있는 법령이다. 지방자치단체 복식부기 · 재무회계 운영규정이 지방자치단체 재무회계를 실무적이며 상세하게 처리하기 위한 회계처리지침이다.

4 지방회계법에 관한 설명 중 틀린 것은?

① 지방회계기준은 지방회계법 시행령에서 위임된 규정(행정안전부령)이다.

② 지방회계법은 발생주의 · 복식부기 제도를 모든 지방자치단체에 도입하도록 규정하였다.

③ 지방회계법은 지방자치단체 재무제표의 결산검사에 대해 기업식의 감사의견을 첨부하도록 규정하였다.

④ 지방회계법은 지방자치단체의 발생주의 · 복식부기 회계기준을 마련하도록 규정하였다.

해답_③

지방회계법은 지방자치단체 재무제표의 결산검사에 대해 기업식의 감사의견이 아니라 공인회계사의 검토의견을 첨부하도록 규정하였다.

5 지방자치단체 회계기준에 대하여 규정한 내용이 아닌 것은?

① 자산 · 부채 · 자본의 인식

② 수익과 비용의 인식

③ 자산과 부채의 평가

④ 재무제표의 작성기준

해답_①

지방자치단체는 비영리조직으로 자본의 개념이 존재하지 않으므로 '자본의 인식'은 틀린 표현이다. 따라서 '자산 · 부채 · 순자산의 인식'이 올바른 용어이다.

6 지방자치단체 회계기준에 관한 규칙(이하 '지방회계기준'이라 함)에 대한 설명 중에서 틀린 것은?

① 지방회계기준은 제1장에서 제8장까지 총 61조의 본문으로 구성되어 있다.

② 지방회계기준은 지방자치단체 예산회계에 대한 회계기준이다.

③ 지방회계기준은 당시 행정자치부 산하의 지방자치단체 회계기준심의위원회에 의해 2005년에 마련된 공개초안을 바탕으로 하여 제정되었다.

④ 지방회계기준은 2006년에 행정자치부령으로 공표되었다.

해답_②

지방회계기준은 지방자치단체의 예산회계가 아닌 재무회계에 대한 회계기준이다.

7 지방자치단체 재무제표의 구성요소가 아닌 것은?

① 결산총평 ② 재정상태표

③ 재정운영표 ④ 주석

해답_①

결산총평은 재무제표의 구성요소에서 삭제되었다.

8 지방자치단체 회계기준에 관한 규칙에서 정의되지 않은 회계실체는?

① 보고회계실체 ② 개별회계실체

③ 유형별회계실체 ④ 통합회계실체

해답_①

지방자치단체 회계기준에 관한 규칙 제3조(정의)에서 보고회계실체는 정의되지 않았다.

9 지방자치단체에 관한 회계처리방법이 서로 상충될 때에, 가장 우위에 있는 재무회계규정은?

① 지방자치단체 회계기준에 관한 규칙

② 지방자치단체 원가계산준칙

③ 지방자치단체 회계기준에 관한 규칙 해설

④ 지방자치단체 복식부기 · 재무회계 운영규정

해답_①

지방자치단체 회계기준에 관한 규칙이 가장 우위에 있는 재무회계규정이다. 원가계산준칙과 회계기준에 관한 규칙 해설 등은 별도의 준칙 및 해설로 존치되어 왔으나, 최근 지방자치단체 복식부기 · 재무회계 운영규정으로 통합되었다.

10 「지방회계법」 및 「지방자치단체 회계기준에 관한 규칙」에 대한 다음 설명 중 옳지 않은 것은? (CPA 2019년)

① 미수세금은 합리적이고 객관적인 기준에 따라 평가하여 대손충당금을 설정하고 이를 미수세금 금액에서 차감하는 형식으로 표시한다.

② 「지방회계법」에 따른 재무제표는 지방회계기준에 따라 작성하여야 하고, 「공인회계사법」에 따른 공인회계사의 검토의견을 첨부하여야 한다.

③ 교환거래로 생긴 수익은 재화나 서비스 제공의 반대급부로 생긴 사용료, 수수료 등으로서 수익창출활동이 끝나고 그 금액을 합리적으로 측정할 수 있을 때에 인식한다.

④ 지방자치단체의 회계처리와 재무보고는 발생주의·복식부기 방식에 의하며, 예산회계와 재무회계의 차이에 대한 명세서는 주석으로 공시한다.

⑤ 지방자치단체의 장은 회계처리를 적정하게 하고, 공무원의 부정·비리를 예방하기 위하여 「지방회계법」에 따른 회계책임관으로 하여금 회계관계공무원의 회계처리에 관한 사항 등을 관리·감독하는 등 내부통제를 하게 하여야 한다.

해답_④

예산회계와 재무회계의 차이에 대한 명세서는 필수보충정보 사항이다(지방회계기준 제42조).

chapter 10

재정상태표

재정상태표는 특정시점의 회계실체의 자산과 부채의 내역 및 상호관계 등 재정상태를 나타내는 재무제표로서 자산·부채 및 순자산으로 구성된다. 자산과 부채는 유동성이 높은 항목부터 배열하고, 총액에 따라 적는 것을 원칙으로 하며, 자산의 항목과 부채 또는 순자산의 항목을 상계함으로써 그 전부 또는 일부를 재정상태표에서 제외하면 안 된다. 가지급금이나 가수금 등의 미결산항목은 그 내용을 나타내는 적절한 과목으로 표시하고, 비망계정은 재정상태표의 자산 또는 부채 항목으로 표시하지 않는다.

제1절 자 산

1. 자산의 개념과 인식

(1) 자산의 개념

지방회계기준 제11조는 자산을 과거의 거래나 사건의 결과로 현재 회계실체가 소유(실질적으로 소유하는 경우를 포함한다) 또는 통제하고 있는 자원으로서 미래에 공공서비스를 제공할 수 있거나 직접적 또는 간접적으로 경제적 효익을 창출하거나 창출에 기여할 가능성이 매우 높은 자원으로 정의한다. 여기서 경제적 효익(economic benefit)이란 회계실체가 직·간접적으로 미래 현금흐름을 창출할 수 있는 능력을 말한다. 지방자치단체는 기업과 달리 공공서비스 제공을 주된 목적으로 하므로, 미래 경제적 효익과 함께 공공서비스 잠재력이 있는 자원을 자산의 정의에 포함하고 있다. 공공서비스 잠재력(service potential)이란 지방자치단체가 미래에 제공할 수 있는 공공서비스 능력을 의미한다. 정부회계에서 자산은 기업회계에서의 자산과 성격상 많은 차이가 있다. 가장 대표적인 차이는 기업회계에서의 자산은 수익창출의 원천이지만, 정부회계에서의 자산은 공공서비스 잠재력의 원천이라는 뜻을 포함한다는 점이다.

예산회계(현금주의)에서는 컴퓨터를 구입하는 경우에 이를 지출로 처리하지만, 재무회계(발생주의)에서는 컴퓨터의 사용으로 미래 현금수익을 창출하거나 공공서비스 제공능력을 창출할 수 있으므로 이를 자산으로 처리한다. 도로, 공원, 하천 등 사회기반시설의 경우 매각 또는 기타의 방법으로 미래에 지방자치단체가 현금수익을 창출할 가능성은 희박하므로 미래 경제적 효익은 없다고 할 것이나, 주민들이 직접적으로 향유할 수 있는 공공재로서의 편익을 제공하므로 서비스 잠재력이 있는 자산이다.

비록 지방회계기준 제11조의 정의를 충족하여 자산의 성격을 가진다 하더라도, 실무적인 면에서 금액의 중요성이 크지 않거나 회계정보의 기록유지에 소요되는 원가가 정보의 효익보다 클 경우에는, 자산이 아니라 비용으로 처리할 수 있다. 예를 들어, 지방자치단체에서 구입한 집기비품은 미래 경제적 효익을 창출할 수 있으므로 자산의 정의를 충족한다고 볼 수 있다. 그러나 구입한 집기비품이 곧 소모되고 금액 또한 중요하지 않다면 즉시 소모품비 등의 비용항목으로 처리할 수 있다.

(2) 자산의 인식기준

자산의 인식이란 거래나 사건의 경제적 효과를 자산으로 재무제표에 표시하는 것을 말한다. 인식기준을 충족한 거래나 사건은 화폐단위로 측정되어 재무제표의 적절한 계정과목으로 표시된다.

자산은 다음의 세 가지 조건이 모두 충족되어야 인식할 수 있다.

① 자산의 정의를 충족시켜야 함
② 미래에 공공서비스를 제공할 수 있거나 직접적 또는 간접적으로 경제적 효익을 창출하거나 창출에 기여할 가능성이 매우 높아야 함
③ 그 가액을 신뢰성 있게 측정할 수 있어야 함

(3) 관리책임자산의 인식여부

지방정부회계에서 관리책임자산이란 유산자산 및 자연자원 등과 같이 합리적인 가치측정이 어렵고 보존을 위한 비용만 발생하며 처분의 대상이 되지 않는 자산이지만, 회계실체가 반드시 책임 있게 관리할 책무가 있는 자산을 말한다.

관리책임자산은 자산의 정의에는 부합되지만 그 금액을 신뢰성 있게 측정하기 어렵고 문화유산을 대량보유하고 있는 자치단체와 그렇지 않은 자치단체 간의 형평성 및 산출된 정보의 왜곡문제 등이 발생할 수 있다. 재무보고와 관련하여 이와 같은 문제를 실무적으로 해결하기 위하여, 지방회계기준은 관리책임자산에 대하여는 일반적인 자산인식기준을 적용하지 않고 재정상태표상의 자산에서 제외하되 필수보충정보로 표시하도록 하고 있다.

2. 자산의 분류

(1) 자산의 분류

지방자치단체가 소유 또는 통제하고 있는 자산은 지방회계기준 제13조에 의하여 유동성이 큰 순서로 배열하여 보고한다. 이에 따라 자산은 [도표 10-1]과 같이 유동자산, 투자자산, 일반유형자산, 주민편의시설, 사회기반시설, 기타비유동자산으로 구분한다.

[도표 10-1]
자산의 분류

중분류	회계과목*
유동자산	현금및현금성자산, 단기금융상품, 미수세금, 미수세금대손충당금, 미수세외수입금, 미수세외수입금대손충당금, 미수징수교부금, 미수정부간이전수익, 단기대여금, 단기대여금대손충당금, 단기대여금현재가치할인차금, 재고자산, 기타유동자산
투자자산	장기금융상품, 장기대여금, 장기대여금대손충당금, 장기대여금현재가치할인차금, 장기투자증권, 기타투자자산
일반 유형자산**	토지, 입목, 건물, 구축물, 기계장치, 차량운반구, 집기비품, 임차개량자산, 기타일반유형자산, 건설중인일반유형자산
주민 편의시설**	도서관, 주차장, 공원, 박물관및미술관, 동물원, 수목원및휴양림, 문화및관광시설, 체육시설, 사회복지시설, 의료시설, 교육시설, 기타주민편의시설, 건설중인주민편의시설
사회 기반시설**	도로, 도시철도, 상수도시설, 수질정화시설, 하천부속시설, 폐기물처리시설, 재활용시설, 농수산기반시설, 댐, 어항및항만시설, 기타사회기반시설, 건설중인사회기반시설
기타 비유동자산	보증금, 무형자산, 기타비유동자산

* 회계과목은 관리과목으로 더 세분된다.

** 유형자산의 회계과목에는 해당 유형자산의 감가상각누계액 과목이 포함된다. 단, 유형자산 중 토지, 입목, 건설중인일반유형자산, 건설중인주민편의시설, 도로, 도시철도, 하천부속시설, 건설중인사회기반시설에는 감가상각누계액 과목이 없다. 또한 대부분의 유형자산에는 사용수익권 과목이 있으나(예 : 토지사용수익권), 건설중인일반유형자산, 건설중인주민편의시설, 건설중인사회기반시설 등에는 사용수익권 과목이 없다.

유형자산은 지방자치단체가 공공서비스의 제공을 위하여 1년 이상 계속적 또는 반복적으로 사용하기 위하여 보유하는 물리적인 실체(physical substance)를 가진 자산을 말한다. 유형자산을 [도표 10-2]와 같이 사용목적에 따라 일반유형자산, 주민편의시설 및 사회기반시설로 구분한 것은 지방자치단체의 유형자산이 주로 공공서비스 제공을 위한 것이고 그 서비스의 성격에 따라 이를 분류하는 것이 정보이용자에게 유용한 정보가 될 것으로 판단하였기 때문이다.

[도표 10-2]
유형자산의 구분, 성격 및 특징

구 분	성 격	특 징
일반 유형자산	공무원이 주민에 대한 공공서비스를 창출하는 과정에서 보유하는 자산	공무수행에 사용되는 일반적인 유형자산으로 처분이 가능(예 : 토지, 건물, 차량운반구 등)
주민 편의시설	주민생활에 밀접하게 관련되는 지역주민이 공동이용하는 편의시설인 공동체자산(community asset)	지역주민이 직접적으로 공동이용하는 지역사회 공익시설(예 : 주차장, 도서관, 공원, 박물관 및 미술관 등)
사회 기반시설	파급효과가 장기간에 걸쳐 지속되는 지역사회의 인프라 기반시설(infrastructure)	다른 자산에 비해 상당히 장기적인 내용연수를 지니는 기반시설(예 : 도로, 상수도, 하수도, 댐 등)

(2) 공유재산의 용도별 구분

정부회계에서는 지금까지 자산이라는 용어를 사용하지 않고 공유재산 관련 규정 등에서 재산이라는 용어를 사용해 왔다. 공유재산 및 물품관리법에 의한 재산과 지방회계기준의 자산을 상호비교하여 제시하면 [도표 10-3]과 같다. 인식기준에 있어서, 재산은 현금주의인 반면에 자산은 발생주의에 의한다. 즉, 재산에 대해서는 감가상각 등의 개념이 적용되지 않지만, 자산에 대해서는 감가상각 등의 개념이 적용된다.

[도표 10-3]
재산과 자산의 비교

비교대상	재 산	자 산
인식기준	현금주의	발생주의
분류기준	공유재산 및 물품관리법, 재산(물품)관리지침	지방회계기준
대상회계	모든 회계실체	모든 회계실체
관리대상 자산	공유재산	재고자산, 투자자산, 일반유형자산, 주민편의시설, 사회기반시설, 무형자산
	물품	일반유형자산, 재고자산
	채권	유동자산, 투자자산
	공공시설	일반유형자산, 주민편의시설, 사회기반시설
	기금	해당되는 자산

공유재산 및 물품관리법에 의하면, "공유재산"이란 지방자치단체의 부담이나 기부의 채납 또는 법령이나 조례의 규정에 의하여 지방자치단체의 소유로 된 재산을 말한다. 공유재산은 지방자치단체의 재산을 통칭하는 용어이며, 실제 소유권을 가진 실체, 즉 지방자치단체의 유형에 따라 시유재산, 도유재산, 군유재산, 구유재산 등으로 구분된다. 공유재산은 그 용도에 따라 행정재산, 일반재산으로 구분하고 행정재산은 이를 다시 공용재산, 공공용 재산 및 기업용 재산, 보존용 재산으로 분류한다. 일반재산은 행정재산 외의 모든 공유재산으로 구분된다.

공유재산의 용도별 구분은 예산회계에서 이용되는 분류기준으로서 발생주의 회계에서는 적용되지 않지만, 지방재정 실무에서 중요한 정보를 제공하기 때문에 공유재산 및 물품관리법에 의한 공유재산의 용도별 구분내역을 부속명세서에 표시해야 한다.

3. 주요 자산과목

(1) 유동자산

유동자산이란 회계연도 종료 후 1년 이내에 현금으로 전환되거나 소비될 것으로 기대되는 자산을 말한다. 유동자산에는 현금및현금성자산, 단기금융상품, 미수세금, 미수세외수입금, 미수징수교부금, 미수정부간이전수익, 단기대여금, 재고자산, 기타유동자산 등이 포함된다.

현금및현금성자산은 현금(통화와 통화대용증권)과 요구불예금(당좌예금, 보통예금), 현금성자산으로 크게 분류된다. 현금성자산이란 취득시부터 만기가 3개월 이내에 도래하는 유가증권(채권, 상환우선주, 환매채 등)과 취득시 3개월 이내의 만기계약을 가진 단기금융상품(정기예금, 기업어음, CD 등)을 포함한다. 실무적으로 현금및현금성자산에 속하는 것들은 현금과예금, 일상경비전도금, 도급경비전도금, 기타현금및현금성자산 등이다.

일상경비로 지출원이 일상경비출납원에게 지출한 자금은 일반자금과 구분하여 일상경비전도금 과목으로 기록한 후, 일상경비의 목적으로 회계처리하였다가 회계연도말 정산에 따라 미사용 자금이 남은 경우 일상경비전도금을 현금과예금 과목으로 대체하는 회계처리를 한다.

지방정부회계에서 발생하는 보증금, 보관금, 잡종금 등은 세입세출외로 보관중인 현금으로서, 지방자치단체가 계약 또는 법률상 원인 등에 의해 일시적으로 보관하다가 반환해야 할 성격이다. 보관현금은 자산(세입세출외단기보관현금 또는 세입세출외장기보관현금)으로 인식하고 동시에 부채(단기(장기)예수보관(증)금)로 인식한다. 보관현금은 일상경비 등으로 자유롭게 사용할 수 없으므로, 현금및현금성자산이 아니라 장단기 구분에 따라 기타유동자산(세입세출외단기보관현금) 또는 기타비유동자산(세입세출외장기보관현금)으로 구분하고 그 내용을 주석으로 표시하도록 한다. 또한, 자금 이외에 보관중인 유가증권, 국공유재산 등은 재무제표에 자산 및 부채로 표시하지 않는다.

단기금융상품이란 여유자금의 운용을 목적으로 금융기관에 예치한 금액이며, 결산일로부터 만기가 1년 이내에 도래하는 것으로, 현금성자산을 제외한 정기예금, 정기적금, 기타 정형화된 상품[기업어음(CP), 어음관리계좌(CMA), 양도성예금증서(CD), 환매조건부채권(RP) 등]을 포함한다.

현금및현금성자산, 장·단기금융상품 그리고 장기투자증권은 대체적으로 다음과 같이 구분할 수 있다. 금융기관이 취득하는 보통예금 등은 여유자금의 운용목적이 아닌 보관 등의 편의를 위한 것으로서, 현금과 같이 즉시 인출하여 사용할 수 있으므로 단기금융상품으로 분류하지 않고 현금및현금성자산으로 분류한다.

금융기관이 취급하는 정기예금·정기적금 및 기타 정형화된 상품으로 취득당시에 만기가 3개월 이내에 도래하는 것은 현금및현금성자산으로 분류하고, 그 외의 경우 결산일로부터 만기가 1년 이내에 도래하는지의 여부에 따라 장·단기금융상품으로 구분한다. 지방자치단체가 보유한 주식, 출자금, 국·공채 등의 투자증권은 대부분 장기자금운용목적이므로 투자자산인 장기투자증권으로 구분한다. 다만, 국·공채의 경우 취득 당시에 만기가 3개월 이내인 경우 현금및현금성자산으로 구분한다. 현금및현금성자산, 단기금융상품 및 장기금융상품 등의 자산 중에서 사용이 제한되어 있는 경우에는 그 내용을 주석으로 표시해야 한다.

미수세금은 지방세의 부과징수과정에서 발생한 채권으로 징수결의가 이루어졌으나 수납되지 않은 것을 말하는데, 징수유예, 연부연납액 등을 포함하며 체납된 세금도 별도로 구분하지 않고 포함한다. 지방세에 대한 미수세금 중 체납된 것은 체납기간의 장·단기에 불구하고 모두 유동자산인 미수세금에 포함한다.

미수세외수입금은 세외수입의 부과징수과정에서 발생한 채권으로 징수결의가 이루어졌으나 수납되지 않은 것을 말하는데, 징수유예 및 연부연납액 중 징수결의된 금액도 포함하며 체납된 세외수입도 별도로 구분하지 않고 포함한다.

미수징수교부금은 지방세기본법 시행령의 규정에 의해 시 · 군 · 자치구가 시 · 도세 징수를 대행함에 따라, 시 · 도세 징수액의 일정부분에 해당하는 부분을 징세비 명목으로 보상받은 수입 중 미수액과 시 · 도의 사용료, 수수료, 부담금 등 세외수입에 대해 시 · 군 · 자치구가 징수를 대행함에 따른 수입 중 미수액을 말한다.

미수정부간이전수익은 교부결정 등의 확정통지는 되었으나 수납되지 않은 지방교부세, 조정교부금, 각종 보조금, 기타정부간이전수익을 포함한다.

단기대여금은 금전소비대차계약에 의해서 대여한 금전에 대한 채권으로서 결산일로부터 회수기한이 1년 이내에 도래하는 금액을 의미한다.

재고자산은 지방자치단체가 판매를 목적으로 보유하는 자산(판매용부동산 및 판매용물품), 장래 행정서비스 제공을 위해 사용 · 소모하거나 생산과정에 투입할 목적으로 보유하고 있는 자산(저장품) 및 그 외의 재고자산(기타재고자산)을 포함한다. 판매용재고자산과 저장품의 구체적인 내용은 [도표 10-4]와 같다.

기타유동자산은 유동자산 중에서 위에서 열거하지 않은 자산으로 결산수정분개를 통하여 발생하는 선급금, 일반미수금, 미수수익, 선급비용 등을 포함한

[도표 10-4]
지방자치단체 재고자산의 구분

<table>
<tr><th>구 분</th><th colspan="2">내 용</th></tr>
<tr><td>판매용 부동산</td><td colspan="2">· 토지구획정리사업 등 개발사업에 따라 지방자치단체가 보유하게 된 미분양 상업용지와 상가
· 지방세법 등의 규정에 따라 납부된 물납자산</td></tr>
<tr><td>판매용 물품</td><td colspan="2">· 판매(위탁판매 포함)를 목적으로 지방자치단체가 보관중인 쓰레기처리봉투</td></tr>
<tr><td rowspan="3">저장품</td><td colspan="2">· 행정서비스 제공(거리청소 등)을 목적으로 지방자치단체가 보관중인 쓰레기봉투와 상업적 생산을 위한 소모성물품 등</td></tr>
<tr><td>일반회계</td><td>· 쓰레기봉투, 도로 제설제, 기계장치 또는 비품 교체용 소모품 등</td></tr>
<tr><td>지방공기업특별회계</td><td>· 정수약품, 배관 및 급수관자재, 공사용 자재, 지하수 계측기, 교체계량기, 유류 등</td></tr>
<tr><td>기타 재고자산</td><td colspan="2">· 판매용부동산, 판매용물품 및 저장품 이외의 재고자산</td></tr>
</table>

다. 일반미수금은 매년 합리적인 방법에 의해 회수불가능한 금액을 추정하여 대손충당금으로 설정하고 이를 차감하는 방식으로 표시한다.

(2) 투자자산

투자자산은 지방자치단체가 투자하거나 또는 권리행사 등을 목적으로 보유하고 있는 비유동자산으로서 장기금융상품, 장기대여금, 장기투자증권 등으로 구성된다.

장기금융상품은 유동자산에 속하지 않는 금융상품으로서 금융기관이 취급하는 정기예금·정기적금 및 기타 정형화된 상품[기업어음(CP), 어음관리계좌(CMA), 양도성예금증서(CD), 환매조건부채권(RP) 등]을 자금운용목적으로 보유한 것 중에서 결산일로부터 만기가 1년 이후에 도래하는 것을 말한다.

장기대여금은 금전소비대차계약 등에 의해서 민간, 타 자치단체 또는 타 회계에 대여한 채권으로서 결산일로부터 회수기한이 1년 이후에 도래하는 것을 말한다.

장기투자증권은 지방자치단체가 행정서비스 제공을 위해 지방공기업법에 의해 지방공사·지방공단 등의 공기업에 대한 출자금, 장기투자목적으로 소유하는 주식 및 채권액과 민간기업 등과 공동으로 출자하여 설립하는 주식회사 형태의 민관공동출자기업에 대한 출자액을 말한다. 지방공기업법에 따라 간접경영방식으로 운영되는 지방공사, 지방공단에 출자한 금액은 장기투자증권 중 출자금으로 표시한다. 한편, 지방자치단체가 민간기업 등과 공동으로 주식회사를 설립하여 운영하는 민관공동출자기업에 출자한 금액은 장기투자증권 중 투자주식으로 표시한다. 지방공기업법에 의한 직접경영방식으로 운영되는 지방공기업특별회계에 대한 자본형성적 전출금은 장기투자증권과는 별도로 기타투자자산 중 공기업특별회계자본전출금으로 표시한다. 그러나 지방자치단체 내의 다른 회계(기금회계 및 기타특별회계 포함) 및 지방공사·지방공단에 대한 전출금은 모두 비용(전출금비용)으로 처리한다.

(3) 일반유형자산

일반유형자산은 주민편의시설 및 사회기반시설 이외의 유형자산으로 공공서비스 제공을 위하여 1년 이상 반복적 또는 계속적으로 사용되는 자산을 말한다. 일반유형자산은 토지, 입목, 건물, 구축물, 기계장치, 차량운반구, 집기비품, 임차개량자산, 기타일반유형자산 및 건설중인일반유형자산 등으로 구분한다.

유형자산은 그 실질적인 사용목적에 따라 일반유형자산, 주민편의시설, 사회기반시설로 구분된다. 따라서 동일한 성질의 건물이라도 그 사용목적이 청사용인 경우 일반유형자산으로, 공원부속시설인 경우 주민편의시설로, 댐부속시설인 경우 사회기반시설로 구분한다. 일반유형자산의 일부가 다른 용도로 사용되는 경우, 주된 용도가 공공서비스 제공을 위한 것이라면 시설 전체를 일반유형자산으로 구분하는 것을 원칙으로 한다.

건물 주변 시설물의 경우 건물내외에 부착되거나 건물에 기능적으로 부속되어 건물의 효용을 증대시키는 부속시설물은 건물로 구분하고, 이 외에 별도로 설치되어 유지되는 자산은 구축물로 처리한다. 실무적으로는 건물과 구축물의 구분이 모호한 경우가 많다. 구체적인 사례로, 건물 부대시설인 부설주차장, 자전거보관대, 화단, 민원게시판, 분수대 등은 기능상 건물 이용을 위한 것이므로 건물로 분류하는 것이 타당하다.

(4) 주민편의시설

주민편의시설은 주민편의를 위하여 1년 이상 반복적 또는 계속적으로 사용되는 자산이다. 지역주민이 직접·공동으로 이용하는 편의시설로서 도서관, 주차장, 공원, 박물관, 미술관 등 주민의 생활에 밀접한 공동시설을 포함한다.

주민편의시설은 시설의 설치에 관한 법률에 따라 구분하는 것이 아니며 그 자산의 실질적인 사용형태에 따라 해당 회계과목으로 구분함을 원칙으로 한다. 즉, 각 법률의 내용과 실질적 사용목적이 상이한 경우에는 해당 사용목적대로 자산을 분류하며, 특정법률에 근거하지 않은 자산도 그 실질이 주민편의시설에 해당한다면 실질에 따라 분류한다.

주민편의시설의 일부가 다른 용도로 사용되는 경우에는, 주된 용도가 주민편의를 위한 것이라면 시설 전체를 주민편의시설로 구분하는 것을 원칙으로 한다. 각 주민편의시설은 토지와 건물만을 의미하는 것이 아니며, 토지, 건물, 입목, 구축물, 기계장치, 차량운반구, 집기비품, 임차개량자산 등 해당 주민편의시설을 구성하는 부속자산은 모두 각각의 해당 주민편의시설에 포함하여 표시한다.

청사 내의 일정공간에 도서실을 설치하여 주민에게 제공한 경우에는 청사의 주된 목적이 일반 공공서비스를 제공하는 것이므로 청사 전체와 관련 부속시설을 일반유형자산으로 구분한다. 이 경우 도서실의 집기와 도서 등은 일반유형자산 과목 내 집기비품으로 구분한다.

별도로 건립된 구립도서관의 부지, 건물, 입목, 구축물, 차량, 도서, 집기비품 등은 모두 주민편의시설의 도서관으로 구분하며, 도서관은 다시 도서관토지와 토지를 제외한 도서관으로 구분하여 관리한다.

부속시설은 기능상 부속되어 있는 자산의 분류에 따라 구분한다. 예를 들어, 보안등의 경우 주민편의시설에 부속되어 설치·관리되면 해당 주민편의시설로, 도로를 위해 설치·관리되면 사회기반시설인 도로로, 임도를 위해 설치·관리되면 기타사회기반시설로 분류한다. 타 시설에 부속되지 않고 홀로 설치된 경우에는 주민편의를 위한 것으로 보아 기타주민편의시설로 분류한다.

(5) 사회기반시설

사회기반시설은 초기에 대규모의 투자가 소요되며 파급효과가 장기간에 걸쳐서 나타나는 지역사회의 기반적 자산(infrastructure asset)을 말하며, 도로, 도시철도, 상수도시설, 수질정화시설, 하천부속시설, 폐기물처리시설, 재활용시설, 농수산기반시설, 댐, 어항및항만시설, 기타사회기반시설, 건설중인사회기반시설을 포함한다.

사회기반시설은 시설의 설치에 관한 법률에 따라 구분하는 것이 아니며 그 자산의 실질적인 사용형태에 따라 해당 회계과목으로 구분함을 원칙으로 한다. 사회기반시설의 일부가 다른 용도로 사용되는 경우, 주된 용도가 사회기반구축을 위한 것이라면 시설 전체를 사회기반시설로 구분하는 것을 원칙으로 한다. 각 사회기반시설은 토지와 건물만을 의미하는 것이 아니며, 토지, 건물, 입목, 구축물, 기계장치, 차량운반구, 집기비품 등 해당 사회기반시설을 구성하는 부속자산은 모두 각각의 해당 사회기반시설에 포함하여 표시한다.

(6) 기타비유동자산

기타비유동자산은 유동자산, 투자자산, 일반유형자산, 주민편의시설, 사회기반시설을 제외한 자산을 말하며, 보증금과 무형자산 등을 포함한다. 무형자산은 물리적 실체가 없으나 식별가능하고, 미래 경제적 효익과 공공서비스 잠재력을 창출할 수 있으며, 지방자치단체가 통제하고 있는 자산을 말한다. 무형자산에는 지적재산권, 전산소프트웨어, 용익물권 등이 있다.

4. 자산의 취득

(1) 유형자산의 취득원가

일반유형자산, 주민편의시설 및 사회기반시설 등의 유형자산은 취득원가로 기록한다. 취득원가는 취득시점부터 그 자산을 의도한 목적으로 사용가능하게 하는 데까지 소요되는 모든 부대비용을 포함한다. 예를 들어, 토지의 취득원가는 구입가격에 취득세, 등록세 등 발생한 모든 원기를 합산한 것이다. 기계장치의 경우 취득원가는 구입가에 세금, 운임, 수수료, 설치비, 시운전비, 구입시점의 수리비 등을 합한 가액이다.

일반적으로 건축물 및 시설물의 취득원가에 포함되는 항목은 다음과 같다.

① 건축물의 공사비와 설계에서 준공 후 등기, 등록까지의 과정에 소요되는 취득부대비용

② 설계용역비, 조달수수료, 설계심사회의수당, 환경영향평가용역비, 공사감독비, 관급자재구입비, 시설물공사비, 인입선공사비, 감리용역비, 소유권이전비용(이전등기비용, 법무사수수료 등)

토지의 경우 취득원가에 포함되는 항목은 다음과 같다.

① 토지의 구입비와 토지취득에 소요되는 부대비용

② 토지구입비, 토지정지비, 지장물보상비, 철거공사비, 폐기물처리비, 이주보상비, 영업손실보상비, 실농보상비, 신문광고료, 각종 수수료(지적측량비, 감정평가비, 문화재지표조사비, 소유권이전비용 등) 및 부담금(농지전용부담금, 하수도원인자부담금 등)

그러나 시설비에 포함되어 있지 않은 타당성 조사 및 연구 용역비, 회의 관련 비용 등은 관련 건물이나 토지의 취득원가에 포함하지 않고 비용으로 회계처리한다. 취득부대비용 산정과 관련하여 다음과 같은 특례사항에 유의할 필요가 있다.[1)]

첫째, 다수의 공사(또는 주된 자산)에 공통적으로 소요된 부대비용의 구분이 실무상 어려운 경우에는 예외적으로 공사비(또는 구입가액)가 큰 주된 공사(또는 주된 자산)의 부대비용으로 일괄포함하여 처리할 수 있다. 둘째, 토지취득에 있어 일괄구입 등에 따라 부대비용의 필지별 안분이 어려운 경우에는 예외적으로 주된 토지의 부대비용으로 일괄포함하여 처리할 수 있다. 셋째, 해당 공사(사업)와 직접 연관성을 지니는 지방채에 대한 이자(건설자금이자)는 "건설중인자산" 과목에 포함하지 않고 이자비용으로 처리한다.

예제 10-1 토지의 취득원가

여울목시는 예술공연장 건물을 짓기 위하여 토지를 15억원에 매입하였다. 이 부지 위에 있는 두 개의 낡은 건물을 철거하는 데 1억원이 들었으며, 철거된 건물로부터 추출된 자재를 1천만원에 매각하였다. 매매와 관련하여 중개수수료로 500만원을 지급하였고 배수공사와 하수도공사를 위하여 5천만원이 소요되었다. 건물 건축을 위하여 측량비로 300만원이 지급되었다. 토지의 취득원가는 얼마인가?

풀이

토지와 관련하여 발생한 비용의 내역과 토지원가에 포함여부를 살펴보면 다음과 같다.

내 역	금 액	포함여부
토지 구입비용	15억원	
철거비용	1억원	
자재매각이익	(1천만원)	토지 취득원가에서 차감
중개수수료	500만원	
배수공사	5,000만원	
토지의 취득원가 합계	164,500만원	

(주) 건축을 위한 측량비 300만원은 건축을 위한 것이므로 건물 취득원가에 포함된다.

1) 지방자치단체 복식부기·재무회계 운영규정(행정안전부, 2023) p.201

(2) 현금구입에 의한 취득

컴퓨터와 같은 집기비품 등의 자산을 취득하기 위하여 현금을 지출하는 경우, 해당 자산대장에 기록하고 자산으로 기록한다.

① 검수시점

(차) 집 기 비 품	×××	(대) 일반미지급금	×××

② 지급명령시점

(차) 일반미지급금	×××	(대) 현금과예금	×××

자산취득을 위하여 선급금을 먼저 지급한 경우에는 선급금으로 기록한 후에, 해당 자산을 취득할 때 선급금을 해당 자산으로 대체하는 회계처리를 한다.

③ 선급금 지급시점

(차) 선 급 금	×××	(대) 현금과예금	×××

④ 선급금의 자산계정 대체시점

(차) 토 지	×××	(대) 선 급 금	×××
		현금과예금	×××

(3) 건설에 의한 취득

건설중인자산은 건축물, 시설물 등에 대한 공사(工事)가 준공되기 이전까지 임시적으로 회계처리 결과를 집계·관리하는 회계과목이다. 건축물, 시설물 외에 토지 등의 취득, 구입 및 설치에 장기간이 소요되는 기계장치의 경우도 건설중인자산에 포함된다. 건설중인자산은 지방회계기준에 의하여 일반유형자산, 주민편의시설, 사회기반시설별로 회계처리한다.

① 선금 검수시점

(차) 건설중인일반유형자산	×××	(대) 일반미지급금	×××

② 선금 지급시점

(차) 일반미지급금	×××	(대) 현금과예금	×××

③ 관급자재 납품시점

(차) 건설중인일반유형자산	×××	(대) 일반미지급금	×××

④ 관급자재 대금지급시점

(차) 일반미지급금	×××	(대) 현금과예금	×××

⑤ 기성금 검수시점

(차) 건설중인일반유형자산	×××	(대) 일반미지급금	×××

⑥ 기성금 지급시점

(차) 일반미지급금	×××	(대) 현금과예금	×××

⑦ 공사준공시점

(차) 건　　물	×××	(대) 건설중인일반유형자산	×××

토지구획정리사업 등의 재고자산을 형성하기 위한 건설공사는 기중에는 건설중인일반유형자산으로 관리하고, 결산시점에 재고자산으로 계정을 재분류한다.

(차) 판매용부동산	×××	(대) 건설중인일반유형자산	×××

예제 10-2 건설에 의한 취득

양동군은 20×1년도에 수생식물원을 건설하기로 하고 300억원의 예산을 확보하였다. 아래의 거래를 이용하여, 선금 검수 및 지급시, 관급자재 납품 및 대금지급시, 기성금 검수 및 지급시, 공사준공시에 필요한 분개를 하라.

① 20×1년 3월 10일 : 250억원 가액으로 양평건설에 낙찰되었다.
② 20×1년 3월 20일 : 계약체결 후 50억원의 선금을 지급하였다.
③ 20×1년 4월 1일 : 납품받은 관급자재대금 100억원을 지급하였다.
④ 20×1년 12월 10일 : 기성금 100억원을 지급하였다.
⑤ 20×1년 12월 30일 : 공사가 준공되었다.

풀이

① 분개 없음

② 〈선금 검수시〉

(차) 건설중인일반유형자산	50억원	(대) 일반미지급금	50억원

〈선금 지급시〉

(차) 일반미지급금	50억원	(대) 현금과예금	50억원

③ 〈관급자재 납품시〉

(차) 건설중인일반유형자산	100억원	(대) 일반미지급금	100억원

〈관급자재 대금지급시〉

(차) 일반미지급금	100억원	(대) 현금과예금	100억원

④ 〈기성금 검수시〉

(차) 건설중인일반유형자산	100억원	(대) 일반미지급금	100억원

〈기성금 지급시〉

(차) 일반미지급금	100억원	(대) 현금과예금	100억원

⑤ 〈공사준공시〉

(차) 건 물	250억원	(대) 건설중인일반유형자산	250억원

(4) 기부채납에 의한 취득

민간인의 기부채납에 의하여 자산을 취득하는 것은 쌍방거래가 아니라 일방적인 거래에 의한 것이다. 따라서 역사적 원가에 의하여 취득원가를 결정할 수가 없고 공정가액에 의하여 자산으로 계상해야 하며, 순자산의 증가로 처리한다. 건물을 기부채납받은 경우에, 건물의 공정가액을 사용하여 다음과 같이 회계처리한다.

(차) 건 물	×××	(대) 양여・기부로생긴자산증가	×××

예제 10-3 기부채납에 의한 취득

H사는 사옥신축 조건으로 영동군 소재 인접도로의 신설 및 포장을 하기로 하였다. 이를 위한 토지보상비로 H사는 200억원을 집행하고 노반공사 및 포장공사 비용으로 200억원이 소요되었다. 영동군의 입장에서 이 도로를 기부채납받은 시점에 필요한 분개를 하라.

풀이

(차) 도로토지	200억원	(대) 양여·기부로생긴자산증가	400억원
토지를제외한도로	200억원		

(5) 자산교환에 의한 취득

자산의 교환시에 취득자산의 장부가액은 교환을 위해 제공한 자산의 공정가액으로 하며, 공정가액을 확인하기 어려운 경우에는 공인된 감정기관의 감정가액 등을 적용할 수 있다. 지방자치단체가 소유한 건물의 공정가액이 장부가액보다 큰 경우, 이 건물을 토지와 교환하였을 경우의 회계처리는 아래와 같다.

(차) 토지	×××	(대) 건물	×××
건물감가상각누계액	×××	일반유형자산처분이익	×××

(6) 관리전환에 의한 취득

공유재산 혹은 물품을 다른 소관으로 전환하는 것을 관리전환이라고 한다. 관리전환은 원칙으로 소속 중앙관서의 장의 승인을 얻어야 하는데, 다만 물품수급관리계획이나 대통령령이 정하는 물품의 경우에는 그 승인 없이 관리전환을 할 수 있다.

관리전환의 경우 해당 자산의 인수·인계 협의시점에 거래를 인식하며, 관리전환받은 자산의 공정가액을 순자산의 증가로 처리한다. 건물을 관리전환받았을 경우에 아래와 같이 회계처리한다.

(차) 건물 ×××
(대) 회계간의재산이관·물품소관전환으로생긴자산증가 ×××

예제 10-4 관리전환에 의한 취득

○○군은 청사이전에 따라 필요 없게 된 집기비품을 20×3년 1월 1일 강동군에 관리전환하기로 하였다. 이 집기비품은 20×1년 1월 1일 구입한 것으로 취득원가가 300만원, 20×3년 1월 1일 현재 감가상각누계액이 100만원이다. 관리전환 시점에서의 집기비품 공정가액은 250만원이다. 관리전환을 받은 강동군의 입장에서 필요한 분개를 하라.

풀이

(차) 집 기 비 품 250만원 (대) 회계간의재산이관 · 물품소관전환으로생긴자산증가 250만원

(7) 민간투자사업에 의한 취득

BTL(Build-Transfer-Lease)은 사업시행자가 사회기반시설을 준공한 후 국가 및 지방자치단체에 시설을 임대하여 투자비를 회수하는 사업방식으로, 금융리스 회계처리와 유사하게 처리한다. BTO(Build-Transfer-Operation)는 사회기반시설의 준공과 동시에 당해 시설의 소유권이 국가 및 지방자치단체로 귀속되며, 사업시행자에게 일정기간의 시설관리 운영권을 인정하는 민간투자사업 방식이다.

지방자치단체가 BTL · BTO 사업시행자에게 지급하는 건설보조금 또는 BTL · BTO 사업추진을 위탁한 위탁대행사업자에게 지급하는 위탁대행사업비는 민간투자사업에 의해 취득하는 자산가액에 가산한다.

자산을 BTO방식에 의해 인식하는 경우, 사용수익권을 해당 자산의 차감항목으로 회계처리하고 주석으로 공시한다. 사용수익권의 가치는 민간사업자(수증자)가 평가한 무형자산(사용수익권)과 동일한 금액으로 한다.

1) BTL 사업

① 취득시점

(차) ○ ○ 자 산 ××× (대) 장기미지급금 ×××

② 리스료 지급시점

(차) 장기미지급금 ××× (대) 현금과예금 ×××
기타이자비용 ×××

③ 부대사업 수취시점

(차) 현금과예금 ××× (대) 기타임시세외수익 ×××

④ 결산정리분개

−감가상각비 계상

(차) ○○자산감가상각비 ××× (대) ○○자산감가상각누계액 ×××

−이자비용의 기간경과분 인식

(차) 기타이자비용 ××× (대) 일반미지급비용 ×××

−장기미지급금의 유동성 대체

(차) 장기미지급금 ××× (대) 유동성장기미지급금 ×××

2) BTO 사업

① 취득시점

(차) ○ ○ 자 산 ××× (대) 사용수익권* ×××

* 민간사업자가 무형자산으로 인식하는 사용수익권과 동일한 금액

② 운영비 보조(연도별 수입＜예상치)

(차) 기타운영비 ××× (대) 현금과예금 ×××

③ 초과수입(연도별 수입＞예상치)

(차) 현금과예금 ××× (대) 기타임시세외수익 ×××

④ 결산정리분개

(차) ○○자산감가상각비 ××× (대) ○○자산감가상각누계액 ×××

사용수익권 ××× 양여·기부로생긴자산증가* ×××

* BTO 사업상 약정된 사용수익기간 동안 상각하여 순자산의 증가로 인식

5. 자산의 처분

(1) 매 각

보유하고 있는 유형자산을 처분하게 되면 당해 자산의 장부가액과 처분에 의하여 수취하는 현금 등 반대급부의 차이에 의하여 유형자산처분손익이 발생한다. 유형자산의 매각에 관한 회계처리는 비교적 단순하다. 다만 기초와 매각시점 사이에 발생한 감가상각비를 인식해야 한다.

예제 10-5 매 각

구절초시는 20×1년 1월 1일 현재 장부가액 500만원(취득원가 1,200만원, 내용연수 12년, 잔존가액 없음, 정액법 사용)인 기계장치를 20×1년 7월 1일 700만원의 현금을 받고 매각하였다. 이 거래를 분개하라.

풀이

〈6월 30일까지의 감가상각비 계상〉

(차) 기계장치감가상각비	50만원	(대) 기계장치감가상각누계액	50만원

〈매각시점〉

(차) 현금과예금	700만원	(대) 기 계 장 치	1,200만원
기계장치감가상각누계액	750만원	일반유형자산처분이익	250만원

(2) 교환거래 및 관리전환에 의한 처분

교환거래에 의한 자산처분은 교환거래에 의한 자산취득과 동일하게 회계처리한다. 자산의 교환시에는 취득자산의 장부가액은 교환을 위해 제공한 자산의 공정가액으로 하여 회계처리한다.

관리전환의 경우에는 관리전환된 자산의 장부가액을 순자산의 감소로 처리한다. 건물을 관리전환해 주었을 경우에 아래와 같이 회계처리한다.

(차) 재산이관·관리전환으로생긴자산감소	×××	(대) 건 물	×××
건물감가상각누계액	×××		

6. 자산의 평가

(1) 자산의 평가기준

자산평가란 자산의 가치를 표시하기 위해 화폐가치를 부여하는 과정이며, 화폐가치를 부여할 때 어떠한 평가기준에 의하는가에 따라 자산의 평가금액이 달라진다. 지방회계기준 제45조는 재정상태표에 기록하는 자산의 가액을 당해 자산의 취득원가를 기초로 하여 계상하는 것을 원칙으로 규정하고 있다. 이 경우 취득원가(acquisition cost)는 자산의 구입대금뿐만 아니라 동 자산을 본래의 목적에 사용하기 위하여 지출한 금액도 포함한다. 예를 들면, 차량운반구인 승용차의 경우 차량 자체의 가액은 물론 등록세, 수수료, 기타부대비용이 모두 취득원가에 포함된다.

자산은 금전지출에 의한 유상취득이 일반적이지만, 다른 자산과의 교환, 관리전환 또는 반대급부 없이 무상으로 취득하는 경우(예 : 주민이 자치단체에 입목, 토지 등을 기부하는 기부채납 등)에는 취득원가가 존재하지 않으므로 그 자산의 공정가액을 취득원가로 한다.

자산은 일반적으로 진부화, 물리적인 손상 및 시장가치의 급격한 하락 등의 원인으로 인하여 그 가치가 장부가액보다 현저하게 떨어져서 회복할 가능성이 없는 것으로 판단되는 경우 자산의 장부가액을 감액해야 한다. 즉, 자산의 가치하락으로 인하여 회수가능가액이 장부가액에 미달하고 그 미달액이 중요한 경우에는 이를 장부가액에서 직접 차감하여 회수가능가액으로 조정한다. 이때 장부가액과 회수가능가액의 차액은 자산손상차손의 과목으로 하여 당기비용으로 처리하고 그 내용을 주석으로 기재한다.

일반적으로 회수가능가액이란 당해 자산의 순실현가능액과 사용가치 중 큰 금액을 말한다. 여기서 순실현가능액이란 당해 자산의 매각금액에서 처분비용을 차감한 금액을 말한다. 사용가치란 당해 자산의 사용으로부터 예상되는 미래 현금흐름의 현재가치금액을 말한다.

예제 10-6 일반유형자산의 손상차손

동부군 소유건물이 있는 ○○지역에 지진이 발생하여 건물에 큰 손상을 입었다. 전문가의 견해에 따르면 현재 상태에서 구조 안전에는 문제가 없으나 내용연수가 상당히 줄어들 것으로 예측하였다. 이 건물의 장부가액은 100억원이나, 현재 시점에서 회수가능가액은 30억원으로 추정하고 있다.

풀이

(차) 일반유형자산손상차손	70억원	(대) 건 물	70억원

(2) 미수세금 등의 평가

미수세금은 합리적이고 객관적인 기준에 따라 회수가 불가능할 것으로 예상되는 금액을 추정하여 대손충당금을 설정한다. 미수세금에 대한 대손충당금은 미수세금 잔액에 과거 3년간 평균 결손경험률과 같은 합리적인 기준을 적용하여 세목별로 설정한다. 재무제표에는 미수세금에서 대손충당금을 차감하는 형식으로 표시하고 그 세부내역을 주석으로 공시한다. 미수세외수입금, 단기대여금, 장기대여금 등은 미수세금의 경우와 같은 방법으로 회계처리한다.

예제 10-7 미수세금의 평가

강동시는 20×1년도말 현재 미수재산세 잔액이 65억원이다. 과거의 경험에 비추어 볼 때 이 중에서 10%는 회수가 불가능한 것으로 추정된다. 20×1년말 결산보정 전의 미수재산세대손충당금 잔액은 3억2천만원이다. 20×1년 12월 31일 추가로 계상해야 할 미수재산세대손충당금은 얼마인가?

풀이

결산보정 후의 미수재산세대손충당금 : 65억원 × 10% = 6억5천만원
추가계상되어야 할 대손충당금 : 6억5천만원 − 3억2천만원 = 3억3천만원

(3) 재고자산의 평가

재고자산을 평가하기 위해서는 먼저 재고수량을 결정하고, 재고단가를 결정해야 한다. 재고자산의 수량을 결정하기 위해서는, 회계연도중에 계속기록법을 사용하여 관리하고 회계연도말에 재고조사를 하는 것이 좋다.

재고자산의 단가를 결정하는 방법에는 개별법, 선입선출법, 이동평균법 등이 있다. 지방회계기준 제47조에서는 재고자산은 구입가액에 부대비용을 더하고 이에 선입선출법을 적용하여 산정한 가액을 취득원가로 한다고 규정하고 있다. 여기서 부대비용이라 함은 재고자산을 판매가능한 상태로 만들기까지 소요된 취득세, 등록세, 매입수수료, 운임, 보험료, 하역비 등과 같은 제반비용을 말한다.

그러나 실무적으로 실물흐름과 원가산정방법 등에 비추어 다른 방법을 적용하는 것이 보다 합리적이라고 인정되는 경우에는 개별법, 이동평균법, 총평균법 등을 적용할 수 있다. 이 경우 그 내용을 주석으로 공시해야 한다.

선입선출법은 먼저 구입한 재고자산부터 먼저 판매하거나 사용한다는 가정 하에 재고자산을 평가하는 방법이다. 선입선출법은 계산이 간결하고 재고자산의 물적 흐름과 일치되며 기말재고자산이 최근의 가격, 즉 현행원가에 근접하여 반영될 수 있다는 장점이 있다.

개별법은 재고자산의 원가를 개별적으로 파악하여 기말재고액을 산출하는 방법이다. 개별법은 개별성이 강한 비교적 고가의 제품으로서 개개의 단가가 현저한 차이가 나는 귀금속품, 보석의 평가에 적합한 방법이다.

이동평균법은 평균원가법의 하나로 계속기록법을 채택한 경우 새로운 재고자산이 입고될 때마다 기존의 재고액과 새로 입고되는 재고액을 합하여 가중평균단가를 산출하는 방법이다.

총평균법은 평균원가법의 하나로 기말시점에 당기 중 판매(사용)가능한 재고자산의 총액을 총수량으로 나누어 계산한 평균단가를 기말재고자산의 단가로 가정하는 방법이다.

(4) 장기투자증권의 평가

장기투자증권은 매입가격에 부대비용(예 : 수수료, 세금 등)을 가산한 금액을 취득원가로 평가한다. 장기투자증권의 단위당 가격결정은 동일한 종목별로 총평균법을 적용하여 산정하는 것을 원칙으로 한다.

기업회계에서는 유가증권을 보유목적 및 영향력에 따라 구분하여 상각후원가법, 공정가액법 또는 지분법을 적용하여 평가하지만, 지방회계기준은 회계처리의 복잡성 등을 고려하여 취득원가로 평가하도록 하고 있다. 시장가치의 급격한 하락 등으로 장기투자증권의 회수가능가액이 취득원가에 미달하고 그 미달액이 중요한 경우에는 감액평가해야 한다.

예제 10-8 장기투자증권의 손상차손

서부시는 20×1년 중순 자산운용을 극대화하기 위하여 보유중인 현금으로 A사 증권 20,000주(액면가 @3,000원)를 1억원에 매입하였다. 20×1년 12월말 이 장기투자증권의 회수가능가액은 주당 4,000원이었다. 서부시는 이 주가의 하락을 중요하다고 판단하였다. 이와 관련하여 20×1년 12월말에 감액해야 할 금액은 얼마인가?

풀이

장기투자증권 회수가능가액 : 4,000원×20,000주=8,000만원
손상차손 : 취득가액−회수가능가액=1억원−8,000만원=2,000만원

(5) 일반유형자산, 주민편의시설, 사회기반시설의 평가

일반유형자산, 주민편의시설 및 사회기반시설은 당해 자산의 건설원가나 매입가액에 부대비용을 더한 취득원가로 평가함을 원칙으로 한다. 이때 취득부대비용이란 유형자산을 사용가능한 상태로 만들기까지 발생한 금액으로서 설치비, 운반비 및 시운전비 등을 포함한다.

유형자산의 취득 후에 그 기능의 유지, 개선을 위한 추가적인 지출이 발생하는 경우가 많다. 이와 같은 자산과 관련한 지출이 발생하면 그 지출의 성격과 특성을 파악하여 관련자산의 장부가액에 가산할 것인지 아니면 당기비용으로 처리할 것인지를 결정해야 한다.

당해 유형자산의 내용연수를 연장시키거나 성능을 실질적으로 증가시키는 지출은 자본적 지출(capital expenditure)이며, 해당 자산의 장부가액을 증가시키는 것으로 처리한다. 당해 자산을 원상회복시키거나 능률유지를 위한 지출은 경상적 지출(current expenditure)이며, 당기의 비용으로 처리한다.

예제 10-9 자본적 지출과 경상적 지출

다음 거래를 분개하라.

① 건물(장부가액 2억원)에 대하여 대대적인 수리를 하고 총공사비 2,000만원을 온라인 송금하였다. 이 중 1,500만원은 엘리베이터 개조를 위한 것이고 500만원은 내부도장을 위한 것이었다.
② 기계장치의 작업능률을 높이기 위하여 새 부품으로 교체하였다. 부품대금은 1,000만원으로 기계장치 장부가액의 1,000분의 1에 해당하는 금액이다.

풀이

	차변	금액	대변	금액
①	(차) 건 물	1,500만원	(대) 현금과예금	2,000만원
	건물수선유지비	500만원		
②	(차) 기계장치수선유지비	1,000만원	(대) 현금과예금	1,000만원

(주) 기계의 작업능률을 높이기 위한 수선이지만 그 금액이 기계장치 장부가액에 비하여 현저하게 적으므로 당기비용으로 처리한다.

자본적 지출 및 경상적 지출의 구분이 어려울 때에는 지출유형별 사례를 통하여 판단한다. 대수선 등 대규모의 예산지출이 수반되는 경우에도 단순히 자본적 지출로 판단하는 것이 아니라, 수선공사의 내용과 성격을 고려하여 자본적 지출 또는 경상적 지출로 회계처리해야 한다. [도표 10-5]는 유형자산에 대한 지출유형에 따른 자본적 지출 및 경상적 지출의 사례를 제시하고 있다.

[도표 10-5]
유형자산에 대한 지출유형별 사례

자본적 지출	경상적 지출
· 용도변경을 위한 개조 · 건축물의 리모델링과 같은 개축 · 엘리베이터 또는 냉난방장치의 신규 설치 · 빌딩 등에서 피난시설 등의 설치 · 개량, 확장, 증설, 증축, 개축 등 위와 유사한 성질의 것	· 건물 또는 벽의 도장 · 파손된 유리나 지붕의 대체 · 재해를 입은 자산의 외장 복구, 도장, 유리 교체 · 기계장치, 차량운반구 등의 소모품 대체 · 위와 유사한 자산의 현상유지를 위한 것 · 기타 조업가능한 상태의 유지 등

토지를 제외한 유형자산은 시간이 흐름에 따라 물리적·경제적 가치가 점차 감소한다. 감가상각은 수익과 비용의 적절한 대응을 위하여 유형자산의 취득원가를 자산의 사용기간 동안 체계적이고 합리적으로 배분하는 방법이며, 이때 배분된 원가는 감가상각비라는 비용이 된다.

감가상각비를 계산하기 위해서는 다음과 같은 세 가지 요소에 대한 정보가 있어야 한다.

① 취득원가 : 취득원가는 구입가격 또는 제작가격에 이를 본래의 목적으로 사용가능하도록 하는 데 소요되는 모든 부대비용을 합계한 금액이다. 유형자산 취득 후에 발생하는 자본적 지출도 취득원가에 가산된다.

② 잔존가액 : 자산이 수명을 다하였을 때 폐기 또는 매각 등의 처분을 통하여 받을 수 있을 것으로 기대되는 금액으로, 잔존가치라고도 한다. 처분시 소요되는 비용이 있을 때에는 이를 차감한 순수입액을 잔존가치로

한다.

③ 내용연수 : 유형자산이 영업활동에 사용될 수 있는 예상기간이다.

일반적으로 감가상각을 할 때에는 정액법, 정률법, 생산량비례법 등의 여러 방법을 사용할 수 있으나, 지방회계기준에서는 정액법을 원칙으로 규정함으로써 감가상각을 단순화시킨 것이 특징이다.

정액법은 감가상각 대상금액(=취득원가−잔존가액)을 내용연수 동안 균등하게 할당하여 매기 일정금액을 상각하는 방법이다. 아래의 공식을 사용하는 정액법은 적용하기가 간편하여 실무에서 많이 사용하고 있다. 감가상각비는 월할계산을 원칙으로 하되, 초월산입하고 말월불산입을 원칙으로 계산한다. 이는 취득일이 속하는 달을 포함하고, 처분일이 속하는 달을 제외하는 것을 의미한다.

사회기반시설 중 유지보수를 통하여 현상이 유지되는 도로, 도시철도, 하천부속시설 등은 감가상각 대상에서 제외할 수 있으며, 유지보수에 투입되는 비용과 감가상각을 하지 아니한 이유를 주석으로 공시한다.

감가상각비 = (취득원가 − 잔존가액) / 내용연수

예제 10-10 유형자산의 감가상각

W시는 20×1년 1월 1일에 건물을 3,200만원에 구입하였다. 건물의 내용연수는 20년이고 잔존가액은 200만원이다. 감가상각방법은 정액법을 사용한다. 20×1년도의 감가상각과 관련된 분개를 하라.

풀이

(차) 건물감가상각비*	150만원	(대) 건물감가상각누계액	150만원

* (3,200만원 − 200만원) / 20년 = 150만원

유형자산의 회수가능가액이 장부가액에 미달하고 그 차이가 중요하여 재무제표를 왜곡한다고 판단될 경우에는 회수가능가액으로 장부가액을 수정해야 한다. 회수가능가액이란 당해 자산의 순실현가능액과 사용가치 중 큰 금액을 말한다.

예제 10-11 사회기반시설의 손상차손

남북도시철도공단이 도시철도를 건설하면서 도입한 기술은 1980년대에 개발된 것으로 소요비용이 큰 것이 단점이다. 10년간의 도시철도 건설에 5,000억원이 소요되어 현재 운영중에 있다. 그런데 이 도시철도의 당기말 장부가액은 4,500억원, 회수가능가액은 2,000억원으로 평가된다. 이와 관련하여 재정상태표상의 자산가액을 조정하기 위한 분개를 하라.

풀이

(차) 사회기반시설손상차손	2,500억원	(대) 도 시 철 도	2,500억원

(6) 무형자산의 평가

지방회계기준 제51조에서 무형자산은 당해 자산의 개발원가나 매입가액에 취득부대비용을 더한 가액을 취득원가로 하도록 규정하고 있다.

무형자산의 취득원가를 기간비용으로 배분하기 위한 상각을 유형자산의 감가상각(depreciation)과 구별하여 상각(amortization)이라고 한다. 무형자산은 정액법에 따라 당해 자산을 사용할 수 있는 시점부터 합리적인 기간 동안 상각한다. 다만, 독점적 · 배타적인 권리를 부여하는 관계 법령이나 계약에서 정한 경우를 제외하고는 20년을 넘을 수 없다. 회계처리에 있어서도 상각누계액을 설정하지 않는 직접상각법을 적용하고, 재정상태표에는 미상각잔액만을 표시한다.

예제 10-12 무형자산의 상각

L시의 임업연구소는 20×1년 7월 1일 새로운 수종개량기술을 완성하고 특허를 획득하였다. 특허권 획득에 소요된 원가는 300만원이었다. 20×1년도에 필요한 상각비를 계산하여 분개하라. 이 특허권의 내용연수는 10년으로 추정하였다.

풀이

(차) 무형자산상각비*	15만원	(대) 지적재산권	15만원

* (300만원 / 10년) / 2 = 15만원

유형자산과 마찬가지로, 무형자산도 당해 자산의 회수가능가액이 장부가액에 미달하고 그 미달액이 중요할 경우에는, 장부가액을 회수가능가액으로 조정해야 한다.

제2절 부 채

1. 부채의 개념과 인식

(1) 부채의 개념

부채는 과거사건의 결과로 특정실체가 미래에 다른 실체에게 자산을 이전하거나 서비스를 제공해야 할 의무로서 그 이행을 위해 미래에 자원의 유출이 예상되는 현재시점의 의무로 정의된다. 부채는 유동부채, 장기차입부채 및 기타비유동부채로 분류한다.

지방자치단체의 장기차입부채는 증서의 형태로 차입한 장기차입금과 증권의 형태로 발행한 지방채증권 등이 있다. 그리고 부채의 형식에 불구하고, 지방자치단체가 미래에 일정한 금액을 지급해야 할 채무를 실질적으로 부담한다면 지방자치단체의 부채가 된다.

미래 자원의 유출이 예상되는 의무의 예를 들어보면, 예산회계(현금주의)에서 채무로 기록하였던 지방채 등의 법적 채무는 부채의 정의를 충족하므로 재무회계(발생주의)에서도 부채로 처리한다. 다른 예로, 미지급금, 미지급비용, 선수금, 선수수익과 같은 발생주의 부채항목과 퇴직급여충당부채와 같은 추정부채는 예산회계에서는 채무로 기록하지 않으나 재무회계에서는 이를 부채로 처리한다.

채무부담행위는 예산회계에서는 채무의 일종으로 보지만, 재무회계에서는 채무의 확정행위가 없어 "회계실체가 부담하는 현재의 의무기준"을 충족하지 않으므로 부채가 아니다. 단 채무부담행위 중 당해 연도 내에 납품이 이루어져 채무가 확정된 부분은 부채(일반미지급금)로 처리한다.

(2) 부채의 인식기준

부채는 지방자치단체 회계실체가 부담하는 현재의 의무를 이행하기 위하여 경제적 효익이 유출될 가능성이 많고 그 금액을 신뢰성 있게 측정할 수 있을 때 인식한다.

예제 10-13 부채의 인식

다음 거래에 의하여 부채가 발생하였는지를 판단하라.

① 동해군 ○○국은 비품을 매입하고 검수완료 후 대금 100만원을 지급하여 줄 것을 경리팀에 요청하였다. 대금청구서는 비품 인도를 받을 때에 함께 받았다.

② 동해군은 기간도로 건설에 필요한 자금을 확보하기 위하여 5년 만기 300억원의 지방채증권을 발행하였다. 이자는 연 10%로 매년 6월말 지급하기로 하였다.

③ 양동군의 200억원 교량건설에 J사가 낙찰되었다.

④ 미진군은 20×1년 3월 1일 청사 여유공간을 민간인에게 임대하고 임대료로 100만원을 받았다.

⑤ 수영시는 민원서비스의 질을 개선하기 위하여 담당 공무원의 불친절을 신고하면 10만원의 보상금을 지급하기로 하였다.

풀이

① 매입 후 검수를 완료하였고 청구서를 받았다면 그 비품에 대한 지급의무를 가진다. 따라서 그 금액을 부채로 계상해야 한다.

② 지방채증권의 발행과 미지급된 이자비용은 부채로 계상해야 한다.

③ 단순한 낙찰은 부채의 인식요건을 만족하지 않는다.

④ 임대서비스의 수익인식은 서비스가 완료되었을 때이므로, 서비스 제공 전에 수취한 임대료는 부채(선수수익)로 계상된다.

⑤ 공무원 불친절의 신고는 미래 불확실한 것이지만, 자원유출의 발생가능성이 많고 신뢰성 있게 추정가능하다면 부채로 계상한다.

2. 부채의 분류

지방자치단체의 부채는 지방회계기준 제13조에 의하여 유동성이 큰 순서로 배열하여 보고하며, [도표 10-6]과 같이 분류한다.

[도표 10-6]
부채의 분류

중분류	회계과목	관리과목
유동부채	단기차입금	단기차입금, 단기예수금
	유동성 장기차입부채	유동성장기차입금, 유동성장기차입금현재가치할인차금, 유동성지방채증권, 유동성지방채할인발행차금, 유동성장기예수금, 유동성장기중앙정부차입금
	기타유동부채	일반미지급금, 선수금, 선수수익, 단기예수보관금, 일반미지급비용, 국공유재산매각수입금, 유동성장기미지급금, 유동성장기미지급금현재가치할인차금, 선수취득세, 선수주민세, 기타유동부채
장기 차입부채	장기차입금	장기차입금, 장기차입금현재가치할인차금, 장기예수금, 장기중앙정부차입금
	지방채증권	지방채증권, 지방채할인발행차금, 지방채할증발행차금
기타 비유동부채	퇴직급여충당부채	퇴직급여충당부채, 퇴직금전환금및예치금
	기타비유동부채	장기예수보증금, 장기선수수익, 장기미지급금, 장기미지급금현재가치할인차금, 기타비유동부채

3. 주요 부채과목

(1) 유동부채

유동부채는 결산일로부터 1년 내에 상환 또는 의무이행이 요구되는 부채이며, 단기차입금, 유동성장기차입부채, 기타유동부채 등을 포함한다. 기업회계에서 발생하는 유동부채인 매입채무, 미지급법인세, 미지급배당금 등은 지방정부회계에서는 일반적으로 발생하지 않으며, 그 대신 유동성지방채증권, 국공유재산매각수입금 등 지방정부회계의 고유과목이 포함된다. 의회의 승인을 얻은 일시차입금은 단기차입금으로 표시하지만, 결산시점에는 지방재정법에 따라 모두 상환되므로 재무제표에서는 현실적으로 표시되지 않는다.

단기차입금은 금전소비대차계약 등에 의해서 차입한 단기채무로서, 차입일로부터 회수기한이 1년 이내에 도래하는 단기차입금과 결산일로부터 회수기한이 1년 이내에 도래하는 단기예수금을 말한다.

예제 10-14 단기차입금

오디군은 만기에 이자와 원금을 일시상환하는 조건으로, 20×1년 9월 1일에 연 12%로 10억원을 10개월간 차입하였다. 이에 필요한 분개를 하라.

풀이

〈20×1년 9월 1일〉 징수결의 및 수납시점이 동시라고 가정

(차) 현금과예금	10억원	(대) 단기차입금	10억원

〈20×1년 12월 31일〉 결산수정분개

(차) 차입금이자비용	4,000만원	(대) 일반미지급비용	4,000만원

* 이자는 연 12%이므로 한 달에 1%이며, 4개월 경과로 인해 발생한 차입금이자비용은 4,000만원이다.

〈20×2년 1월 1일〉 결산수정분개의 역분개

(차) 일반미지급비용	4,000만원	(대) 차입금이자비용	4,000만원

〈20×2년 6월 30일〉 검수 및 지급 시점이 동시라고 가정

(차) 차입금이자비용	1억원	(대) 현금과예금	11억원
단기차입금	10억원		

유동성장기차입부채는 장기차입부채 중 기간의 경과로 인하여 결산일로로부터 1년 이내에 만기가 도래하는 금액이다. 차입 당시에는 장기차입부채(장기차입금, 지방채증권)로 기록되지만, 1년 이내에 상환될 부분은 기말에 유동성장기차입부채(유동성장기차입금, 유동성지방채증권)로 재분류해야 한다.[2)]

유동부채 중에서 단기차입금 및 유동성장기차입부채 이외의 유동부채는 기타유동부채로 분류된다. 기타유동부채에는 일반미지급금, 일반미지급비용, 단기예수보관금, 선수금, 선수수익 등이 있다.

일반미지급금은 기타유동부채에 포함되는 부채과목이며, 자산취득 또는 보조금 반납 등의 과정에서 발생한 미지불금액으로서, 국고보조금반납미지급금, 시도비보조금반납미지급금, 기타미지급금 등을 포함한다.

2) 장기차입부채를 유동성장기차입부채로 재분류하는 회계처리는 제13장의 결산보정분개를 참고하기 바란다.

예제 10-15 일반미지급금

광동시는 K사로부터 장관 전용 관용차 1대를 20×1년 3월 1일 인수받아 검수조서를 작성하고 3,000만원의 청구서를 접수하였다. 광동시는 동년 3월 20일 대금을 지급하였다.

풀이

〈검수시점〉

(차) 차량운반구	3,000만원	(대) 일반미지급금	3,000만원

〈지급시점〉

(차) 일반미지급금	3,000만원	(대) 현금과예금	3,000만원

일반미지급비용은 당기부터 차기까지 일정기간 계속 발생하는 비용으로서, 이미 당기말 현재에 비용은 발생하였으나 아직 차기에 속한 지급기일이 도래하지 않아 지급되지 않고 있는 당기의 비용이며, 미지급이자, 미지급임차료를 포함한다. 예를 들어, 후급으로 사무실을 임차하고 결산일 현재 임차료를 지급하지 않은 경우, 결산일까지 경과된 기간에 발생한 비용을 일반미지급비용(미지급임차료)으로 처리한다.[3)]

단기예수보관금은 지방자치단체가 일시적으로 보관하고 있는 자금이다. 단기예수보관금에는 ① 공무원에 대한 급여지급시 원천징수한 소득세, 주민세, 건강보험료 등의 공제액, ② 계약의 이행이나 용역제공을 담보하기 위해 수취한 자금으로 1년 내에 반환되는 보증금, ③ 지방자치단체가 일시적으로 보관하는 자금으로 궁극적으로 제3자에게 지급해야 하는 보관금 등을 포함한다.

① 수납시점 단기예수보관금은 지방자치단체 소유는 아니나 타인 소유자산을 일시적으로 보관하고 있는 것이므로, 아래와 같이 자산(세입세출외단기보관현금)과 부채(단기예수보관금)로 처리한다. 다만, 자금을 제외한 보관중인 유가증권, 국공유재산 등은 재무제표에 자산 또는 부채로 표시하지 않는다.

(차) 세입세출외단기보관현금	×××	(대) 단기예수보관금	×××

3) 일반미지급비용의 회계처리는 제13장의 결산보정분개를 참고하기 바란다.

② 이자 수취시점 지방자치단체가 보관금에 대하여 이자를 수취하였을 경우, 반납의무가 있다면 부채(단기예수보관금)로 기록하고, 반납의무가 없다면 수익(이자수익)으로 기록한다.

－반납의무가 있는 이자의 수취

(차) 세입세출외단기보관현금	×××	(대) 단기예수보관금	×××

－반납의무가 없는 이자의 수취

(차) 현금과예금	×××	(대) 이 자 수 익	×××

③ 반납시점

(차) 단기예수보관금	×××	(대) 세입세출외단기보관현금	×××

선수금은 자산이나 서비스 등을 제공하기 전에 미리 그 대가를 선수한 금액을 말한다. 선수수익은 용역의 제공 전에 선수한 대금 중 차기 이후에 수익으로 실현되는 금액으로서 선수이자, 선수임대료, 선수수수료 등이 포함된다.[4]

(2) 장기차입부채

장기차입부채는 만기가 1년 이후에 도래하는 부채로서 장기차입금, 지방채증권 등을 말한다.

장기차입금은 금전소비대차계약 등에 의해서 차입한 장기채무로서, 차입일로부터 회수기한이 1년을 초과하여 도래하는 장기차입금, 결산일로부터 회수기한이 1년을 초과하여 도래하는 장기예수금, 국가로부터 차입한 것으로 만기가 1년을 초과하는 장기중앙정부차입금 등을 말한다.

지방채증권은 지방재정법 시행령 제7조에 의한 지방채 중 증권발행방법에 의해 차입한 것(지역개발기금채권 포함)으로 만기가 1년을 초과하는 것을 말한다. 재정상태표상에서 지방채증권 과목은 만기상환 금액인 액면가액으로 보고하되, 지방채할인(할증)발행차금 중 미상각된 부분을 차감(부가)하는 형식으로 보고한다.[5]

4) 선수수익의 회계처리는 제13장의 결산보정분개를 참조하기 바란다.

(3) 기타비유동부채

기타비유동부채는 유동부채와 장기차입부채에 속하지 아니하는 부채로서 퇴직급여충당부채, 기타비유동부채(장기예수보증금, 장기선수수익 등)를 말한다.

퇴직급여충당부채는 회계연도말 현재 공무원연금법을 적용받는 지방공무원을 제외한 무기계약근로자 등이 일시에 퇴직할 경우 지방자치단체가 지급하여야 할 퇴직금에 상당한 금액이다. 퇴직금 지급규정, 퇴직금 산정내역, 회계연도 중 실제로 지급한 퇴직금 등은 주석으로 공시한다. 퇴직급여충당부채는 금액, 지급시기 및 대상이 확정되지 않은 추정부채로 현금주의 관점에서는 부채가 아니지만 발생주의에서는 부채에 해당한다.[6]

장기예수보증금은 지방자치단체가 일시적으로 보관하는 원천징수세액, 건강보험료, 보증금(세입세출외보관현금) 등 미래에 제3자에게 지급해야 하는 보관금으로 지급기일이 결산일로부터 1년을 초과하는 것을 말한다.

예제 10-16 퇴직급여충당부채

봉숭아군은 20×1년도말 현재 현행법에 따라 필요한 퇴직금이 15억원이라고 추계하였다. 기말 현재 퇴직급여충당부채 잔액이 13억원인 경우에 결산수정분개를 하라. 만약에 20×1년도말 현재 퇴직급여충당부채 잔액이 16억원이라면 어떠한 결산수정분개가 필요한가?

풀이

〈퇴직급여충당부채 잔액이 13억원인 경우〉

(차) 퇴 직 급 여	2억원	(대) 퇴직급여충당부채	2억원

〈퇴직급여충당부채 잔액이 16억원인 경우〉

(차) 퇴직급여충당부채	1억원	(대) 퇴직급여충당부채환입	1억원

---

5) 지방채증권의 회계처리는 본절의 4. 지방채증권의 평가를 참조하기 바란다.

6) 퇴직급여충당부채의 회계처리는 제13장의 결산보정분개를 참조하기 바란다.

4. 지방채증권의 평가

지방채증권은 발행가액으로 평가하되, 발행가액은 지방채증권 발행수수료 및 발행과 관련하여 직접 발생한 비용을 차감한 후의 가액으로 한다. 지방채증권의 액면가액과 발행가액의 차이는 지방채할인(할증)발행차금으로 하고, 할인(할증)발행차금은 증권발행시부터 최종 상환시까지의 기간에 유효이자율 등으로 상각하고 동 상각액은 지방채증권에 대한 이자비용에 가감한다.

유효이자율은 지방채증권의 원금과 이자의 현재가치를 발행가액과 일치하도록 하는 이자율로서, 채권자가 지방채증권의 취득시에 실질적으로 얻는 이자율을 말한다.

지방채증권의 액면이자율이 유효이자율보다 낮다면, 투자자들은 유효이자율을 얻을 수 있는 다른 곳에 투자하고자 한다. 이 경우에 지방채증권을 매입하게 하려면, 지방채증권을 액면가액 이하로 발행함으로써 동일한 유효이자율을 얻게 해 주어야 한다. 이와 반대로 액면이자율이 유효이자율보다 높은 경우, 지방채증권은 액면가액을 초과한 금액으로 발행하게 된다. 액면이자율이 유효이자율과 동일하다면, 지방채증권은 액면가액으로 발행된다. [도표 10-7]은 지방채증권의 이자율과 발행가액의 관계를 나타낸다.

[도표 10-7]
이자율과
발행가액의 관계

이자율의 관계	발행형태	발행가액과 액면가액의 관계	총이자비용
유효이자율＝액면이자율	액면발행	발행가액＝액면가액	액면이자
유효이자율＞액면이자율	할인발행	발행가액＜액면가액	액면이자 ＋지방채할인발행차금
유효이자율＜액면이자율	할증발행	발행가액＞액면가액	액면이자 －지방채할증발행차금

(1) 액면발행

지방채증권의 액면이자율이 발행시의 유효이자율과 동일하면, 지방채증권은 액면가액으로 발행된다. 지방채증권을 액면발행하는 경우, 징수결의시점과 수납시점의 회계처리는 아래와 같다.

① 징수결의시점

(차) 일반미수금 ××× (대) 지방채증권 ×××

② 수납시점

(차) 현금과예금 ××× (대) 일반미수금 ×××

예제 10-17 액면발행

20×1년 1월 1일 국화시는 액면 500억원, 액면이자율 7%, 6월 30일과 12월 31일 이자지급, 4년 만기의 지방채증권을 액면으로 발행하였다. 지방채증권 발행과 관련된 20×1년도의 분개를 하라.

풀이

〈지방채증권 발행 징수결의시점〉

(차) 일반미수금 500억원 (대) 지방채증권 500억원

〈지방채증권 발행가액 수납시점〉

(차) 현금과예금 500억원 (대) 일반미수금 500억원

〈지방채증권 액면이자 검수시점〉

(차) 지방채증권이자비용* 17.5억원 (대) 일반미지급비용 17.5억원

* 500억원×0.07×6/12=17.5억원

〈지방채증권 액면이자 지급시점〉

(차) 일반미지급비용 17.5억원 (대) 현금과예금 17.5억원

(2) 할인발행

지방채증권의 액면이자율이 유효이자율보다 낮을 경우에 지방채증권은 할인하여 발행한다. 지방채증권의 액면가액과 발행가액의 차이는 지방채할인발행차금으로 하고, 할인발행차금은 유효이자율로 상각하며, 상각액은 지방채증권이자비용에 가산한다.

예제 10-18 할인발행(1)

20×1년 1월 1일 속초시는 3년 만기, 액면 100,000원의 지방채증권을 발행하였다. 지방채의 액면이자율은 10%이며, 발행시의 유효이자율은 12%이었다. 이자는 매년 12월 31일에 지급한다. 지방채발행차금은 유효이자율로 상각한다. 속초시의 20×1년도에 필요한 분개를 하라.

풀이

〈징수결의시점〉

(차) 일반미수금 95,196원 (대) 지방채증권* 95,196원

* 발행가액=100,000원×0.71178+100,000원×10%×2.40183=95,196원

〈수납시점〉

(차) 현금과예금 95,196원 (대) 일반미수금 95,196원

〈액면이자 검수시점〉

(차) 지방채증권이자비용* 10,000원 (대) 일반미지급비용 10,000원

* 100,000원×0.10=10,000원

〈액면이자 지급시점〉

(차) 일반미지급비용 10,000원 (대) 현금과예금 10,000원

〈결산수정분개〉

① 지방채할인발행차금의 기록

(차) 지방채할인발행차금* 4,804원 (대) 지방채증권 4,804원

* 액면가액－발행가액=100,000원－95,196원=4,804원

② 지방채할인발행차금 상각의 이자비용 처리

(차) 지방채증권이자비용* 1,424원 (대) 지방채할인발행차금 1,424원

* 장부가액×유효이자율－액면이자=95,196원×12%－100,000원×10%=1,424원

유효이자율에 의한 지방채할인발행차금 상각표

(3년 만기, 액면 100,000원, 액면이자율 10%, 유효이자율 12%) (단위 : 원)

이자지급일	이자비용(A) = 기초 E×12%	액면이자(B) = 10만원×10%	할인발행차금 상각액(C) = A－B	할인발행차금 미상각액(D) = 전기 D－C	지방채증권 장부가액(E) = 10만원－D
20×1. 1. 1				4,804	95,196
20×1.12.31	11,424	10,000	1,424	3,380	96,620
20×2.12.31	11,594	10,000	1,594	1,786	98,214
20×3.12.31	11,786	10,000	1,786	0	100,000
계	34,804	30,000	4,804		

예제 10-19 할인발행(2)

(예제 10-18)에서 속초시의 20×2년도말에 필요한 분개를 하라.

풀이

〈액면이자 검수시점〉

(차) 지방채증권이자비용* 10,000원 (대) 일반미지급비용 10,000원

* 100,000원 × 0.10 = 10,000원

〈액면이자 지급시점〉

(차) 일반미지급비용 10,000원 (대) 현금과예금 10,000원

〈결산수정분개〉

① 지방채할인발행차금 상각의 이자비용 처리

(차) 지방채증권이자비용* 1,594원 (대) 지방채할인발행차금 1,594원

* 장부가액 × 유효이자율 − 액면이자 = 96,620원 × 12% − 100,000원 × 10% = 1,594원

② 유동성 대체분개

(차) 지방채증권 100,000원 (대) 유동성지방채증권 100,000원

유동성지방채할인발행차금 1,786원 지방채할인발행차금* 1,786원

* 장부가액 × 유효이자율 − 액면이자 = 98,214원 × 12% − 100,000원 × 10% = 1,786원

예제 10-20 할인발행(3)

(예제 10-18)에서 속초시의 20×3년도 이자비용에 관련된 분개를 하라.

풀이

〈액면이자 검수시점〉

(차) 지방채증권이자비용* 10,000원 (대) 일반미지급비용 10,000원

* 100,000원 × 0.10 = 10,000원

〈액면이자 지급시점〉

(차) 일반미지급비용 10,000원 (대) 현금과예금 10,000원

〈결산수정분개〉

① 지방채할인발행차금 상각의 이자비용 처리

(차) 지방채증권이자비용* 1,786원 (대) 유동성지방채할인발행차금 1,786원

* 장부가액 × 유효이자율 − 액면이자 = 98,214원 × 12% − 100,000원 × 10% = 1,786원

(3) 할증발행

지방채증권의 액면이자율이 유효이자율보다 높을 경우에 지방채증권은 할증하여 발행한다. 지방채증권의 발행가액과 액면가액의 차이는 지방채할증발행차금으로 하고, 할증발행차금은 유효이자율로 상각하며, 상각액은 지방채증권이자비용에서 차감한다.

(4) 상 환

지방채증권은 만기일에 일시상환하는 것이 일반적이다. 그러나 지방자치단체의 정책에 따라 만기일 이전에 상환할 수도 있다. 수의상환 지방채증권은 만기 이전에 상환이 가능하고, 연속상환 지방채증권은 정기적으로 분할상환하게 된다. 지방자치단체는 일시상환시에 발생하는 자금의 부담을 덜기 위하여, 감채기금을 매년 적립하여 만기에 일시상환할 수도 있다.

지방채증권이 만기상환되는 경우에는 지방채할인(할증)발행차금이 모두 상각되어 그 잔액이 0이 되므로, 지방채증권의 장부가액과 액면가액은 동일하게 된다. 지방채증권의 액면가액이 바로 상환가액이므로 지방채증권상환손익이 발생하지 않는다.

예제 10-21 상 환

(예제 10-18)에서 속초시의 20×3년도말 원금상환에 대한 분개를 하라.

풀이

〈원금상환 검수시점〉

(차) 유동성지방채증권	100,000원	(대) 일반미지급금	100,000원

〈원금상환 지급시점〉

(차) 일반미지급금	100,000원	(대) 현금과예금	100,000원

수의상환 지방채증권의 경우에는 지방채증권 소유자에게 만기 이전에 일정한 금액을 지급하고 조기상환을 할 수 있다. 조기상환의 경우에는 상환시점까지 지방채할인(할증)발행차금을 상각하여 상환시점에서의 지방채증권 장부가액을

계산한다. 그리고 상환시 소요된 금액(상환대가+상환비용)과 장부가액을 비교하여 지방채증권상환손익을 인식한다.

5. 장기부채 등의 평가

(1) 장기부채의 평가

지방회계기준 제56조는 장기연불조건의 매매거래, 장기금전대차거래 또는 이와 유사한 거래에서 발생하는 채권·채무로서 명목가액과 현재가치의 차이가 중요한 경우에는 이를 현재가치로 평가한다고 규정하고 있다. 현재가치는 당해 채권·채무로 인하여 받거나 지급할 총금액을 적절한 이자율로 할인한 가액으로 한다.

일반적으로 현재가치 산정시 적용할 이자율은 당해 거래의 유효이자율이지만, 당해 거래의 유효이자율을 확인하기 어려운 경우에는 유사한 조건의 국채수익률을 적용한다. 명목가액과 현재가치의 차액은 현재가치할인차금의 과목으로 하여 당해 채무의 명목가액에서 차감하는 형식으로 기록하고, 적용한 할인율, 기간 및 회계처리방법 등은 주석으로 공시한다.

(2) 외화부채의 평가

지방자치단체가 외화부채를 보유하고 있을 경우, 이를 화폐성 및 비화폐성 외화부채로 구분하고 화폐성 외화부채는 회계연도말 현재의 환율로 환산한 가액으로 계상한다. 그러나 비화폐성 외화부채는 당해 부채를 부담한 당시의 적절한 환율로 평가한 가액으로 한다.

화폐성 외화부채는 외화차입금과 같이 화폐가치의 변동과 상관없이 부채금액이 계약 및 기타의 원인에 의하여 일정액의 화폐액으로 고정되어 있는 외화부채를 말한다. 화폐성 외화부채는 회계연도말 현재의 환율로 환산한 가액과 장부가액의 차액을 외화환산이익(손실)으로 기록하고 재정운영표에 보고한다. 비화폐성 외화부채는 기간이 경과하거나 화폐가치가 변동함에 따라 평가액이 변동하는 주로 실물적 성격을 지닌 외화부채를 말한다.

예제 10-22 외화부채

동백군은 20×1년 7월 1일 장기외화차입금 100만 달러를 1년 6개월 후 일시상환 조건으로 차입하였다. 차입기간 동안의 기준환율은 다음과 같다. 각 시기에 필요한 분개를 하라.

일 시	기준환율(원/달러)
20×1년 7월 1일	1,000
20×1년 12월 31일	1,200
20×2년 12월 31일	1,300

풀이

〈차입시점 : 20×1년 7월 1일〉

(차) 현금과예금 10억원 (대) 장기차입금 10억원

〈결산시점 : 20×1년 12월 31일〉

① 외화부채의 평가

(차) 외화환산손실* 2억원 (대) 장기차입금 2억원

* 100만 달러×(1,200원－1,000원)＝2억원

② 외화부채의 유동성 대체

(차) 장기차입금* 12억원 (대) 유동성장기차입금 12억원

* 10억원＋2억원＝12억원

〈상환시점 : 20×2년 12월 31일〉

(차) 유동성장기차입금 12억원 (대) 현금과예금 13억원

외 환 차 손* 1억원

* 100만 달러×(1,300원－1,200원)＝1억원

(3) 리스부채의 평가

리스는 지방자치단체가 일정기간 설비 등 특정자산의 사용권을 리스회사로부터 이전받고, 그 대가로 사용료를 지급하는 계약을 말한다. 리스는 금융리스와 운용리스로 구분하며, 금융리스와 운용리스의 구분, 금융리스에 따른 리스자산과 부채의 평가, 운용리스에 따른 리스비용 등 리스회계처리에 대한 사항에 관하여는 기업회계원리를 적용하여 규정한다.

리스는 리스자산의 소유에 따른 위험과 효익이 리스이용자에게 이전되는

정도에 따라 금융리스와 운용리스로 분류한다. 리스는 계약의 형식보다는 거래의 실질에 따라 분류하며, 다음에 예시한 경우 중 하나 또는 그 이상에 해당하면 일반적으로 금융리스로 분류한다.

① 리스기간 종료시 또는 그 이전에 리스자산의 소유권이 리스이용자에게 이전되는 경우
② 리스실행일 현재 리스이용자가 염가매수선택권을 가지고 있고, 이를 행사할 것이 확실시되는 경우
③ 리스자산의 소유권이 이전되지 않을지라도 리스기간이 리스자산 내용연수의 상당부분을 차지하는 경우
④ 리스실행일 현재 최소리스료를 내재이자율로 할인한 현재가치가 리스자산 공정가치의 대부분을 차지하는 경우
⑤ 리스이용자만이 중요한 변경 없이 사용할 수 있는 특수한 용도의 리스자산인 경우

금융리스의 경우 실제 리스자산의 소유권이 리스이용자에게 있고 그 경제적 본질이 할부구입과 동일하므로, 리스이용자는 리스회사로부터 자금을 차입하여 그 자금으로 리스회사로부터 리스자산을 구입한 것처럼 기록하고 감가상각하며 또한 이를 부채로 기록해야 한다.

운용리스는 리스기간이 종료하면 리스자산의 소유권이 리스회사에 다시 이전되는 것으로 임대차 거래와 유사한 성격을 가지고 있다. 따라서 자산의 소유권은 리스회사가 가지고 있으므로 리스자산을 이용하는 리스이용자는 자산으로 계상하지 않는다. 즉, 리스이용자인 지방자치단체는 리스료(임차료)를 발생주의에 따라 기록하고 리스회사는 리스료수익(임대수익)을 기록하며, 리스자산에 대한 감가상각비는 리스회사에서 기록한다.

6. 우발부채

우발상황은 미래에 어떤 사건이 발생하거나 발생하지 아니함으로 인하여 궁극적으로 확정될 손실 또는 이익의 발생여부가 불확실한 현재의 상태 또는 상황을

말한다.

미래에 어떤 사건이 발생하거나 발생하지 않음으로써 궁극적으로 확정될 손실을 부채로 인식할 것인가의 판단은 자원유출의 가능성과 금액의 신뢰성 있는 추정가능성에 달려 있다. 기업회계에서는 다음의 요건을 모두 충족하는 경우 이를 충당부채로 재정상태표에 인식한다.

① 과거사건의 결과로 현재의무가 존재
② 현재의무를 이행하기 위하여 자원이 유출될 가능성이 높음
③ 당해 의무의 이행에 소요되는 금액을 신뢰성 있게 추정할 수 있음

또한 기업회계에서는 우발부채는 다음 중 하나에 해당하는 잠재적인 부채를 말하며, 부채로 인식하지 아니하고 주석으로 공시한다.

① 과거사건에 의하여 발생했으나, 기업이 전적으로 통제할 수 없는 하나 이상의 불확실한 미래사건의 발생여부에 의해서만 그 존재여부가 확인되는 잠재적 의무
② 과거사건이나 거래의 결과로 발생한 현재의무이지만 그 의무를 이행하기 위하여 경제적 효익을 가진 자원이 유출될 가능성이 높지 않거나, 또는 당해 의무를 이행해야 할 금액을 신뢰성 있게 추정할 수 없는 경우

기업회계와 유사하게, 지방회계기준에서는 (1) 재정상태표 보고일 현재, 우발손실의 발생이 확실하고 그 손실금액을 합리적으로 추정할 수 있는 경우에는, 우발손실을 재무제표에 반영하고 그 내용을 주석으로 표시하며, (2) 재정상태표 보고일 현재, 우발손실의 발생이 확실하지 아니하거나 우발손실의 발생은 확실

[도표 10-8] 우발부채의 회계처리

금액추정 / 발생가능성	합리적 추정가능	추정불가능
확실한 경우	우발손실을 재정상태표에 반영하고 그 내용을 주석으로 표시	우발상황의 내용, 우발손실에 따른 재무적 영향을 주석으로 표시
확실하지 않은 경우	우발상황의 내용, 우발손실에 따른 재무적 영향을 주석으로 표시	

하지만 그 손실금액을 합리적으로 추정할 수 없는 경우에는, 우발상황의 내용 및 우발손실에 따른 재무적 영향을 주석으로 표시하고, (3) 우발이익의 발생이 확실하고 그 이익금액을 합리적으로 추정할 수 있는 경우에는 우발상황의 내용을 주석으로 표시한다.

판결결과에 의해 지방자치단체가 의무를 부담하게 되는 소송사건은 우발부채에 해당한다. 그러나 지방자치단체가 소송사건의 1심결과에 의해 손해배상금 등을 지급하는 것으로 결정된 경우에는 우발부채가 아니라 확정부채(기타비유동부채)로 재정상태표에 계상한다. 이때 상대계정은 재정운영표상의 기타운영비로 한다.

예제 10-23 우발부채

20×1년 1월 손해배상청구소송의 1심에서 동태시가 5,000만원의 손해배상금을 지급하는 것으로 판결되었다. 20×2년 5월 최종판결 결과도 1심판결과 동일하며, 동태시는 손해배상금 5,000만원을 지급하였다. 동태시에 필요한 분개를 하라.

풀이

〈1심판결 확정시점〉

(차) 기타운영비	5,000만원	(대) 기타비유동부채	5,000만원

〈20×2년 지급시점〉

(차) 손해배상금및국가배상금	5,000만원	(대) 현금과예금	5,000만원

〈20×2년 결산보정분개〉

(차) 기타비유동부채	5,000만원	(대) 손해배상금및국가배상금	5,000만원

제3절 순자산

1. 순자산의 개념

순자산은 기업회계의 자본에 해당하는 개념이지만, 지방자치단체는 영리적인 기업과는 달리 비영리조직이므로 소유주지분을 나타내는 자본이라는 명칭 대신에 순자산이라는 용어를 사용한다. 순자산은 자산에서 부채를 차감한 잔여액으로 정의한다.

2. 순자산의 분류

재정상태표에 표시되는 순자산은 지방자치단체의 기능과 용도를 기준으로 고정순자산, 특정순자산 및 일반순자산으로 분류한다. 한편, 순자산변동표에 표시되는 순자산증가(감소)는 회계기간중의 변동내역을 의미하며, 순자산변동표는 순자산의 증감원인에 따른 순자산의 증감내역을 보여준다.

(1) 고정순자산

고정순자산은 일반유형자산, 주민편의시설 및 사회기반시설의 투자액에서 그 시설의 투자재원을 마련할 목적으로 조달한 장기차입금 및 지방채증권 등을 차감한 금액이다. 고정순자산은 아래의 산식에 따라 계산한다.

고정순자산＝일반유형자산, 주민편의시설, 사회기반시설 및 무형자산에 대한 투자액
－관련 차입금

일반유형자산, 주민편의시설 및 사회기반시설에 대한 투자액을 산정함에 있어 관련 감가상각누계액을 차감한 장부가액을 기준으로 한다. 관련 차입금은 장기차입금(유동성장기차입금 포함), 지방채증권(유동성지방채증권 포함), 금융리스부채 또는 연부매입채무인 장기미지급금(유동성장기미지급금 포함) 중 투입자산에 직접적으로 관련성을 가지는 것에 한한다.

시・도가 지역개발채권 등을 발행하여 조성한 지역개발기금에서 시・군・구에 융자한 부분은 일반유형자산 등의 투자액에 관련된 차입금이 아니므로 시・도의 고정순자산 계산시에 관련 차입금으로 포함되지 않는다. 또한 재고자산 취득시에 발생한 연부채무는 일반유형자산 등의 투자액에 관련된 차입금이 아니므로 관련 차입금에 포함되지 않는다. 각 회계별 재정상태표 작성시 계산된 고정순자산이 음(−)의 수치인 경우에 이를 그대로 표시한다.

(2) 특정순자산

특정순자산은 채무상환목적이나 적립성기금의 원금과 같이 그 사용목적이 특정되어 있는 재원과 관련된 순자산을 말한다. 지방자치단체가 채무상환을 목적으로 적립하는 감채기금은 적립된 기금 원금을 가용자원으로 사용하지 않고 기금 원금의 운용에 따른 수익으로 관련 사업의 지출을 충당하는 적립성기금이며, 특정순자산의 대표적인 예가 된다.

적립성기금을 제외한 일반적인 기금 등은 매년 예산(또는 운용계획)에 따라 특정 사업목적을 위해 운용되고, 기금 원금이 별도로 존재하지 않으며, 단순히 사용목적별로 자금을 구분하는 구분회계의 개념이다. 따라서 일반적인 기금을 특정순자산에 포함하지 않는 것이 원칙이지만, 실무적으로는 적립성기금과 비적립성기금의 구분이 쉽지 않으므로 기금의 순자산을 모두 특정순자산으로 계산한다.

(3) 일반순자산

일반순자산은 고정순자산과 특정순자산을 제외한 나머지 금액을 말하며, 특정사업 또는 목적에 제한되어 있지 않고 일반적으로 가용할 수 있는 순자산을 뜻한다. 일반순자산은 아래의 산식에 의해 계산된다.

$$\text{일반순자산} = \text{순자산총계} - (\text{고정순자산} + \text{특정순자산})$$

객관식 문제

1 지방자치단체의 재정상태표에 관한 설명 중에서 틀린 것은?

① 재정상태표는 회계실체의 회계연도 동안의 재정상태를 나타내는 재무제표이다.
② 재정상태표는 자산, 부채 및 순자산으로 구성된다.
③ 지방자치단체의 재정상태표는 유형별 회계실체의 재정상태표를 통합하여 작성한다.
④ 재정상태표는 당해 회계연도분과 직전 회계연도분을 비교하는 형식으로 작성한다.

해답_①

재정상태표는 회계실체의 회계연도 동안이 아니라 특정시점의 재정상태를 나타내는 재무제표이다.

2 지방자치단체 회계기준에 관한 규칙이 규정하고 있는 자산에 대한 설명 중에서 가장 올바른 것은?

Ⅰ. 자산은 회계실체가 소유 또는 통제하고 있는 자원이다. Ⅱ. 자산은 공공서비스 잠재력을 창출할 수 있는 자원이다. Ⅲ. 자산은 경제적 효익을 창출할 수 있는 자원이다.

① Ⅰ, Ⅱ　　② Ⅰ, Ⅲ
③ Ⅱ, Ⅲ　　④ Ⅰ, Ⅱ, Ⅲ

해답_④

자산은 과거의 거래나 사건의 결과로 현재 회계실체가 소유(실질적으로 소유하는 경우를 포함한다) 또는 통제하고 있는 자원으로서 미래에 공공서비스를 제공할 수 있거나 직접적 또는 간접적으로 경제적 효익을 창출하거나 창출에 기여할 가능성이 매우 높은 자원을 말한다.

3 지방자치단체 회계기준에 관한 규칙상의 자산, 부채 및 순자산에 대한 설명 중에서 틀린 것은?

① 자산은 과거의 거래나 사건의 결과로 현재 회계실체가 소유 또는 통제하고 있는 자원으로서 미래에 공공서비스를 제공할 수 있거나 직접적 또는 간접적으로 경제적 효익을 창출하거나 창출에 기여할 가능성이 매우 높은 자원을 말한다.
② 부채는 과거사건의 결과로 회계실체가 부담하는 의무로서 그 이행을 위하여 미래에 자원의 유출이 예상되는 현재시점의 의무를 말한다.

③ 순자산은 회계실체의 자산에서 부채를 뺀 나머지 금액이며, 정부회계에서는 자본이라고도 칭한다.

④ 자산, 부채 및 순자산은 재정상태표의 구성요소이다.

해답_③

기업회계에서 자본은 소유주에 의한 투자를 나타내므로, 정부회계에서는 자본이라는 용어 대신에 순자산의 용어를 사용한다.

4 지방자치단체 회계기준에 관한 규칙에서 규정하고 있는 자산의 인식기준에 대한 설명으로 올바른 것은?

Ⅰ. 자산의 정의를 충족해야 한다. Ⅱ. 미래에 공공서비스를 제공할 수 있거나 직접적 또는 간접적으로 경제적 효익을 창출하거나 창출에 기여할 가능성이 매우 높아야 한다. Ⅲ. 공공서비스 잠재력이나 미래 경제적 효익에 대한 금액을 신뢰성 있게 측정할 수 있어야 한다.

① Ⅰ, Ⅱ　　② Ⅰ, Ⅲ

③ Ⅱ, Ⅲ　　④ Ⅰ, Ⅱ, Ⅲ

해답_④

자산은 공공서비스의 잠재력을 창출하거나 미래의 경제적 효익이 회계실체에 유입될 것이 거의 확실하고 그 금액을 신뢰성 있게 측정할 수 있을 때에 인식한다.

5 지방자치단체 회계기준에 관한 규칙상의 자산 및 부채 인식기준에 대한 설명 중에서 틀린 것은?

① 자산은 미래에 공공서비스를 제공할 수 있거나 직접적 또는 간접적으로 경제적 효익을 창출하거나 창출에 기여할 가능성이 매우 높고 그 가액을 신뢰성 있게 측정할 수 있을 때에 인식한다.

② 문화재는 지방자치단체의 중요한 자산 중 하나이므로, 자산으로 인식하여 재정상태표에 그 금액을 보고한다.

③ 부채는 회계실체가 부담하는 현재의 의무를 이행하기 위하여 경제적 효익이 유출될 것이 거의 확실하고 그 금액을 신뢰성 있게 측정할 수 있을 때에 인식한다.

④ 자연자원은 자산으로 인식하지 아니하고 필수보충정보의 관리책임자산으로 보고한다.

해답_②

문화재, 예술작품, 역사적 문건 및 자연자원은 자산으로 인식하지 아니하고 필수보충정보의 관리책임자산으로 보고한다.

6 지방자치단체 재정상태표의 작성에 관한 설명 중에서 틀린 것은?

① 미결산항목의 경우에는 가지급금이나 가수금 등의 과목으로 재정상태표에 표시할 수 있다.
② 자산은 유동성이 높은 항목부터 배열하는 것을 원칙으로 한다.
③ 부채는 유동성이 높은 항목부터 배열하는 것을 원칙으로 한다.
④ 자산과 부채는 총액에 따라 적는 것을 원칙으로 한다.

해답_①

가지급금이나 가수금 등의 미결산항목은 그 내용을 나타내는 적절한 과목으로 표시하고, 비망계정(憊忘計定)은 재정상태표의 자산 또는 부채 항목으로 표시하지 않는다.

7 지방자치단체 회계기준에 관한 규칙에서 분류하는 자산과목이 아닌 것은?

① 유동자산 ② 투자자산
③ 유형자산 ④ 사회기반시설

해답_③

지방자치단체에서는 유형자산을 일반유형자산, 주민편의시설, 사회기반시설로 세분하되, 유형자산이라는 분류과목을 사용하지는 않는다(지방회계기준 제14조).

8 지방자치단체의 자산에 대한 설명 중에서 틀린 것은?

① 유동자산은 회계연도 종료 후 1년 내에 현금화가 가능하거나 실현될 것으로 예상되는 자산으로서, 현금및현금성자산, 단기금융상품, 미수세금, 미수세외수입금 등을 말한다.
② 자산은 유동자산, 투자자산, 일반유형자산, 주민편의시설, 사회기반시설, 기타비유동자산으로 분류한다.
③ 투자자산은 회계실체가 투자하거나 권리행사 등의 목적으로 보유하고 있는 비유동자산으로서, 장기금융상품, 장기융자금, 장기투자증권 등을 말한다.
④ 사회기반시설은 주민의 편의를 위하여 1년 이상 반복적 또는 계속적으로 사용되는 자산으로서, 도서관, 주차장, 공원, 박물관 및 미술관 등을 말한다.

해답_④

주민편의시설은 주민의 편의를 위하여 1년 이상 반복적 또는 계속적으로 사용되는 자산으로서 도서관, 주차장, 공원, 박물관 및 미술관 등을 말한다.

9 지방자치단체 회계기준에 관한 규칙에서 분류하는 부채과목이 아닌 것은?

① 유동부채 ② 비유동부채
③ 장기차입부채 ④ 기타비유동부채

해답_②
지방자치단체의 부채는 유동부채, 장기차입부채 및 기타비유동부채로 분류한다.

10 지방자치단체 회계기준에 관한 규칙에서 분류하는 순자산과목이 아닌 것은?

① 비제한순자산 ② 고정순자산
③ 특정순자산 ④ 일반순자산

해답_①
순자산은 지방자치단체의 기능과 용도를 기준으로 고정순자산, 특정순자산 및 일반순자산으로 분류한다.

11 다음 중 「지방자치단체 회계기준에 관한 규칙」에 대한 설명으로 옳지 않은 것은?
(CPA 2018년)

① 순자산은 지방자치단체의 기능과 용도를 기준으로 고정순자산, 특정순자산 및 일반순자산으로 분류한다.
② 고정순자산은 일반유형자산, 주민편의시설, 사회기반시설 및 무형자산의 투자액에서 그 시설의 투자재원을 마련할 목적으로 조달한 장기차입금 및 지방세 징수액을 뺀 금액으로 한다.
③ 특정순자산은 채무상환 목적이나 적립성 기금의 원금과 같이 그 사용목적이 특정되어 있는 재원과 관련된 순자산을 말한다.
④ 일반수익은 재원조달의 원천에 따라 자체조달수익, 정부간이전수익, 기타수익으로 구분한다.
⑤ 재정상태표 보고일 이후 발생한 사건은 회계연도의 말일인 재정상태표 보고일과 「지방회계법」에 따른 출납사무 완결기한 사이에 발생한 사건으로서 재정상태표 보고일 현재 존재하였던 상황에 대한 추가적 증거를 제공하는 사건을 말한다.

해답_②
고정순자산은 일반유형자산, 주민편의시설 및 사회기반시설의 투자액에서 그 시설의 투자재원을 마련할 목적으로 조달한 장기차입금 및 지방채증권 등을 차감한 금액이다.

12 다음은 「지방자치단체 회계기준에 관한 규칙」에 대한 설명이다. 옳지 않은 것은?

(CPA 2015년)

① 비교환거래로 생긴 수익은 직접적인 반대급부 없이 생기는 지방세, 보조금, 기부금 등으로서 해당 수익에 대한 청구권이 발생하고 그 금액을 합리적으로 측정할 수 있을 때에 인식한다.

② 일반유형자산은 공공서비스의 제공을 위하여 1년 이상 반복적 또는 계속적으로 사용되는 자산으로서 토지, 건물, 입목, 주민편의를 위한 주차장 등을 말한다.

③ 재정운영표는 회계연도 동안 회계실체가 수행한 사업의 원가와 회수된 원가정보를 포함한 재정운영결과를 나타내는 재무제표로 사업순원가, 재정운영순원가, 재정운영결과로 구분하여 표시한다.

④ 장기연불조건의 매매거래, 장기금전대차거래 또는 이와 유사한 거래에서 발생하는 채권·채무로서 명목가액과 현재가치의 차이가 중요한 경우에는 이를 현재가치로 평가한다.

⑤ 문화재, 예술작품, 역사적 문건 및 자연자원은 자산으로 인식하지 아니하고 필수보충정보의 관리책임자산으로 보고한다.

해답_②

일반유형자산과 주민편의시설은 별도로 분류된다.

chapter

11 재정운영표

재정운영표는 회계연도 동안 회계실체가 수행한 사업의 원가와 회수된 원가정보를 포함한 재정운영결과를 나타내는 재무제표이다. 재정운영표의 모든 수익과 비용은 발생주의 원칙에 따라 거래나 사실이 발생한 기간에 표시한다.

수익과 비용은 그 발생원천에 따라 명확하게 분류해야 하며, 해당 항목의 중요성에 따라 별도의 과목으로 표시하거나 다른 과목과 통합하여 표시할 수 있다. 이 경우 해당 항목의 중요성은 금액과 질적 요소를 고려하여 판단해야 한다.

제1절 수익의 개념과 인식

1. 수익의 개념

수익은 지방자치단체 회계실체의 자산증가 또는 부채감소를 초래하는 회계연도 동안의 거래로 생긴 순자산의 증가로 정의한다. 그러나 물품 소관의 전환과 기부채납 등으로 인한 순자산의 증가는 회계실체의 운영성과로 볼 수 없으므로 수익에서 제외된다.

수익은 순자산의 증가를 초래한다는 점에서 현금주의 개념인 수입과 유사하다. 그러나 수입은 현금증가에 의한 순자산의 증가만을 의미하지만, 수익은 현금거래뿐만 아니라 비현금거래, 발생주의에 따른 조정, 자산·부채의 평가로 인한 순자산의 증가도 포함하므로 수입보다 더 포괄적인 개념이다.

2. 수익의 인식기준

수익은 수익획득에 대한 반대급부의 제공여부에 따라 교환거래와 비교환거래에 의한 수익으로 구분된다. 교환거래에 의한 수익(혹은 교환수익)이란 재화나 서비스 제공의 반대급부로 발생하는 사용료, 수수료 등과 같이 거래당사자가 서로 유사한 가치를 주고받는 교환거래에서 생긴 수익을 말한다. 교환수익은 사업의 수행과정에서 발생하거나, 사업과 관련하여 국가·지방자치단체 등으로부터 얻은 수익인 사업수익과 사업과 직접적 관련이 없거나 임시적·비경상적으로 발생하는 비배분수익으로 구분된다. 비교환거래에 의한 수익(혹은 비교환수익)이란 직접적인 반대급부 없이 발생하는 지방세, 보조금, 기부금 등의 비교환거래에서 생긴 수익을 말하며, 일반수익이라고 한다.

교환수익은 재화나 서비스를 제공하는 수익창출활동이 완료되고 그 금액을 합리적으로 측정할 수 있을 때 인식한다. 비교환수익은 해당 수익에 대한 청구권이 발생하고 그 금액을 합리적으로 측정할 수 있을 때 수익으로 인식한다.

정부회계에서의 수익은 기업회계와는 다르게, 수익과 비용의 대응이 일반적으로 이루어지지 않는다. 기업회계에서는 수익과 비용을 대응시켜 당기순이익을 산출하지만, 정부회계에서는 이익창출이 주된 목적이 아니다. 따라서 정부부문의 수익이 교환거래로부터 발생한다 하더라도 서비스 제공으로 인한 비용과 동등하거나 그 이하인 경우가 많다. 예를 들어, 체육시설을 민간에 임대하는 경우

수익, 수입 및 세입

우리나라 예산회계에서는 수익(收益)이라는 용어 대신에 수입(收入) 혹은 세입(歲入)을 사용하고 있다. 수익은 발생주의 용어이며, 수입은 현금주의 용어로서 현금유입을 뜻한다. 세입은 예산회계 용어로서 연간예산에서 수입으로 편성되어 집행되는 금액을 말한다.

에 수취하는 사용료는 그 시설에 대한 투자비용과 유지비용에 미치지 못하는 경우가 일반적이다.

또한 정부부문의 비교환수익은 직접적인 반대급부에 의하지 않고 일방적으로 결정되므로, 정부회계의 수익인식기준은 기업회계의 수익인식기준과 다르다. 이와 같이 정부회계의 수익은 기업회계에서의 재화 또는 용역의 판매와 같지 않으므로 수익인식시점에 많은 논란이 있을 수 있다.

제2절 재정운영표의 구성요소

재정운영표는 사업순원가, 관리운영비, 비배분비용, 비배분수익, 재정운영순원가, 일반수익 및 재정운영결과로 구분하여 [도표 11-1]과 같이 표시한다.

사업순원가는 사업총원가에서 사업수익을 빼서 표시한다. 사업총원가는 특정사업을 수행하기 위하여 투입한 직접원가에서 다른 부서로부터 배부받은 간접원가를 더하고, 다른 부서에 배부한 간접원가를 뺀 것이다.[1] 사업수익은 사업의 수행과정에서 발생하거나 사업과 관련하여 국가 등으로부터 사업과 관련하여 받은 수익을 말하며, 서비스요금수익과 보조금 등으로 구분한다. 사업총원가

[도표 11-1] 재정운영표의 구조

과 목	내 용
Ⅰ. 사업순원가	=사업총원가−사업수익
Ⅱ. 관리운영비	인건비, 운영비 등
Ⅲ. 비배분비용	이자비용, 자산손상차손, 자산처분손실, 대손상각비 등
Ⅳ. 비배분수익	이자수익, 자산손상차손환입, 자산처분이익, 대손충당금환입 등
Ⅴ. 재정운영순원가	=사업순원가+관리운영비+비배분비용−비배분수익
Ⅵ. 일반수익	지방세수익, 과태료수익, 과징금및이행강제금수익 등
Ⅶ. 재정운영결과	=재정운영순원가−일반수익

1) 재정운영표상에는 '총원가'의 용어를 사용하여 '사업총원가'를 표시하고 있다.

와 사업수익을 재정운영표에 표시할 때, 그 세부항목은 「지방재정법 시행령」 제47조 제2항에 따른 과목의 구분에 따라, 일반공공행정, 공공질서 및 안전, 교육, 문화 및 관광, 환경보호, 사회복지, 보건, 농림해양수산 등의 기능별로 구분한다.

서비스요금수익은 재화 · 서비스의 판매수익 등과 같이 서비스의 수혜자로부터 그 대가로 받는 수익을 말하며, ① 사용료수익, 수수료수익, 사업장생산수익, 의료사업수익 등 재화 또는 용역의 제공에 따른 대가로 받는 수익, ② 수입대체경비수익, ③ 기타서비스요금수익 등을 포함한다. 그러나 과태료 · 과징금 등의 제재금수익, 변상금, 위약금 등과 같이 서비스 제공의 대가가 아닌 비교환수익은 사업수익에서 제외한다. 또한 서비스요금수익이지만 원가대상별로 식별하기 곤란하고 금액의 크기가 중요하지 않을 때에는 사업수익에서 제외할 수 있다.

보조금은 국가 또는 다른 지방자치단체로부터 특정사업 등과 관련하여 이전받은 보조금 및 특정사업으로 용도가 지정된 기부금 등 민간으로부터의 이전수익을 말한다.

재정운영순원가는 사업순원가에서 관리운영비와 비배분비용은 더하고, 비배분수익은 빼서 표시한다. 행정형 회계실체의 재정운영순원가는 경상적인 사업이나 기관운영 등 재정활동에 소요된 순원가와 운영경비 정보를 제공한다. 사업형 회계실체의 재정운영순원가는 지방공기업특별회계나 기금별로 경상적인 활동에 소요된 자원의 규모를 알려주어 기금유지나 독립채산제 달성여부에 관한 정보를 제공한다.

관리운영비는 조직의 일반적이고 기본적인 기능을 수행하는 데 필요한 인건비, 기본경비 및 운영경비를 말한다. 일반행정 기능에서 사업 등의 예산에 편성되어 있다 하더라도 조직의 일반관리 업무에 관련된 인건비와 운영경비로서 시민 등이 직접 편익을 보는 경비가 아닌 경우에는 관리운영비로 처리한다.

비배분비용은 사업 등과 관련이 없거나 임시 우발적으로 발생되어 사업 등에 배부하는 것이 적절하지 아니한 비용이며, 이자비용, 자산손상차손, 자산처분손실, 대손상각비, 기타비배분비용을 포함한다.

비배분수익은 교환거래로 발생한 수익이지만 사업 등과 관련이 없거나 사업수익으로 보는 것이 적절하지 아니한 수익이며, 이자수익, 자산손상차손환입, 자산처분이익, 대손충당금환입, 기타비배분수익을 포함한다.

재정운영결과는 재정운영순원가에서 일반수익을 빼서 계산한다. 행정형 회계의 재정운영결과는 유입된 자원에서 사용·소모된 자원의 차이, 즉 자원의 사용결과를 의미한다. 자원이 남는 경우에도 예산을 이월하여 집행하는 경우 등이 포함되며, 재정집행결과에 의한 성과물로서 나타나는 잉여금은 아니다. 사업형 회계에서는 서비스 제공 등에 의한 독립채산제의 달성여부에 관한 정보를 제공한다.

일반수익은 사업수익이나 비배분수익에 속하지 아니하는 비교환수익을 말하며, 지방세수익, 과태료수익, 과징금및이행강제금수익, 변상금및위약금수익, 일반부담금수익, 지방교부세수익, 조정교부금수익, 징수교부금수익, 전입금수익, 시도비보조금반환금수익, 기타 일반수익을 포함한다. 목적세나 과징금, 부담금의 경우 특정 회계실체, 용도나 사업 등의 재원에 충당하기 위하여 징수하는 경우라 하더라도 일반수익으로 분류한다.

제 3 절 성질별 재정운영표상의 주요 수익

성질별 재정운영표상의 수익은 [도표 11-2]와 같이 재원조달의 원천에 따라 자체조달수익, 정부간이전수익, 기타수익으로 분류된다.

자체조달수익은 지방세수익, 경상세외수익, 임시세외수익 등을 말한다. 지방세수익은 지방세기본법에 규정한 세목으로 지방자치단체가 과세권을 바탕으로 반대급부 없이 징수하는 세금을 의미한다. 경상세외수익은 재산임대료수익, 사용료수익, 수수료수익, 사업수익, 징수교부금수익, 이자수익 등이며, 임시세외수익에는 국·시·도유재산매각수수료수익, 재고자산매각이익, 일반유형자산처분이익, 주민편의시설처분이익, 사회기반시설처분이익, 기타임시세외수익 등을 포함한다.

정부간이전수익에는 지방교부세수익, 조정교부금수익, 재정보전금수익, 국고보조금수익, 시도비보조금수익 등이 있으며, 기타수익에는 회계간전입금수익, 기부금수익, 외화환산이익, 외환차익 등을 포함한다.

[도표 11-2]
수익의 분류

중분류	회계과목	관리과목
자체 조달수익	지방세 수익	취득세수익, 등록면허세수익, 주민세수익, 재산세수익, 자동차세수익, 레저세수익, 담배소비세수익, 지방소비세수익, 지방소득세수익, 지역자원시설세수익, 지방교육세수익
	경상 세외수익	재산임대료수익, 사용료수익, 수수료수익, 사업수익, 징수교부금수익, 이자수익
	임시 세외수익	국·시·도유재산매각수수료수익, 재고자산매각이익, 투자자산처분이익, 일반유형자산처분이익, 주민편의시설처분이익, 사회기반시설처분이익, 기타비유동자산처분이익, 일반부담금수익, 과태료수익, 과징금및이행강제금수익, 변상금및위약금수익, 체납처분수익, 보상금수익, 기타임시세외수익
정부간 이전수익*		지방교부세수익, 조정교부금수익, 재정보전금수익, 국고보조금수익, 시도비보조금수익, 시도비보조금반환금수익, 자치단체간부담금수익, 기타정부간이전수익
기타수익*		회계간 전입금수익, 기부금수익, 외화환산이익, 외환차익, 대손충당금환입, 퇴직급여충당부채환입, 자산손상차손환입, 기타수익

* 정부간이전수익과 기타수익의 회계과목은 관리과목으로 더 세분된다.

1. 자체조달수익

자체조달수익은 지방자치단체가 독자적인 과세권한 및 자체적인 징수활동에 의해 조달한 수익으로, 지방세수익, 경상세외수익, 임시세외수익으로 분류된다.

(1) 지방세수익

주민이 납부하는 각종 세금으로 구성된 지방세수익은 지방자치단체의 수익에서 가장 큰 비중을 차지한다. 정부부문은 절차와 성격 면에서 많은 특성이 있으므로, 지방세수익의 인식은 기업회계의 수익인식과 다소 차이가 날 수밖에 없다.[2)]

지방세의 징수방식에는 신고납부하는 경우와 부과고지하는 경우가 있으나,

2) 회계에서 인식이란 “특정거래 또는 경제적 사건을 화폐적으로 측정하고 이를 자산, 부채, 자본(또는 순자산), 수익, 비용 등으로 구분하여 재무제표에 계상하는 것”을 말한다. 수익에서는 인식시점이 가장 중요한 관심사이며, 수익인식시점은 최초로 수익이 장부에 기록되는 시점을 말한다.

징수방식에 관계없이 징수결의를 통해 금액이 확정되는 시점에 수익으로 인식한다.

지방세수익의 인식에서 절차는 매우 중요한 역할을 한다. 공공행정은 절차를 중시한다는 점에서 기업경영과 크게 구별된다. 모든 행정행위는 절차에 따라 수행되며 그 절차를 적절히 따르지 않았을 경우 그 행정행위는 무효 또는 취소 가능한 행위가 된다. 예를 들어, 세금부과고지서를 받지 못한 납세자는 납세의 의무를 가지지 않는다. 이와 같이 절차가 강조되는 이유는 회계처리를 포함하는 정부행정에서 합법성이 중시되고 있기 때문이다. 즉, 적절한 절차를 밟지 않은 행정행위는 합법성을 인정받지 못한다.

정부회계에서도 가장 중요한 원칙은 합법성이 되어야 한다. 합법성은 조직 내부적으로는 통제시스템의 역할을 하며, 주민에 대한 공평성 및 형평성을 위한 바탕이 되고 있다. 기업은 절차를 간소화하여 효율성 및 효과성을 극대화하며 기업회계는 형식과 절차보다는 경제적 실질을 중요시하지만, 정부회계의 경우에 절차가 중요한 이유는 바로 이와 같은 합법성에 있는 것이다.

1) 신고납부방식

취득세 및 등록세 등의 지방세는 신고납부가 원칙이므로 신고와 납부 시점은 동일한 경우가 대부분이다. 납세의무자가 신고를 해태한 경우에는 가산세가 붙게 되고, 고지서를 받고 납기 내에 납부하지 않는 경우에는 가산금이 붙게 된다.

① **신고납부시점** 신고납부하는 경우 징수결의시점 이전에 수납이 발생하며, 수납시점에서는 수익이 발생하지 않으므로, 수납액을 부채(선수○○세)로 회계처리한다.

(차) 현금과예금	×××	(대) 선수○○세	×××

② **징수결의시점** 징수결의시점에서는 신고납부시점에 기록한 부채(선수○○세)를 수익(○○세수익)으로 대체하는 분개처리를 한다. 이러한 분개를 통하여 선수○○세가 상쇄되어 없어지게 된다.

(차) 선수○○세	×××	(대) ○○세수익	×××

③ **부과취소시점**(감액결의시점) 부과취소·감액된 금액만큼 징수결의시점의 분개에 대한 역분개를 한다. 따라서 수익(○○세수익)을 감소시키고, 부채(선수○○세)를 증가시키는 회계처리를 한다.

(차) ○○세수익	×××	(대) 선수○○세	×××

④ **과오납환부시점** 과오납을 납세자에게 환부하였으므로 자산(현금과예금)을 감소시키고, 부채(선수○○세)를 감소시키는 회계처리를 한다.

(차) 선수○○세	×××	(대) 현금과예금	×××

예제 11-1 신고납부 지방세수익

해당 지방자치단체 입장에서 아래의 거래를 분개하라.
① 20×1년 6월 1일 : 취득세 1,000만원이 신고납부되었다.
② 동년 6월 7일 : 취득세 신고납부금액 1,000만원을 징수결의하였다.
③ 동년 6월 10일 : 취득세 징수결의액 중 100만원을 부과취소하였다.
④ 동년 6월 29일 : 과오납환부액 100만원을 환부하였다.

풀이

① 〈신고납부시점〉

(차) 현금과예금	1,000만원	(대) 선수취득세	1,000만원

② 〈징수결의시점〉

(차) 선수취득세	1,000만원	(대) 취득세수익	1,000만원

③ 〈부과취소시점〉

(차) 취득세수익	100만원	(대) 선수취득세	100만원

④ 〈과오납환부시점〉

(차) 선수취득세	100만원	(대) 현금과예금	100만원

2) 부과고지방식

① 부과고지의 절차 재산세, 자동차세 및 주민세 등의 부과고지방식에 의한 지방세는 과세관청이 과세표준과 세액을 조사결정하여 납세액을 고지함으로써 세

액이 확정된다. 부과고지에 의한 지방세는 다음과 같은 절차를 통하여 처리된다.

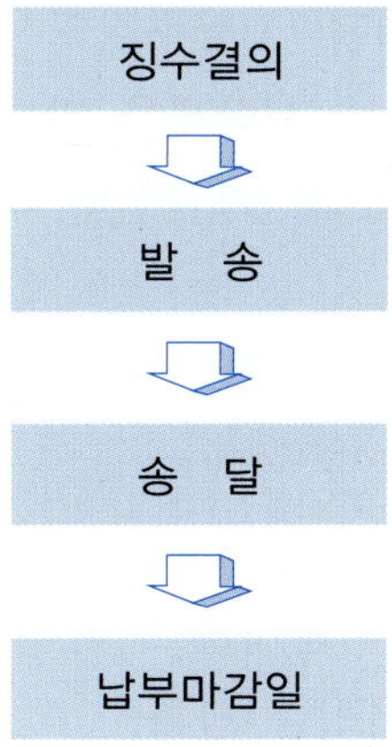

부과고지하기로 확정된 금액과 내용을 행정 최고책임자의 결재를 받아 징수결의를 하고 고지서를 발송하며, 납세자에게 송달되어 납기일(납부마감일)까지 납부를 하게 된다.

이와 같은 과정을 거치는 지방세부과 행위가 최초로 회계장부에 기록되는 시점이 수익의 인식시점이 된다. 발생주의 회계에 있어서 수익은 현금의 수입여부와 관계없이 수익이 실질적으로 발생하여 현금 또는 미수채권 등의 자산이 동시에 증가하였을 때 장부에 기록한다. 발생하지 않은 조세채권(미수세금)을 장부에 계상하는 것은 가공의 자산을 계상하는 것과 같다. 따라서 지방세수익의 인식문제는 조세채권이 언제 법적인 청구권으로서 형성되느냐와 밀접한 관련을 맺고 있다. 즉, 조세채권이 발생함과 동시에 지방세수익이 발생하였다고 보아야 한다.

일반적으로 수익은 징수결의한 때를 기준으로 하는 징수결의주의, 고지서를 발송한 때를 기준으로 하는 발송주의, 고지서가 납세의무자에게 도달한 때를 기준으로 하는 송달주의(또는 도달주의), 납부마감한 때를 기준으로 하는 납기일주의에 따라 인식할 수 있다.

대부분의 경우 징세권이 있는 정부의 징수결의로 조세가 성립하게 되므로 징수결의주의에 따른 수익의 인식이 적절한 시점이라고 할 수 있다. 지방회계기준에는 위 어느 시점에서 지방세수익을 인식해야 하는가에 대한 명확한 규정은 없으나 일반적으로 지방세수익의 경우 징수방식에 관계없이 징수결의를 통해

금액이 확정되는 시점에 수익을 인식하는 것으로 보고 있다.[3]

② **징수결의시점** 징수결의시점에서는 지방세가 아직 수납되지 않은 상태로서 지방자치단체가 지방세를 징수할 권리를 갖고 있으므로, 자산(미수○○세)과 수익(○○세수익)으로 기록한다.

(차) 미수○○세 ××× (대) ○○세수익 ×××

③ **부과취소시점**(감액결의시점) 부과취소·감액된 금액만큼 징수결의시점의 분개에 대한 역분개를 한다. 따라서 수익(○○세수익)과 자산(미수○○세)을 감소시키는 회계처리를 한다.

(차) ○○세수익 ××× (대) 미수○○세 ×××

④ **정상수납시점** 정상수납한 시점에서는 현금을 수취하였으므로 자산(현금과예금)이 증가하고, 받을 권리를 나타내는 자산(미수○○세)이 감소한다.

(차) 현금과예금 ××× (대) 미수○○세 ×××

⑤ **과오납환부시점** 정상수납한 지방세 중에는 과오납환부될 금액이 포함되어 있었으므로, 정상수납시점에서의 회계처리는 과오납환부액만큼 과대하게 현금과예금을 증가시켰고, 미수○○세를 감소시켰다. 따라서 과오납환부시점에서는 과오납환부액만큼 현금과예금을 감소시키고, 미수○○세를 증가시키는 회계처리를 한다.

(차) 미수○○세 ××× (대) 현금과예금 ×××

3) 지방자치단체 복식부기·재무회계 운영규정(행정안전부, 2023), p.124 참조.

예제 11-2 부과고지 지방세수익

해당 지방자치단체 입장에서 아래의 거래를 분개하라.

① 20×1년 6월 1일 : 자동차세 1,000만원을 징수결의하고 부과고지하였다.
② 동년 6월 15일 : 자동차세 징수결의 금액 중 100만원을 부과취소하였다.
③ 동년 6월 30일 : 부과된 금액 중 500만원이 정상수납되었다.
④ 동년 7월 30일 : 정상수납된 금액 중 100만원이 과오납된 것으로 확인되어 환부이자(1만원)를 포함하여 환부하였다.

풀이

① 〈징수결의시점〉

(차) 미수자동차세	1,000만원	(대) 자동차세수익	1,000만원

② 〈부과취소시점〉

(차) 자동차세수익	100만원	(대) 미수자동차세	100만원

③ 〈정상수납시점〉

(차) 현금과예금	500만원	(대) 미수자동차세	500만원

④ 〈과오납환부시점〉

(차) 미수자동차세	101만원	(대) 현금과예금	101만원
과오납환부이자비용	1만원		

(2) 경상세외수익

경상세외수익은 경상적이고 반복적으로 재화나 서비스를 제공하고 그에 대한 반대급부로 발생하는 세외수익이다. 재화의 판매로 인한 경상세외수익은 재화를 인도하는 시점에, 서비스 제공에 의한 경상세외수익은 서비스 제공이 완료되는 시점에 수익을 인식한다.

징수교부금수익은 시·군·자치구가 시·도의 지방세, 사용료 및 수수료 등을 대신하여 징수한 금액 중 위임징수한 대가로 수취한 것이다. 징수교부금수익은 대가 없이 수취한 이전수익이 아니므로 정부간이전수익으로 분류하지 않고, 자체조달수익 중 경상세외수익 과목으로 표시한다.

사용료를 예로 들어 경상세외수익의 단계별 회계처리를 설명하면 아래와 같다.

① **부과고지시점**(징수결의시점) 사용료를 징수결의하고 이를 부과고지하였을 경우에는 아직 현금을 수납하지 않은 상태이므로, 자산과목인 미수사용료수익을 차변에 기록하고 수익과목인 사용료수익을 대변에 기록한다.

(차) 미수사용료수익 ××× (대) 사용료수익 ×××

② **감액결의시점** 징수결의된 금액 중 착오부과로 인해 감액을 결의한 경우에는, 착오부과된 금액만큼 사용료수익과 미수사용료수익을 감소시키는 분개를 한다.

(차) 사용료수익 ××× (대) 미수사용료수익 ×××

③ **정상수납시점** 사용료를 수납하였을 경우에는, 수납한 금액만큼 현금과예금을 증가시키고 미수사용료수익을 감소시키는 회계처리를 한다.

(차) 현금과예금 ××× (대) 미수사용료수익 ×××

④ **체납시점**(가산금 징수결의시점) 사용료가 체납되어 가산금을 징수결의한 경우에는 아직 가산금을 수납하지 않은 상태이므로, 미수사용료수익을 차변에 기록하고 사용료수익을 대변에 기록한다.

(차) 미수사용료수익 ××× (대) 사용료수익 ×××

⑤ **과오납환부시점** 정상수납한 금액 중 일부를 과오납환부한 경우에는, 정상수납시에 미수사용료수익을 너무 많이 감소시키는 회계처리를 하였으므로, 과오납금액만큼 미수사용료수익을 증가시키고 현금과예금을 감소시키는 분개를 한다.

(차) 미수사용료수익 ××× (대) 현금과예금 ×××

예제 11-3 경상세외수익

해당 지방자치단체 입장에서 아래의 거래를 분개하라.

① 20×1년 8월 1일 : 도로사용료 300만원을 징수결의하고 부과고지하였다.
② 동년 8월 12일 : 도로사용료 징수결의 금액 중 70만원은 부과상의 착오로 인해 부과취소하였다.
③ 동년 8월 20일 : 부과금액 중 100만원이 정상수납되었다.
④ 동년 9월 20일 : 정상수납된 금액 중 10만원은 과오납된 것으로 확인되어, 환부이자를 포함하여 환부하였다(환부이자율 : 1일당 2/10,000원).

풀이

① 〈부과고지시점(징수결의시점)〉

(차) 미수사용료수익	300만원	(대) 사용료수익	300만원

② 〈감액결의시점〉

(차) 사용료수익	70만원	(대) 미수사용료수익	70만원

③ 〈정상수납시점〉

(차) 현금과예금	100만원	(대) 미수사용료수익	100만원

④ 〈과오납환부시점〉

(차) 미수사용료수익	10만원	(대) 현금과예금	100,620원
과오납환부이자비용	620원		

* 환부이자 : 10만원 × (2/10,000) × 31일 = 620원

(3) 임시세외수익

임시세외수익은 세외수익 중에서 비경상적이고 임시적으로 발생하는 수익이다. 임시세외수익은 일반유형자산이나 재고자산 등의 매각시에 발생하는 자산처분이익과 자산처분과 관계없이 일시적으로 발생하는 과태료수익, 과징금및이행강제금수익 등이 있다.

자산처분에 따라 발생하는 처분이익(손실)은 자산의 처분이 완료되었을 때 인식하므로, 자산처분 완료 이전에 발생한 세입은 부채(선수금)로 처리한다. 자산처분과 관계없이 발생하는 임시세외수익은 지방세수익과 동일하게 징수결의시점에 수익으로 인식한다.

1) 국유재산 및 시 · 도유재산 매각 대행시

국가 또는 다른 지방자치단체가 소유한 자산을 대행하여 매각한 경우에는 매각수수료수익이 발생한다. 매각수수료수익은 경상세외수익의 징수교부금수익과 본질적으로 동일하므로 징수결의시점이 수익을 인식하는 시점이 된다.

① 징수결의시점 징수결의시점에는 아직 현금이 수취되지 않은 상태이므로 자산(미수국 · 시 · 도유재산매각수수료수익)을 차변에 기록하고 수익(국 · 시 · 도유재산매각수수료수익)을 대변에 기록한다.

(차) 미수국 · 시 · 도유재산매각수수료수익 ××× (대) 국 · 시 · 도유재산매각수수료수익 ×××

② 수납시점 매각수수료의 수납시에는 현금과예금을 차변에 기록하고 미수국 · 공유재산매각수수료수익을 대변에 기록한다.

(차) 현금과예금 ××× (대) 미수국 · 시 · 도유재산매각수수료수익 ×××

2) 지방자치단체 소유의 공유재산 매각시

지방자치단체가 소유한 자산을 매각하여 발생하는 수익은 교환거래에서 발생하는 수익이므로 교환거래가 완료되는 시점인 자산처분이 확정되는 시점에 수익으로 인식한다.

지방자치단체가 보유하고 있는 토지, 건물 등의 공유재산 또는 집기비품, 차량운반구 등의 물품을 장부가액 이상의 가격으로 매각하여 발생하는 이익은 해당 유형자산처분이익으로 처리하며, 장기보유목적의 장기투자증권, 기타투자자산 등을 매각하여 발생한 이익은 투자자산처분이익으로 처리한다. 처분가액이 장부가액에 미달하는 경우에는 처분손실이 발생한다.

① 징수결의시점 징수결의시점에는 현금을 수취한 상태가 아니므로 자산(미수공유재산매각대금)을 차변에 기록하고 부채(선수금)를 대변에 기록한다.

(차) 미수공유재산매각대금 ××× (대) 선 수 금 ×××

② **수납시점** 수납시에 현금과예금을 차변에 기록하고, 미수공유재산매각대금을 대변에 기록한다.

(차) 현금과예금	×××	(대) 미수공유재산매각대금	×××

③ **자산처분시점** 자산처분일에 자산처분일까지의 감가상각비를 인식하고, 자산처분이익(손실)을 기록한다.

(차) ○○자산감가상각비	×××	(대) ○○자산감가상각누계액	×××
(차) 선 수 금	×××	(대) ○ ○ 자 산	×××
○○자산감가상각누계액	×××	○○자산처분이익	×××

3) 이 외의 임시세외수익

위에서 설명하지 아니한 임시세외수익에는 일반부담금수익, 과태료수익, 과징금및이행강제금수익, 변상금및위약금수익, 체납처분수익, 보상금수익 등이 있다. 이러한 임시세외수익의 회계처리는 경상세외수익의 회계처리와 동일하다.

예제 11-4 임시세외수익

해당 지방자치단체 입장에서 아래의 거래를 분개하라.

① 20×1년 8월 1일 : 과태료 500만원을 징수결의하고 부과고지하였다.
② 동년 8월 14일 : 과태료 징수결의 금액 중 70만원은 부과상의 착오로 인해 부과취소하였다.
③ 동년 8월 31일 : 부과금액 중 300만원이 정상수납되었다.
④ 동년 9월 30일 : 정상수납된 금액 중 70만원은 과오납된 것으로 확인되어, 이를 환부하였다(과오납환부이자는 미고려).

풀이

① 〈부과고지시점(징수결의시점)〉

(차) 미수과태료	500만원	(대) 과태료수익	500만원

② 〈부과취소시점〉

(차) 과태료수익	70만원	(대) 미수과태료	70만원

③ 〈정상수납시점〉

(차) 현금과예금	300만원	(대) 미수과태료	300만원

④ 〈과오납환부시점〉

(차) 미수과태료	70만원	(대) 현금과예금	70만원

2. 정부간이전수익

정부간이전수익은 지방자치단체가 국가 또는 상위 정부의 교부에 의해 조달한 수익을 말한다. 정부간이전수익 중 국고보조금수익의 회계처리는 아래와 같다.

① **징수결의 및 수납 시점** 징수결의 및 수납 시점에 현금과예금을 차변에 기록하고, 국고보조금수익을 대변에 기록한다.

(차) 현금과예금	×××	(대) 국고보조금수익	×××

② **반납확정시점**(결산보정분개) 보조금 반납이 확정되는 시점에 국고보조금수익을 차변에 기록하고 부채(일반미지급금)를 대변에 기록한다.

(차) 국고보조금수익	×××	(대) 일반미지급금	×××

3. 기타수익

회계간전입금수익은 지방자치단체 내의 각 회계 및 기금간의 자금이전을 의미하므로, 정부간이전수익이 아니라 기타수익으로 분류한다. 또한 지방자치단체가 기부금을 현금으로 받은 경우에는 재정운영표상의 수익과목인 기부금수익으로 기록하지만, 기부채납방식에 의해 자산을 기부받은 경우에는 공정가액으로 평가한 금액을 순자산변동표의 양여·기부로생긴자산증가로 처리한다.

(1) 회계간전입금수익

① **징수결의 및 수납 시점** 징수결의 및 수납 시점에 현금과예금을 차변에 기록하고, 회계간전입금수익을 대변에 기록한다.

(차) 현금과예금	×××	(대) 회계간전입금수익	×××

② **반납시점** 반납하는 시점에 회계간전입금수익을 차변에 기록하고 현금과예금을 대변에 기록한다.

(차) 회계간전입금수익	×××	(대) 현금과예금	×××

(2) 외화환산이익

외화환산이익은 결산시에 회계실체가 보유한 외화자산 및 외화부채의 원화평가와 관련하여 원화평가금액과 장부가액 간의 차이로 인하여 발생하는 이익이다.

예제 11-5 외화환산이익

J도는 20×1년 3월 10일 관광시설 건설자금으로 IBRD로부터 10만달러(차입 당시 환율 1,200원/$)를 차관 도입하였다. 12월말 현재 환율은 1,100원/$이다. 결산분개를 하라.

풀이

(차) 장기차입금	1,000만원	(대) 외화환산이익	1,000만원

* (1,200원 − 1,100원) × 10만달러 = 1,000만원

(3) 외환차익

외환차익은 외화자산을 회수하거나 외화부채를 상환하는 시점에서의 환율에 의한 가액과 장부가액 간의 차이로 발생하는 이익이다.

예제 11-6 외환차익

J도는 (예제 11-5)의 외화부채 10만달러를 20×2년 5월 20일 전액 상환하였다. 이때 환율은 1,050원/$이었다. 상환에 따른 분개를 하라.

풀이

(차) 장기차입금	11,000만원	(대) 현금과예금	10,500만원
		외 환 차 익	500만원

* 외화차입금 장부가액은 20×1년말 평가로 인해 11,000만원이 됨.
** 외환차익은 (1,100원－1,050원)×10만달러＝500만원

제 4 절 비용의 개념, 인식 및 분류

1. 비용의 개념

발생주의를 따르는 기업회계에서 사용하는 개념인 비용(expenses)을 지방정부회계에서는 자산의 감소나 부채의 증가를 초래하는 회계연도 동안의 거래로 생긴 순자산의 감소로 정의한다. 그러나 물품 소관의 전환 등으로 인한 순자산의 감소는 비용으로 보지 않는다.

비용은 순자산의 감소를 초래한다는 점에서 지출(expenditures)과 유사한 성격으로 볼 수 있으나, 현금의 유출시점과 관계없이 발생주의가 적용되므로 지출보다 더 포괄적인 개념이다. 기업회계에서와 달리 정부회계에서는 특별한 경우를 제외하고는 일반적으로 수익과 비용의 대응이 이루어지지 않는다.

2. 비용의 인식기준

비용의 개념을 수익획득과정에서 나타나는 재화 및 서비스의 소멸로 정의한다

면, 비용의 인식은 재화나 서비스가 어느 회계기간에 소멸하였는지를 보고하는 것, 즉 귀속기간을 결정하는 것을 말한다. 현행 예산회계는 현금주의 회계에 기초하고 있기 때문에 발생주의 개념을 지닌 비용이란 개념을 별도로 가지고 있지 않으며, 현금 또는 자금의 유출시점에 지출이 기록되므로 인식의 문제가 중요하지 않았다.

발생주의 회계에서 현금의 유출은 자산으로 기록되거나 비용으로 처리된다. 예를 들어, 지방자치단체가 차량구입비 지출과 인건비 지출을 할 경우 차량을 구입하기 위해 지출한 부분은 자산(차량운반구)으로 처리되는 반면에, 인건비로 지출한 부분은 비용(인건비)으로 처리된다. 인건비는 해당 지출의 대가인 종업원의 용역제공이 당 기간에 완료되었으므로 소멸된 원가로 보아 즉시 비용으로 인식한다. 차량운반구의 경우 용역잠재력이 아직 남아 있으므로 해당 지출을 미소멸원가로 보아 자산으로 기록하고 향후 감가상각의 과정을 거쳐 비용으로 인식한다.

정부회계에서는 비용의 인식기준을 교환거래와 비교환거래에 따라 구분한다. 교환거래에 의한 비용은 거래의 각 당사자가 동등한 가치를 주고받는 거래로 재화와 서비스의 제공이 완료되고 그 금액을 합리적으로 측정할 수 있을 때 인식한다. 즉, 인건비(예 : 급여, 복리후생비, 기타인건비, 퇴직급여 등), 운영비(예 : 소모품비, 지급수수료, 제세공과금, 임차료 등) 등 교환거래에 의한 비용은 서비스 제공이 완료되어 지급의무가 발생하는 시점에 인식한다.

반면, 비교환거래에 의한 비용은 서비스 제공에 따른 직접적인 반대급부 없이 발생하는 비용으로, 가치의 이전에 대한 법적·행정적 의무가 존재하고 그 금액을 합리적으로 측정할 수 있을 때 인식한다. 즉, 보조금이나 기부금 등 비교환거래에 의한 비용은 지급의무가 존재하고 그 금액을 합리적으로 측정할 수 있을 때 인식한다.

3. 비용의 분류

정부회계에서 비용의 분류는 다양하다. 비용은 수익의 경우와 마찬가지로 비용의 발생이 반대급부의 성격을 갖고 있는지 여부에 따라 교환거래와 비교환거래에 의한 비용으로 구분할 수 있다. 재무제표 작성목적으로 지방정부회계에서는 비용을 기능별로 분류한다. 기능별 분류는 지방자치단체가 수행하는 기능별로 비용을 분류하는 방식이다. 지방회계기준은 예산과목 중 '분야'에 해당하는 예산구분을 이용하여 기능별 재정운영표를 생산하고 있으며, 총 14개 분야 중 '예비비'를 제외한 13개 분야로 비용을 분류하고 있다. [도표 11-3]은 비용의 기능별 분류를 보여준다.

[도표 11-3]
비용의 기능별 분류

일반공공행정, 공공질서및안전, 교육, 문화및관광, 환경보호, 사회복지, 보건, 농림해양수산, 산업·중소기업, 수송및교통, 국토및지역개발, 과학기술, 기타

비용은 또한 성질별로 구분할 수 있다. 성질별 분류는 비용을 성질에 따라 분류한 계정과목(인건비, 운영비, 정부간이전비용, 기타이전비용, 기타비용)으로 나타내는 방식이며, 기업회계에서는 이러한 분류방식을 사용하고 있다. 우리나라 지방자치단체의 경우, 비용을 성질별로 분류하여 작성한 재정운영표를 필수보충정보로 보고하도록 요구하고 있다.

[도표 11-4]는 지방정부회계에서 사용하고 있는 비용의 성질별 분류를 보여준다. 인건비는 공무원 및 기타 고용인의 서비스에 대한 반대급부로 제공되는

[도표 11-4]
비용의 성질별 분류

중분류	회계과목*
인건비	급여, 복리후생비, 기타인건비, 퇴직급여
운영비	도서구입및인쇄비, 소모품비, 홍보및광고비, 지급수수료, 일반유형자산수선유지비, 주민편의시설수선유지비, 사회기반시설수선유지비, 기타자산수선유지비, 교육훈련비, 제세공과금, 보험료및공제료, 임차료, 출장비, 연구개발비, 이자비용, 업무추진비, 행사비, 의회비, 위탁대행사업비, 예술단운동부운영비, 주민자치활동운영비, 징수교부금, 연료비, 원·정수구입비, 용지·주택매출원가, 기타운영비
정부간 이전비용	시도비보조금, 자치구조정교부금, 시·군조정교부금, 지방자치단체간부담금, 국가에대한부담금, 교육비특별회계전출금, 교육기관운영비보조금
민간등 이전비용	민간보조금, 민간장학금, 이차보전금, 출연금, 전출금비용, 지방공공기관보조금, 기타이전비용
기타비용	자산처분손실, 자산손상차손, 일반유형자산감가상각비, 주민편의시설감가상각비, 사회기반시설감가상각비, 무형자산상각비, 외화환산손실, 외환차손, 대손상각비, 기타비용

* 회계과목은 관리과목으로 더 세분된다.

비용이다. 운영비에는 인건비 외에 정부조직의 운영과 행정서비스의 제공을 위해 지출하는 일반적인 비용들이 포함된다. 정부간이전비용과 기타이전비용은 정부가 개인이나 지방자치단체 등에 금전 또는 현물을 대가 없이 이전하는 이전비용을 지출대상을 기준으로 구분한 것이다.

기타비용은 인건비, 운영비, 이전비용을 제외한 비용으로 상각비를 포함한다. 상각비는 시간의 경과에 따른 자산가치의 감소 또는 회수불가능한 채권의 합리적 추정에 따른 비용으로 일반유형자산, 주민편의시설 및 사회기반시설의 감가상각비와 무형자산의 상각비, 미수세금, 일반미수금 및 대여금 등에 대한 대손상각비를 포함한다.

제 5 절 성질별 재정운영표상의 주요 비용

1. 인건비

인건비는 지방자치단체의 공무원 및 기타고용인의 서비스에 대한 반대급부로 제공되는 것으로 급여, 복리후생비, 기타인건비, 퇴직급여 등을 포함한다. 인건비는 명목여하에 불구하고 근로제공의 반대급부로 지급되는 것을 전부 인건비로 처리하는 것이 원칙이다.

(1) 급 여

급여는 지출결의시점에 비용으로 인식한다. 공무원급여의 지급과정에서 원천징수되는 소득세, 주민세 및 건강보험에 대한 본인부담분 등은 일정기간 후 세무서, 건강보험공단 등 다른 기관에 납부하기 위하여 지방자치단체가 일시적으로 보관하는 것으로서 단기예수보관금으로 회계처리한다. 급여에 대한 회계처리절차는 다음과 같다.

1) 일반직 급여

① 지출결의시점

(차) 급　　여	×××	(대) 일반미지급비용	×××

② 지급명령시점(지출시점)

(차) 일반미지급비용	×××	(대) 현금과예금	×××

2) 기간제근로자 급여

① 검수시점

(차) 기간제근로자등인건비	×××	(대) 일반미지급비용	×××

② 지급명령시점(지출시점)

(차) 일반미지급비용	×××	(대) 현금과예금	×××

예제 11-7 일반직 급여

A시는 20×1년도 5월분 급여 10억원을 5월 20일 지출결의를 하고, 5월 25일 온라인으로 통장이체하여 지급하였다. 급여 10억원의 상세내역은 다음과 같다. 이와 관련된 거래를 분개하라.

기 본 급	7억원
기말 및 정근수당	2억원
소득세예수금등	1억원

풀이

〈지출결의시점〉

(차) 급　　여	10억원	(대) 일반미지급비용	10억원

〈지출시점〉

(차) 일반미지급비용	10억원	(대) 현금과예금	9억원
		단기예수보관금	1억원

〈원천징수 소득세예수금 등의 납부시점〉

(차) 단기예수보관금	1억원	(대) 현금과예금	1억원

예제 11-8 기간제근로자 급여

B시는 청사환경관리를 위하여 20×1년 3월 20일부터 7일간 일용인부 10명을 일당 3만원에 고용하였다. 작업은 3월 28일 완료되었다. 인건비는 3월 29일 지급되었다. 이와 관련된 분개를 하라.

풀이

〈검수시점〉

(차) 기간제근로자등인건비	210만원	(대) 일반미지급비용	210만원

〈지출시점〉

(차) 일반미지급비용	210만원	(대) 현금과예금	210만원

(2) 퇴직급여

인건비지급 대상자가 공무원연금의 수혜 대상자인 경우 인건비의 일부로 연금부담금이 포함된다. 그러나 연금대상자가 아닌 경우에 퇴직급여의 회계가 필요하다. 퇴직급여는 기타인건비를 제공받는 자 중 근로기준법에 따른 퇴직금지급 대상인 자(예컨대, 기간제근로자는 퇴직금지급대상이 아님)에 대한 퇴직금지급 추산액의 산정에 사용되는 과목이다. 퇴직급여의 상대과목으로 퇴직급여충당부채계정이 사용된다. 퇴직급여충당부채는 퇴직금 지출의 원인이 되는 사실이 당기에 존재한다는 개념에 따라 계상하는 부채이며 발생주의 회계에 의한 것이다. 여기서는 예제를 이용하여 퇴직급여충당부채의 설정에 대하여 설명한다.

예제 11-9 퇴직급여(1)

C시는 20×1년 연말 결산과정에서 5,000만원의 퇴직급여충당부채를 추가로 설정하였다. 이에 대한 분개를 하라.

풀이

(차) 퇴 직 급 여	5,000만원	(대) 퇴직급여충당부채	5,000만원

퇴직한 직원에 대하여 퇴직금을 지급한 경우에는 퇴직급여충당부채를 감소시키는 회계처리를 한다.

(차) 퇴직급여충당부채	×××	(대) 현금과예금	×××

예제 11-10 퇴직급여(2)

C시는 20×1년 8월 20일 퇴직한 직원 A씨에게 퇴직금 2,000만원을 지급하였다. 필요한 분개를 하라.

풀이

(차) 퇴직급여충당부채	2,000만원	(대) 현금과예금	2,000만원

2. 운영비

운영비는 정부활동 수행에 있어서 교육훈련비, 출장비, 업무추진비 등과 같이 자산으로 처리되지 않는 지출로서, 조직의 유지관리에 소요되는 다음과 같은 지출을 말한다.

① 관서운영에 소요되는 수용비, 공공요금 및 제세, 운영수당 등 일반운영비
② 기본업무수행, 사업추진을 위해 특별히 소요되는 각종 여비
③ 기관운영, 시책추진, 부서운영 등과 관련된 업무추진비
④ 의정활동에 필요한 소요경비인 의회비
⑤ 수선유지비, 이자비용, 행사비 등

관리책임자산인 유산자산, 천연자원 등의 유지보수 및 취득에 관련된 지출은 수선유지비 또는 기타유산자산 및 기타생물자산으로 표시한다. 시설자산에 대한 수선유지비는 실물자산의 특성을 표시하기 위해 일반유형자산수선유지비, 주민편의시설수선유지비 및 사회기반시설수선유지비로 세분화하여 표시한다. 직책급업무수행경비 · 직급보조비 · 특정업무수행활동비 · 성과상여금 등은 성격상 급여에 포함하며, 공무원연금부담금 · 공로연수및산업시찰경비 등은 공무원의 복리후생에 대한 것이므로 복리후생비로 표시한다.

정부회계에서는 집행업무와 현금지급업무가 분장되어 있어 비용의 집행과 대가지급이 동시에 이루어지는 경우는 거의 없다. 집행부서가 지급부서와 분리되어 검수시점이 지출시점과 구분되어 있는 경우에, 운영비의 집행은 다음과 같이 분개처리된다.

① 검수시점

(차) 소 모 품 비	×××	(대) 일반미지급금	×××

② 지출시점

(차) 일반미지급금	×××	(대) 현금과예금	×××

예제 11-11 운영비(1)

D도의 기획관리실은 20×1년 2월 10일 영광인쇄소에 도의회 제출용 20×1년도 업무보고자료의 인쇄를 의뢰하였다. 인쇄물은 2월 20일 기획관리실에 인도되어 확인되었다. 영광인쇄소는 같은 날 300만원 금액의 청구서를 D도에 접수하였고 2월 25일 경리팀은 온라인 입금하였다. D도의 거래를 분개하라.

풀이

〈인쇄자료의 의뢰시점〉
분개 없음

〈검수시점〉

(차) 도서구입및인쇄비	300만원	(대) 일반미지급금	300만원

〈지출시점〉

(차) 일반미지급금	300만원	(대) 현금과예금	300만원

서비스를 필요로 하는 경우에도 집행부서와 회계부서가 상이하고 서비스완료시점과 대금지급시점이 다르므로 다음 예제와 같이 회계처리된다.

예제 11-12 운영비(2)

E시의 청사관리사무소는 공조기가 고장난 것을 발견하고 20×1년 5월 10일 F사에 수리를 의뢰하였다. F사는 6월 15일 공조기 수리를 완료하고 검수를 받은 즉시 수리비 500만원의 청구서를 회계부서에 제출하였다. 회계부서는 6월 21일 동 수리비를 온라인으로 지급하였다. 필요한 분개를 하라.

풀이

〈검수시점〉

(차) 기계장치수선유지비	500만원	(대) 일반미지급금	500만원

〈지출시점〉

(차) 일반미지급금	500만원	(대) 현금과예금	500만원

3. 정부간이전비용

이전비용은 지방자치단체가 지급하는 대가 없는 지원금을 말하며, 그 대상에 따라 지방자치단체와 타 정부기관 간에 이루어지는 정부간이전비용과 지방자치단체가 개인이나 민간단체에 지급하는 민간등이전비용으로 구분된다. 지방공기업특별회계에 대한 경상전출금 및 지방공사·공단에 대한 전출금은 정부간이전비용이 아니라 민간등이전비용에 포함된다.

그러나 이 경우에 해당 기관의 재무제표에 자본으로 계상되면 기타이전비용이 아니라 투자자산으로 처리해야 한다. 즉, 전출금이 지방공기업특별회계의 자본잉여금으로 계상되면 일반회계에서는 기타투자자산의 공기업특별회계자본전출금으로 기록한다. 공사·공단의 자본금으로 계상된 경우에는 일반회계에서 장기투자증권으로 처리한다.

정부간이전비용은 지자체보조금이나 교육비특별회계전출금처럼 정부부서간 자금을 이전하는 경우에 회계처리하는 과목이다.

① 검수시점

(차) 시도비보조금	×××	(대) 일반미지급비용	×××

② 지출시점

(차) 일반미지급비용 ××× (대) 현금과예금 ×××

4. 민간등이전비용

민간등이전비용은 지방자치단체가 개인이나 민간단체에 지급하는 이전비용에 사용되는 과목이다. 즉, 타 정부기관을 제외한 지자체 내의 회계간 이전비용, 지방공사·공단에 대한 이전비용, 민간·사회단체·국제기구에 대한 부담금 및 지원금 등은 모두 민간등이전비용에 일괄하여 표시한다.

민간등이전비용으로 처리된 후 해당 지방자치단체의 자산으로 등록하여 관리의 필요성이 있는 자산에 대해서는 일정주기(분기, 반기, 연말)로 관련 자료를 획득하여 자산등록 등의 절차수행이 가능하다.

① 검수시점

(차) 민간의료보조금 ××× (대) 일반미지급비용 ×××

② 지출시점

(차) 일반미지급비용 ××× (대) 현금과예금 ×××

예제 11-13 민간등이전비용

다음 거래를 분개하라.

① R시는 20×1년 4월 1일 한국운동본부에 장애인사랑행사를 주관하도록 위탁하고 50억원을 지급하였다.

② T군은 20×1년 11월 15일 유가인상으로 어려움을 겪고 있는 화훼업계에 보조금 20억원을 지원하였다.

풀이

① (차) 기타민간보조금 50억원 (대) 현금과예금 50억원

② (차) 기타민간보조금 20억원 (대) 현금과예금 20억원

제6절 일상경비지출

일상경비로 지출원이 일상경비출납원에게 지출한 자금은 일반자금과 구분하여 일상경비전도금 과목으로 기록한 후 일상경비의 목적으로 회계처리한다. 회계연도말 정산시에 미사용 자금이 남은 경우 일상경비전도금을 현금과예금 과목으로 대체하는 회계처리를 한다.

(1) 일상경비 교부

① 검수시점

회계처리 없음

② 지급명령시점(교부시점)

(차) 일상경비전도금 ××× (대) 현금과예금 ×××

(2) 일상경비 지출(예 : 소모품 구입)

① 검수 및 지급명령 시점

(차) 소 모 품 비 ××× (대) 일상경비전도금 ×××

② 소모품 반납시점

(차) 일상경비전도금 ××× (대) 소 모 품 비 ×××

(3) 정산후 일상경비 잔액 반납

(차) 현금과예금 ××× (대) 일상경비전도금 ×××

제7절 원가계산

재정운영표를 작성하기 위해서는 정책사업, 단위사업 및 세부단위사업의 원가를 계산해야 한다. 지방자치단체회계에서는 사업원가 등 원가의 중요성을 강조하는 취지에서 과거 원가계산준칙을 별도의 법규로 두고 있었으나, 최근 원가계산준칙이 지방자치단체 복식부기 · 재무회계 운영규정으로 통합되었다.

1. 원가계산의 목적 및 일반원칙

원가계산의 목적은 다음과 같다.

① 사업관리 및 모니터링, 사업계획 및 예산편성 기초 정보제공 : 사업관리자나 예산편성 관계자 등 회계정보이용자에게 사업 등에 대한 원가정보를 제공함으로써 원가와 산출물이나 성과를 고려한 의사결정을 통해 자원을 효율적으로 사용하게 한다.

② 원가회수 정보 및 독립채산제 달성여부 정보제공 : 사용자 부담기준으로 제공하는 공공서비스에 대하여 원가회수 정도와 독립채산제의 운영여부에 관한 회계정보를 제공하여 의사결정에 활용함으로써 더 나은 사업관리와 사업계획 수립 등으로 사업목적을 달성하게 한다.

③ 성과관리 및 관리방법 등의 개선 : 성과목표 수립이나 평가 등 성과관리 중심의 재정운영이나 특정 사업이나 활동의 효율적 수행여부, 관리운영방법의 능률성 검증 등 의사결정자료로 사용하게 한다.

④ 회계책임성 평가와 투명성 개선 : 사업 등의 원가정보나 관리운영비 정보를 제공하여 의회나 시민단체 등 외부 회계정보이용자에게 더 나은 회계책임성 평가를 하도록 하며 아울러 재정집행의 투명성을 개선한다.

원가계산의 일반원칙은 다음과 같다.

① 신뢰성의 원칙 : 원가는 신뢰할 수 있는 객관적인 자료와 증거에 의하여 계산한다.
② 사업관련 원칙 및 발생주의 원칙 : 원가는 지방자치단체 회계실체가 사업예산 체계에 따라 집행한 예산을 발생주의의 원칙에 따라 계산한다.
③ 배부기준의 원칙 : 원가 집계대상별로 분리가능한 원가는 직접 부과하고, 분리가능하지 않은 원가는 그 발생의 경제적 효익 또는 인과관계에 비례하여 배부하거나 원가의 특성을 반영한 배부기준을 설정하여 배부한다.

2. 직접원가 및 간접원가

원가대상은 의사결정이나 관리통제가 필요하여 원가를 개별적으로 측정할 필요가 있는 단위이다. 직접원가는 원가대상이 되는 사업의 추진을 위하여 직접 사용한 원가로서 원가대상에 직접 부과하며, 다음 항목을 포함한다.

① 직접 제품생산이나 서비스 제공 업무를 처리하는 인력의 인건비
② 사업 추진에 직접 사용한 운영비 및 이전비용
③ 사업 추진에 직접 사용한 자산의 감가상각비(무형자산상각비 포함)

간접원가는 여러 사업의 추진에 사용되어 원가대상에 직접 부과하는 것이 적절하지 않은 원가를 말하며, 적용가능성 및 원가대상과의 인과관계 등을 고려한 합리적인 배부기준에 따라 배부한다. 다만 관리운영비에 포함되는 비용은 원가대상에 배부하지 않는다. 간접원가의 배부기준은 다음 항목 중 하나를 적용한다.

① 인원수 또는 인건비
② 원가대상의 직접원가
③ 사용면적 또는 자산금액
④ 업무량 또는 근무시간
⑤ 기타 합리적인 방법

3. 원가정보의 활용 및 관리

지방자치단체의 장은 신뢰성 있게 원가를 계산하고 활용하기 위하여, 사업의 원가정보를 적시에 제공할 수 있는 원가시스템을 구축해야 한다. 또한 원가시스템에서 산출된 원가정보는 계속 유지되어야 하며, 각 정보이용자의 원가계산 관여정도 및 원가정보 활용 수준은 적정하게 설정되고 관리되어야 한다.

지방자치단체장은 매 회계연도마다 지방재정법 시행령 제41조 및 「지방재정투자사업심사규칙」에 의한 투자심사대상 사업에 대하여는 '주요 재정사업 추진보고서'를 작성하여, 재정운영표의 필수보충정보로 첨부할 수 있다. 주요 재정사업 추진보고서에는 각 사업별로 심사시 제시된 사업목적, 사업편익, 사업기간, 총사업비, 연도간 사업비, 기대효과 등과 실제 집행한 결과를 비교하여 표시하되, 사업비는 당해 사업의 총원가 사업수익 및 순원가 등과 재무회계 정보의 건설중인자산계정 등 자본적 지출액에 대한 투입원가에 의하여 작성할 수 있다. 또한 공연·축제 등 행사성 사업의 경우에는 당초 예상한 참가인원이나 관광객, 지역경제 파급효과 등을 객관적 증거에 의하여 제시할 수 있다.

지방자치단체의 장은 단위당 원가정보(서비스의 총원가, 사업수익 및 순원가를 종사인원수, 고객수, 생산량, 처리량, 면적 등을 기준으로 나누어 산출한 것을 말함)를 능률성 및 생산성 향상 여부 검토 등에 활용할 수 있다. 또한 원가정보는 사업추진부서의 성과목표 제시 및 목표 달성여부의 평가 등에 활용할 수 있다. 이뿐만이 아니라, 원가정보는 사업의 추진에 따른 자원소모 및 그 사업에 의한 편익의 예측·계획과 실제·실적의 비교 등에 의한 재정사업계획과 예산편성의 기초자료에도 활용할 수 있다.

객관식 문제

1 지방자치단체의 재정운영표에 관한 설명 중에서 올바른 것은?

① 재정운영표는 회계연도 동안 회계실체의 재정운영결과를 나타내는 재무제표이다.
② 재정운영표의 사업순원가는 사업총원가에서 사업수익과 일반수익을 차감하여 표시한다.
③ 재정운영표는 기업의 손익계산서와 유사하게 수익에서 비용을 차감하는 형식으로 재정운영결과를 나타낸다.
④ 유형별 회계실체를 통합한 재정운영표상의 사업순원가는 정책사업별로 표시된다.

해답_①

새정운영표는 회계연노 동안 회계실체가 수행한 사업의 원가와 회수된 원가정보를 포함한 재정운영결과를 나타내는 재무제표를 말한다. 재정운영표의 사업순원가는 사업총원가에서 사업수익을 차감하여 표시하며, 기업의 손익계산서와 다르게 비용에서 수익을 차감하는 형식으로 재정운영결과를 나타낸다. 또한 지방자치단체의 재정운영표상의 사업순원가는 기능별로 표시된다.

2 지방자치단체 회계기준에 관한 규칙이 규정하고 있는 재정운영표 항목에 대하여 틀린 설명은?

① 사업총원가는 사업을 수행하기 위하여 투입한 원가에서 다른 사업으로부터 배부받은 원가를 더하고, 다른 사업에 배부한 원가를 뺀 것이다.
② 사업수익은 사업의 수행과정에서 발생하거나 사업과 관련하여 국가・지방자치단체 등으로부터 얻은 수익을 말한다.
③ 사업순원가는 사업총원가에서 사업수익을 빼서 표시한다.
④ 재정운영결과는 사업순원가에서 관리운영비 및 비배분비용을 더하고, 비배분수익을 빼서 표시한다.

해답_④

재정운영순원가는 사업순원가에서 관리운영비 및 비배분비용을 더하고, 비배분수익을 빼서 표시한다.

3 지방자치단체 회계기준에 관한 규칙에서 수익과 비용의 정의에 대하여 올바르게 설명하고 있는 것은?

① 수익은 자산의 증가 또는 부채의 감소를 초래하는 회계연도 동안의 거래로 생긴 순자산의 증가를 말한다.

② 물품 소관의 전환이나 기부채납 등으로 생긴 순자산의 증가는 수익에 포함하지 아니한다.

③ 비용은 자산의 감소나 부채의 증가를 초래하는 회계연도 동안의 거래로 생긴 순자산의 감소를 말한다.

④ 물품 소관의 전환 등으로 생긴 순자산의 감소는 비용에 포함한다.

해답__②

수익은 자산의 증가 또는 부채의 감소를 초래하는 회계연도 동안의 거래로 생긴 순자산의 증가를 말하지만, 물품 소관의 전환이나 기부채납 등으로 생긴 순자산의 증가는 수익에 포함하지 않는다. 비용은 자산의 감소나 부채의 증가를 초래하는 회계연도 동안의 거래로 생긴 순자산의 감소를 말하지만, 물품 소관의 전환 등으로 생긴 순자산의 감소는 비용에 포함하지 않는다.

4 지방자치단체 회계기준에 관한 규칙에서 규정하고 있는 수익인식기준에 대한 내용 중에서 가장 올바른 것은?

> Ⅰ. 수익은 수익획득에 대한 반대급부의 제공여부에 따라 교환거래수익과 비교환거래수익으로 구분된다.
> Ⅱ. 교환거래수익은 수익창출활동이 끝나고 그 금액을 합리적으로 측정할 수 있을 때에 인식한다.
> Ⅲ. 비교환거래수익은 해당 수익에 대한 청구권이 발생하고 그 금액을 합리적으로 측정할 수 있을 때에 인식한다.

① Ⅰ, Ⅱ　② Ⅰ, Ⅲ

③ Ⅱ, Ⅲ　④ Ⅰ, Ⅱ, Ⅲ

해답__④

교환거래로 생긴 수익은 재화나 서비스 제공의 반대급부로 생긴 사용료, 수수료 등으로서 수익창출활동이 끝나고 그 금액을 합리적으로 측정할 수 있을 때에 인식한다. 비교환거래로 생긴 수익은 직접적인 반대급부 없이 생기는 지방세, 보조금, 기부금 등으로서 해당 수익에 대한 청구권이 발생하고 그 금액을 합리적으로 측정할 수 있을 때에 인식한다.

5 지방자치단체 회계기준에 관한 규칙에서 규정하고 있는 비용인식기준에 대한 내용 중에서 가장 올바른 것은?

> Ⅰ. 비용은 교환거래비용과 비교환거래비용으로 구분된다.
> Ⅱ. 교환거래비용은 대가를 지급하는 조건으로 민간부문이나 다른 공공부문으로부터 재화와 서비스의 제공이 끝나고 그 금액을 합리적으로 측정할 수 있을 때에 인식한다.
> Ⅲ. 비교환거래비용은 직접적인 반대급부 없이 발생하는 비용으로서 가치의 이전에 대한 의무가 존재하고 그 금액을 합리적으로 측정할 수 있을 때에 인식한다.

① Ⅰ, Ⅱ ② Ⅰ, Ⅲ
③ Ⅱ, Ⅲ ④ Ⅰ, Ⅱ, Ⅲ

해답_④

교환거래에 따르는 비용은 반대급부로 발생하는 급여, 지급수수료, 임차료, 수선유지비 등으로서 대가를 지급하는 조건으로 민간부문이나 다른 공공부문으로부터 재화와 서비스의 제공이 끝나고 그 금액을 합리적으로 측정할 수 있을 때에 인식한다. 비교환거래에 의한 비용은 직접적인 반대급부 없이 발생하는 보조금, 기부금 등으로서 가치의 이전에 대한 의무가 존재하고 그 금액을 합리적으로 측정할 수 있을 때에 인식한다.

6 지방자치단체 재정운영표의 작성에 관한 설명 중에서 틀린 것은?

① 수익과 비용은 그 발생원천에 따라 명확하게 분류해야 한다.
② 수익과 비용은 해당 항목의 중요성에 따라 별도의 과목으로 표시할 수 있지만, 다른 과목과 통합하여 표시할 수는 없다.
③ 수익과 비용 항목의 중요성은 금액과 질적 요소를 고려하여 판단해야 한다.
④ 재정운영표의 모든 수익과 비용은 발생주의 원칙에 따라 거래나 사실이 발생한 기간에 표시한다.

해답_②

재정운영표의 모든 수익과 비용은 발생주의 원칙에 따라 거래나 사실이 발생한 기간에 표시한다. 수익과 비용은 그 발생원천에 따라 명확하게 분류해야 하며, 해당 항목의 중요성에 따라 별도의 과목으로 표시하거나 다른 과목과 통합하여 표시할 수 있다. 이 경우 해당 항목의 중요성은 금액과 질적 요소를 고려하여 판단해야 한다.

7 지방자치단체 원가계산상의 관리운영비에 포함되지 않는 항목은?

① 급여　　② 복리후생비
③ 자산처분손실　　④ 소모품비

해답_③
자산처분손실은 관리운영비가 아니라 비배분비용에 포함된다.

8 지방자치단체 원가계산상의 비배분비용에 포함되지 않는 항목은?

① 급여　　② 이자비용
③ 자산처분손실　　④ 자산손상차손

해답_①
급여는 비배분비용이 아니라 관리운영비에 포함된다.

9 지방자치단체 원가계산상의 비배분수익에 포함되지 않는 항목은?

① 지방세수익　　② 이자수익
③ 자산처분이익　　④ 자산손상차손환입

해답_①
지방세수익은 비배분수익이 아니라 일반수익에 포함된다.

10 지방자치단체 A의 재정운영표 계정과목 금액이 아래와 같을 때, 사업순원가, 재정운영순원가, 재정운영결과는 각각 얼마인가?

• 사업총원가	180,000원	• 사업수익	60,000원
• 관리운영비	100,000원	• 비배분비용	72,000원
• 비배분수익	58,000원	• 일반수익	57,000원

① 120,000원, 234,000원, 177,000원　　② 120,000원, 6,000원, 63,000원
③ 180,000원, 234,000원, 177,000원　　④ 120,000원 234,000원, −177,000원

해답_①
사업순원가＝사업총원가－사업수익＝180,000원－60,000원＝120,000원
재정운영순원가＝사업순원가＋관리운영비＋비배분비용－비배분수익
＝120,000원＋100,000원＋72,000원－58,000원＝234,000원
재정운영결과＝재정운영순원가－일반수익＝234,000원－57,000원＝177,000원

chapter

12 순자산변동표

지방회계기준은 순자산의 변동상황을 표시하기 위하여 재정운영표와는 구분되는 별도의 순자산변동표를 기본재무제표로 설정하고 있다. 순자산변동표는 전년도의 기초순자산에 당해 회계연도 동안에 발생한 재정운영결과와 순자산의 증가 및 감소를 가감하는 방식으로 기말순자산을 산출한다. 이와 같이, 순자산변동표는 회계연도 동안의 순자산의 증가와 감소에 관한 세부적인 내역을 정보이용자에게 제공하는 데 목적이 있다.

제1절 순자산의 증가와 감소

1. 순자산의 증가

순자산의 증가사항은 회계간의 재산이관, 물품 소관의 전환, 양여·기부 등으로 생긴 자산증가를 말한다.

(1) 회계간의 재산이관 및 물품 소관의 전환에 따른 자산증가

공유재산 및 물품관리법에 의거 회계간의 재산이관 또는 물품 소관의 전환에 따라 발생하는 자산의 증가를 말한다. 회계간의 재산이관 및 물품 소관의 전환에 따른 자산증가는 예산에 반영되지 않는 거래로서 순자산변동표에 표시한다. 회계간의 재산이관 및 물품 소관의 전환에 따라 취득한 자산은 공정가액으로 기록하고, 이를 순자산의 증가사항으로 반영한다.

(2) 양여 · 기부로 생긴 자산증가

공유재산 및 물품관리법 또는 기타 개별 법률의 규정에 의거 공유재산 또는 물품의 양여 · 기부에 의한 자산의 증가를 말한다. 양여 · 기부로 생긴 자산의 증가는 예산외거래로서 순자산변동표에 표시한다. 양여 · 기부에 의해 취득한 자산은 공정가액으로 기록하고, 이를 순자산의 증가사항으로 반영한다. 단, 현금으로 기부받은 경우에는 재정운영표상에 기타수익인 기부금수익으로 표시한다.

(3) 전기오류수정이익

전기 이전에 발생한 오류의 수정사항 중 순자산의 증가에 해당하는 것으로서 회계기준 적용오류, 추정오류, 계정분류 오류, 계산상 오류, 사실의 누락 및 사실의 오용 등에 의해 발생하는 것을 말한다.

(4) 회계변경 누적효과

새로운 회계처리기준을 채택하거나 기존의 회계처리기준을 폐지함으로 인하여 회계기준을 변경하거나 선택가능한 회계처리기준을 변경하는 경우에 발생하는 누적적 이익을 말한다.

(5) 기타순자산의 증가

위에서 별도로 열거되지 않은 순자산의 증가를 말한다.

2. 순자산의 감소

순자산의 감소사항은 회계간의 재산이관, 물품 소관의 전환, 양여·기부 등으로 생긴 자산감소를 말한다.

(1) 회계간의 재산이관 및 물품 소관의 전환에 따른 자산감소

공유재산 및 물품관리법에 의거 회계간의 재산이관 또는 물품 소관의 전환에 따라 발생하는 자산의 감소를 말한다. 회계간의 재산이관 및 물품 소관의 전환에 따른 자산감소는 예산에 반영되지 않는 거래로서 순자산변동표에 표시한다.

(2) 양여·기부로 생긴 자산감소

공유재산 및 물품관리법 또는 기타 개별 법률의 규정에 의거 공유재산 또는 물품의 양여·기부에 의한 자산의 감소를 말한다. 양여·기부로 생긴 자산의 감소는 예산외거래로서 순자산변동표에 표시한다.

(3) 전기오류수정손실

전기 이전에 발생한 오류의 수정사항 중 순자산의 감소에 해당하는 것으로서 회계기준 적용오류, 추정오류, 계정분류 오류, 계산상 오류, 사실의 누락 및 사실의 오용 등에 의해 발생하는 것을 말한다.

(4) 회계변경 누적효과

새로운 회계처리기준을 채택하거나 기존의 회계처리기준을 폐지함으로 인하여 회계기준을 변경하거나 선택가능한 회계처리기준을 변경하는 경우에 발생하는 누적적 손실을 말한다.

(5) 기타순자산의 감소

위에서 별도로 열거되지 않은 순자산의 감소를 말한다.

제 2 절 회계변경과 오류수정

1. 회계변경

회계변경이란 회계정책의 변경과 회계추정의 변경을 말한다. 회계정책은 기업이 재무보고의 목적으로 선택한 회계기준과 그 적용방법을 말하며, 회계정책의 변경은 재무제표의 작성과 보고에 적용하던 회계정책을 다른 회계정책으로 바꾸는 것을 말한다. 예컨대, 재고자산의 평가방법을 선입선출법에서 이동평균법으로 변경하는 경우이다.

회계추정은 기업환경의 불확실성하에서 미래의 재무적 결과를 사전적으로 예측하는 것을 말하며, 회계추정의 변경은 기업환경의 변화, 새로운 정보의 획득 또는 경험의 축적에 따라 지금까지 사용해오던 회계적 추정치의 근거와 방법 등을 바꾸는 것을 말한다. 예컨대, 건물의 진부화에 따라 내용연수를 변경하거나 대손충당금의 설정률을 변경하는 것이 그 예이다.

회계정책과 회계추정의 변경은 그 변경으로 재무제표를 보다 적절히 표시할 수 있는 경우 또는 법령 등에서 새로운 회계기준을 채택하거나 기존의 회계기준을 폐지하여 변경이 불가피한 경우에 할 수 있으며, 그 유형에 따라 각각 다음과 같이 처리한다.

① 회계정책의 변경에 따른 영향은 비교표시되는 직전 회계연도의 기초순자산 및 그 밖의 대응금액을 새로운 회계정책이 처음부터 적용된 것처럼 조정한다. 즉, 회계정책의 변경은 그 변경내용을 직전연도를 포함한 과거의 기간에 소급적용하며 그 누적효과를 순자산의 증감사항으로 처

리한다. 따라서 당해 연도의 순자산변동표에 회계정책 변경의 누적효과를 표시하는 것이다. 다만, 회계정책의 변경에 따른 누적효과를 합리적으로 추정하기 어려운 경우에는 회계정책의 변경에 따른 영향을 소급적용하지 않고 해당 회계연도와 그 회계연도 후의 기간에 반영할 수 있으나, 합리적 추정이 어려운 타당한 사유가 제시되어야 한다.

② 회계추정의 변경에 따른 영향은 해당 회계연도 후의 기간에 미치는 것으로 한다. 즉, 회계추정의 변경은 과거 기간에 소급하여 처리되지 않고, 당해 회계연도를 포함한 장래 기간에 그 효과를 전진적으로 반영하여 회계처리한다.

③ 회계정책 또는 회계추정을 변경한 경우에는 그 변경내용, 변경사유 및 변경이 해당 회계연도의 재무제표에 미치는 영향을 주석으로 표시한다.

2. 오류수정

오류수정이란 전년도 이전에 발생한 회계기준적용의 오류, 추정의 오류, 계정분류의 오류, 계산상의 오류, 사실의 누락 및 사실의 오용 등을 수정하는 것으로서 다음과 같이 각각 처리한다.

① 중대한 오류는 오류가 발생한 회계연도 재정상태표의 순자산에 반영하고, 관련된 계정잔액을 수정한다. 이 경우 비교재무제표를 작성할 때에는 중대한 오류의 영향을 받는 회계기간의 재무제표 항목을 다시 작성한다. 또한 중대한 오류로 판단한 근거, 비교재무제표에 표시된 과거 회계기간에 대한 수정금액, 비교재무제표가 재작성되었다는 사실 등을 주석으로 공시해야 한다.

② 중대하지 않은 오류는 해당 회계연도의 재정운영표에 당기손익으로 반영한다. 물론 중대하지 않은 오류를 수정한 경우에도 오류수정의 내용은 주석으로 포함한다.

객관식 문제

1 지방자치단체의 순자산변동표에 관한 설명 중에서 올바른 것은?

① 순자산변동표는 전년도의 기초순자산에 당해 회계연도 동안에 발생한 재정운영결과와 순자산의 증가 및 감소를 가감하는 방식으로 기말순자산을 산출한다.

② 순자산변동표는 순자산의 변동사항을 재정운영표의 하단부에 표시하는 형식으로 작성될 수 있다.

③ 순자산변동표는 재무제표가 아니라 필수보충정보로 구분된다.

④ 순자산변동표는 순자산의 변동사항을 고정순자산, 특정순자산, 일반순자산 별로 나타낸다.

해답_①

순자산변동표는 재정운영표와 구분되는 별도의 재무제표로서, 전년도의 기초순자산에 당해 회계연도 동안에 발생한 재정운영결과와 순자산의 증가 및 감소를 가감하는 방식으로 기말순자산을 산출한다. 그러나 순자산변동표상에서 순자산 변동사항이 고정순자산, 특정순자산, 일반순자산 별로 표시되지는 않는다.

2 지방자치단체의 순자산변동표에 표시되는 순자산 증가항목이 아닌 것은?

① 전기오류수정이익

② 회계변경 누적효과

③ 회계추정 변경으로 생긴 누적이익

④ 회계간의 재산이관 및 물품 소관의 전환에 따른 자산증가

해답_③

회계추정 변경으로 생긴 이익은 해당 회계연도 이후의 재정운영표상에 표시된다.

3 지방자치단체의 순자산변동표에 표시되는 순자산 증가항목에 대한 설명 중에서 틀린 것은?

① 전기오류수정이익은 전기 이전에 발생한 오류의 수정사항 중 순자산의 증가에 해당하는 것으로서, 회계기준 적용오류, 추정오류, 계정분류 오류, 계산상의 오류, 사실의 누락 및 사실의 오용 등에 의해 발생하는 것을 말한다.

② 회계변경 누적효과는 새로운 회계추정으로 변경하는 경우에 발생하는 누적적 이익

을 말한다.

③ 양여·기부로 생긴 자산증가는 「공유재산 및 물품관리법」 또는 기타 개별 법률의 규정에 의거 공유재산 또는 물품의 양여·기부에 의한 자산의 증가를 말한다.

④ 회계간의 재산이관 및 물품 소관의 전환에 따른 자산증가는 「공유재산 및 물품관리법」에 의거 회계간의 재산이관 또는 물품 소관의 전환에 따라 발생하는 자산의 증가를 말한다.

해답_②

회계변경 누적효과는 새로운 회계처리기준을 채택하거나 기존의 회계처리기준을 폐지함으로 인하여 회계기준을 변경하거나 선택가능한 회계처리기준을 변경하는 경우에 발생하는 누적적 이익을 말한다.

4 지방자치단체 회계기준에 관한 규칙상의 양여·기부로 생긴 자산의 증가에 대한 설명 중에서 틀린 것은?

① 양여·기부로 생긴 자산의 증가는 예산외거래로서 순자산변동표에 표시한다.

② 양여·기부에 의해 취득한 자산은 공정가액으로 기록한다.

③ 현금으로 받은 기부는 순자산변동표상에 기부금수익으로 표시한다.

④ 양여·기부로 생긴 자산의 증가는 순자산의 증가사항에 해당한다.

해답_③

양여·기부로 생긴 자산의 증가는 예산외거래로서 순자산변동표에 표시한다. 양여·기부에 의해 취득한 자산은 공정가액으로 기록하고, 이를 순자산의 증가사항으로 반영한다. 단, 현금으로 기부받은 경우에는 재정운영표상에 기타수익인 기부금수익으로 표시한다.

5 지방자치단체 회계기준에 관한 규칙상의 회계간의 재산이관 및 물품 소관의 전환에 대한 설명 중에서 맞는 것은?

① 회계간의 재산이관 및 물품 소관의 전환에 따른 자산증가는 기타수익으로 재정운영표에 표시한다.

② 회계간의 재산이관 및 물품 소관의 전환에 의해 취득한 자산은 공정가액으로 기록한다.

③ 회계간의 재산이관 및 물품 소관의 전환에 따른 자산감소는 예산외거래로서 재정운영표에 표시한다.

④ 회계간의 재산이관 및 물품 소관의 전환에 따른 자산감소는 공정가액으로 기록한다.

해답_②

회계간의 재산이관 및 물품 소관의 전환에 따른 자산의 증감은 예산에 반영되지 않는 거래로서 순자산변동표에 표시한다. 회계간의 재산이관 및 물품 소관의 전환에 따라 취득한 자산은 공정가액으로 기록하고, 이를 순자산의 증가사항으로 반영한다.

6 지방자치단체 회계기준에 관한 규칙상의 전기오류수정사항에 속하지 않는 것은?

① 회계기준적용의 오류 ② 계정분류의 오류
③ 회계추정의 변경 ④ 사실의 누락

해답_③

전기오류수정은 전기 이전에 발생한 오류의 수정사항 중 순자산의 증감에 해당하는 것으로서 회계기준 적용의 오류, 추정의 오류, 계정분류의 오류, 계산상의 오류, 사실의 누락 및 사실의 오용 등을 수정하는 것을 말한다. 회계추정의 변경은 회계변경사항에 속하며, 오류수정사항에 속하지 않는다.

7 지방자치단체 회계기준에 관한 규칙상의 회계변경에 대한 설명 중에서 틀린 것은?

① 회계변경은 회계정책의 변경과 회계추정의 변경을 말한다.
② 회계정책의 변경은 재무제표의 작성과 보고에 적용하던 회계정책을 다른 회계정책으로 바꾸는 것을 말한다.
③ 회계추정의 변경은 기업환경의 변화, 새로운 정보의 획득 또는 경험의 축적에 따라 지금까지 사용해오던 회계적 추정치의 근거와 방법 등을 바꾸는 것을 말한다.
④ 회계정책의 변경 및 회계추정의 변경에 따른 영향은 비교표시되는 직전 회계연도의 기초순자산 및 그 밖의 대응금액을 새로운 회계정책이 처음부터 적용된 것처럼 조정한다.

해답_④

회계정책의 변경에 따른 영향은 비교표시되는 직전 회계연도의 기초순자산 및 그 밖의 대응금액을 새로운 회계정책이 처음부터 적용된 것처럼 조정한다. 회계추정의 변경에 따른 영향은 해당 회계연도 후의 기간에 미치는 것으로 한다.

8 지방자치단체 회계기준에 관한 규칙상의 회계정책의 변경에 해당하는 것은?

① 재고자산의 평가방법을 선입선출법에서 이동평균법으로 변경
② 건물의 진부화에 따라 내용연수를 변경
③ 건물의 잔존가치를 변경
④ 대손충당금의 설정률을 변경

해답_①

재고자산의 평가방법을 선입선출법에서 이동평균법으로 변경하는 것은 회계정책의 변경에 해당한다. 건물의 내용연수와 잔존가치를 변경하거나, 대손충당금의 설정률을 변경하는 것은 회계추정의 변경에 해당한다.

9 지방자치단체 회계기준에 관한 규칙상의 오류수정에 대한 설명 중에서 틀린 것은?

① 전년도 이전에 발생한 회계기준 적용의 오류, 추정의 오류, 계정분류의 오류, 계산상의 오류, 사실의 누락 및 사실의 오용 등을 수정하는 것이다.

② 중대한 오류는 오류가 발생한 회계연도 재정상태표의 순자산에 반영하고, 관련된 계정잔액을 수정한다.

③ 비교재무제표를 작성할 때에는 오류의 영향을 받는 회계기간의 재무제표 항목을 다시 작성한다.

④ 중대하지 않은 오류는 해당 회계연도의 재정운영표에 당기손익으로 반영한다.

해답_③

중대한 오류의 경우에 비교재무제표를 작성할 때에는 중대한 오류의 영향을 받는 회계기간의 재무제표 항목을 다시 작성한다. 중대하지 않은 오류의 경우에는, 오류의 영향을 받는 회계기간의 재무제표 항목을 재작성하지 않는다.

chapter 13

지방자치단체회계결산 및 예산회계연계

제1절 재무회계결산의 의의

1. 재무회계결산의 개념

재무회계결산이란 지방자치단체의 1회계연도중의 모든 거래를 최종적으로 확정하여 재무제표를 작성하고 장부를 마감하는 일련의 절차를 말한다. 재무회계결산을 통해서 한 해 동안의 재정운영이 마감되고 다음 해는 새 예산에 의해서 재정운영이 시작되는 것이다. 즉, 예산회계에 의한 결산서를 작성하기 위해서 세입예산과 세출예산의 집행내역을 확정하는 것처럼 재무회계결산 역시 예산거래와 예산외거래를 확정하며, 동시에 발생주의에 의한 수정(보정)분개를 하여 재무제표를 작성하게 된다.

재무회계결산에 있어서 가장 중요한 것은 결산서인 재무제표를 작성하는 것이다. 재무회계결산과 관련하여 유의할 점은 지방재정공시제도에서 요구하고 있는 재정정보의 공시와 재무제표의 내용 간의 관련성이다. 지방재정법 제60조는 모든 지방자치단체가 2006년부터 매 회계연도마다 다음의 지방재정운용사항에 대한 공시를 하도록 규정하고 있다. 일부 재정공시항목을 열거하면 아래와 같다.

① 세입 · 세출예산의 운용상황
② 재무제표
③ 채권관리현황
④ 기금운용현황
⑤ 공유재산의 증감 및 현재액
⑥ 지역통합재정통계
⑦ 지방공기업 및 지방자치단체 출자 · 출연기관의 경영정보
⑧ 중기지방재정계획

위의 재정공시항목은 지방자치단체의 세입 · 세출결산서와 재무회계에 의한 재무제표 및 채권 · 채무 등의 현황보고서를 모두 포함하고 있음을 알 수 있다. 즉, 지방재정공시는 발생주의 재무회계에 의한 재무제표뿐 아니라 현금주의에 의한 세입 · 세출결산서 등을 모두 포함하여 지방자치단체의 재정운용 전반에 대한 것을 공시하도록 요구하고 있다. 따라서 재무회계에 의한 재무제표와 예산회계에 의한 세입 · 세출결산서의 관계 등에 관하여 재정공시를 이용하는 이용자가 어려움 없이 재무제표와 세입 · 세출결산서를 이용할 수 있도록 설명이 필요하다.

2. 재무회계결산과 예산회계결산의 관계

앞에서 설명한 것처럼 예산회계에 의한 세입 · 세출결산서는 현금주의에 의하며 자산과 비용, 부채와 수익 등을 구분하지 않고 현금의 수입과 지출내역을 예산항목에 따라 집계하여 표시하는 보고서이다. 이에 반하여 재무회계에 의한 재무제표는 발생주의에 의하여 자산, 부채, 순자산, 수익, 비용을 구분하여 재정상태표와 재정운영표를 작성하기 때문에 현금주의인 세입 · 세출결산서와는 비교하기가 어렵게 된다. 참고로 예산결산과 회계결산의 비교를 표로 표시하면 [도표 13-1]과 같다.

지방자치단체의 재정운용과 관련하여 서로 다른 두 종류의 결산보고서가 작성되어 공시되기 때문에 서로간의 차이를 밝히고, 그 관계를 설명하는 조정명세서가 필요하게 된다.

[도표 13-1]
예산결산과 회계결산의 비교

구 분	예산회계결산	재무회계결산
결산서	세입결산서, 세출결산서 ※ 첨부서류 22종(지방채발행보고서, 보증채무현재액, 기금결산보고서, 공유재산증감 및 현재액보고서, 물품증감 및 현재액보고서 등)	재정상태표, 재정운영표 순자산변동표, 현금흐름표(유예) 주석, 필수보충정보 부속명세서
회계기간	1.1～12.31	1.1～12.31
기장방식	단식부기 (유량정보인 세입・세출 정보 산출)	복식부기 (저량정보인 자산・부채 정보와 유량정보인 수익・비용 정보 산출)
인식기준	현금주의	발생주의
과목분류	세입, 세출	자산, 부채, 순자산, 수익, 비용
과목체계	예산과목 (세입 : 장-관-항-목) (세출 : 분야-부문-정책사업-단위사업-세부사업-편성목-통계목)	재무회계과목 (대분류-중분류-회계과목-관리과목) (단, 원가정보는 정책사업별로 산출)

(자료 : 지방자치단체 복식부기・재무회계 운영규정(행정안전부, 2023, p.30) 인용)

3. 재무회계결산의 일정 및 절차

재무회계결산은 예산회계의 결산일정과 동일한 일정에 따라 다음과 같이 이루어진다. 지방재정법에 의한 1월 1일부터 12월 31일까지의 회계연도가 종료되는 시점부터 재무회계결산이 시작된다. 이러한 결산작업은 다음 해 지방의회의 승인을 얻음으로써 종결된다.

재무회계 결산절차는 12월 31일자로 수정전시산표를 작성하여 전체적인 회계기록을 검토한다. 다음으로 결산기초자료를 수집하여 회계기간중 예산회계와 연계하여 기록한 회계기록을 발생주의 회계에 의해 보정분개를 한다. 이 과정에서 회계기간중에 누락한 거래나 잘못 처리한 거래의 오류를 수정하고 예산외거래를 기록하며, 또한 발생주의에 의한 수익과 비용을 확정하는 결산보정분개를 하게 된다. 오류수정이나 결산보정분개 후에 수정후시산표를 작성하며, 이어서 장부마감 및 재무제표 작성으로 결산작업이 종료된다. 이러한 절차는 [도표 13-2]에 나타나 있다.

[도표 13-2]
재무회계의
결산절차

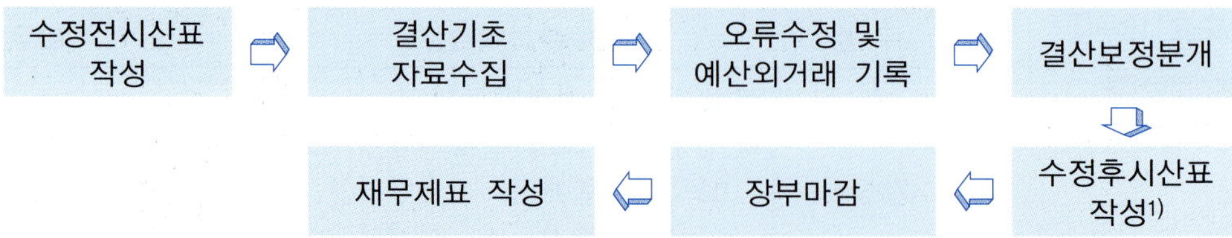

제 2 절 결산보정분개

1. 결산보정분개의 의의

지방자치단체의 회계기록은 기중에 예산회계제도에 의하여 현금의 수입과 지출에 따라 거래를 처리하면서 동시에 재무회계를 위한 추가적인 계정과목과 코드를 입력하면 전산시스템에 의해서 재무회계기록이 이루어진다. 따라서 결산시점 이전의 재무회계기록은 대부분 복식부기방식으로 기록되었을 뿐 발생주의 회계처리는 이루어지지 않은 상태이다. 예를 들어서 소모품을 200만원어치 구입하여 소모품비로 회계처리하였지만 회계기말에 소모품 미사용액이 60만원 남아 있는 경우, 이를 재고자산으로 수정기록해야 발생주의에 의한 재정상태 및 재정운영 상황을 파악할 수 있는 것이다.

이처럼 회계기간중에는 현금의 수입과 지출에 따라 회계기록을 한 후 회계기말에 발생주의에 의해 수익과 비용을 확정시키는 분개를 결산수정분개라 한다. [도표 13-3]과 같이 결산수정분개를 해야 하는 항목은 현금을 지급하였거나 수취한 거래에 대해 수정하는 이연항목, 회계기말까지 현금의 수납이나 지출이 없지만 발생한 수익과 비용을 기록하는 발생항목, 그리고 감가상각비와 같은 추정항목으로 구분한다.

결산수정분개의 대상은 발생주의에 의하여 한 회계기간에 속하는 수익과

---

1) 지방자치단체 복식부기 · 재무회계 운영규정(p.261)에서는 결산보정분개 전에 수정후시산표를, 그리고 결산보정분개 후에 결산시산표를 작성하도록 하였다. 그러나 본서에서는 기업회계에서처럼 결산보정분개 후에 수정후시산표를 작성하는 것으로 하였다.

[도표 13-3]
결산수정분개
대상항목

구 분	항 목	예 시
이연항목	선급비용	선급임차료
	선수수익	선수용역수익
발생항목	일반미지급비용	미지급이자
	미수수익	미수임대수익
추정항목		감가상각비, 대손상각비, 퇴직급여

비용을 확정하기 위한 것이지만, 결산기말에는 이 외에도 재정자금 재분류, 유동성부채 재분류, 보조금 반납 확정액 계상, 사용수익권 설정 및 상각 등 재무제표 작성을 위해 추가적인 기록을 해야 할 항목이 있다. 이처럼 결산기말에 재무제표 작성을 위해 추가적으로 장부정리를 해야 할 모든 항목을 결산보정분개라고 한다.

2. 이연항목의 회계처리

(1) 선급비용

선급비용이란 현금을 지출하여 비용으로 회계처리하였으나 현 회계연도에 다 사용하지 않고 회계기말 현재 미사용분으로 남아 있는 부분이다. 따라서 미사용부분을 비용에서 차감하여 자산으로 계상하는 수정분개를 한다. 선급비용에 해당하는 항목에는 보험료나 임차료의 미경과분 또는 소모품 중 미사용되어 재고자산으로 기록해야 하는 항목이 있다.

선급비용의 예로서 임차료를 당 회계연도중에 500만원 지출했으나 이 중 200만원은 다음연도의 임차료인 경우의 회계처리는 다음과 같다.

① 임차료지급시

(차) 임 차 료	500만원	(대) 현금과예금	500만원

② 결산수정분개

(차) 선급임차료 200만원 (대) 임 차 료 200만원

위의 결산수정분개 결과로 당 회계연도의 임차료는 300만원이 되고, 당 회계기말 현재 미사용된 200만원은 선급임차료라는 자산으로 회계처리되는 것이다.

(2) 선수수익

선수수익이란 현금을 미리 받아 수익으로 회계처리하였으나 회계기말 현재 일정부분에 대해서 용역의 제공을 못하여 다음 회계연도에 용역을 제공할 때 수익으로 회계처리해야 하는 것을 말한다. 따라서 미제공된 용역에 대해서는 수익에서 차감하여 부채로 계상하는 수정분개를 한다. 선수수익의 예로는 현금수취시에 재산임대료수익으로 기록된 금액 중에서 다음 회계연도의 임대기간에 해당하는 부분인 선수재산임대료수익을 들 수 있다.

당 회계연도중에 600만원을 현금으로 받고 재산임대료수익으로 기록하였으나, 이 중 400만원은 다음연도의 임대료수익인 경우의 회계처리는 다음과 같다.

① 재산임대료수납시

(차) 현금과예금 600만원 (대) 재산임대료수익 600만원

② 결산수정분개

(차) 재산임대료수익 400만원 (대) 선수재산임대료수익 400만원

위의 결산수정분개 결과로 당 회계연도의 재산임대료수익은 200만원이 되고, 당 회계기말 현재 미제공된 400만원은 선수재산임대료수익이라는 부채로 회계처리되는 것이다.

3. 발생항목의 회계처리

(1) 일반미지급비용

일반미지급비용은 당 회계연도의 비용이지만 회계기말 현재 현금으로 지출되지 않은 비용을 말한다. 따라서 회계기말에 해당 비용항목과 일반미지급비용이라는 부채를 계상하는 수정분개를 해야 한다. 일반미지급비용에 해당되는 항목에는 전력료, 수도료, 차입금이자비용의 미지급액 등이 있다.

일반미지급비용의 예로서 회계기말에 차입금에 대한 이자 100만원을 미지급하여 다음연도에 300만원의 이자를 지급한 경우의 회계처리는 다음과 같다.

① 결산수정분개

(차) 차입금이자비용	100만원	(대) 일반미지급비용	100만원

② 다음연도 현금지급시*

(차) 일반미지급비용	100만원	(대) 현금과예금	300만원
차입금이자비용	200만원		

* 실무상으로는 다음연도초에 결산수정분개의 역분개인 기초재수정분개를 하고, 현금지급시에는 차변에 차입금이자비용 300만원, 대변에 현금과예금 300만원으로 회계처리하는 방식을 사용한다.

다음연도에 차입금이자비용 300만원이 현금으로 지출되지만, 위의 결산수정분개 결과로 당 회계연도의 차입금이자비용이 100만원, 다음연도의 차입금이자비용이 200만원으로 계상되는 결과를 나타낸다.

(2) 미수수익

미수수익은 당 회계연도의 수익이지만 회계기말 현재 현금으로 수납되지 않은 수익을 말한다. 따라서 회계기말에 해당 수익항목과 미수수익이라는 자산을 계상하는 수정분개를 해야 한다. 미수수익에 해당하는 항목에는 금융상품이나 융자금 등에 대한 기간경과 이자분인 미수이자수익이 있다.

미수이자수익의 예로서 회계기말에 금융상품에 대한 한 달간 이자 300만원이 발생하였으나 다음연도 2월말에 3개월분 이자 900만원을 받은 경우의 회계처리는 다음과 같다.

① 결산수정분개

(차)	미수이자수익	300만원	(대) 이 자 수 익	300만원

② 다음연도 현금수납시*

(차)	현금과예금	900만원	(대) 미수이자수익	300만원
			이 자 수 익	600만원

* 실무상으로는 다음연도초에 결산수정분개의 역분개인 기초재수정분개를 하고, 현금수납시에는 차변에 현금과예금 900만원, 대변에 이자수익 900만원으로 회계처리하는 방식을 사용한다.

다음연도에 이자수익 900만원이 현금으로 수납되지만, 위의 결산수정분개 결과로 당 회계연도의 이자수익이 300만원, 다음연도의 이자수익이 600만원으로 계상되는 결과를 나타낸다.

4. 추정항목의 회계처리

추정항목은 당기의 비용으로 발생하기는 하였으나 정확한 금액을 산정하기가 어렵기 때문에 회계기말에 추정을 통하여 비용을 계상하는 수정분개 항목이다.

추정항목에 해당되는 예는 유형자산과 같은 비유동자산에 대한 감가상각비, 미수채권에 대한 대손상각비, 그리고 연금대상자가 아닌 직원의 퇴직금을 추계하는 퇴직급여 등이 있다.

(1) 감가상각비

감가상각비는 유형자산 등의 가액을 사용기간에 걸쳐 비용으로 배분하는 것으로서, 다음과 같이 회계기말에 감가상각비를 추정하는 수정분개를 한다.

(차) 감가상각비 ××× (대) 감가상각누계액 ×××

(2) 대손상각비 및 자산손상차손

대손상각비는 미수세금과 같은 미수채권 중 현금으로 회수되는 것이 불가능한 부분에 대해서 당 회계연도에 대손상각비라는 비용으로 계상하고 해당 미수채권은 대손충당금이라는 차감계정을 계상하여 장부가액을 감소시키는 수정분개이다.

(차) 대손상각비 ××× (대) 대손충당금 ×××

또한 장기투자증권으로 처리한 지방공사 등에 대한 출자금이 당해 연도중에 청산이나 자본잠식으로 출자금회수가 불가능해지거나, 유형자산 등의 비유동자산이 재해 등으로 파괴되거나 유실되어 손실이 발생하면, 이에 대해 해당 자산을 감소시키고 자산손상차손을 비용으로 기록하는 수정분개를 해야 한다.

(차) 자산손상차손 ××× (대) 자 산 ×××
(출자금, 유형자산 등)

(3) 퇴직급여

퇴직급여는 연금대상 직원이 아니라 퇴직금 지급 대상인 임시직 직원 등에 대해서 앞으로 지급할 퇴직금을 예상하여 당 회계연도의 비용으로 계상하고 퇴직급여충당부채라는 부채를 계상하는 수정분개이다.

① 결산수정분개
(차) 퇴 직 급 여 ××× (대) 퇴직급여충당부채 ×××

② 퇴직금지급시
(차) 퇴직급여충당부채 ××× (대) 현금과예금 ×××

5. 기타 보정분개

수익이나 비용 항목의 발생주의에 의한 수정분개 이외에도 재정상태표나 재정운영표에 표시될 과목의 재분류나 보조금 반납 확정액 등의 계상을 위한 분개가 필요한데, 이를 기타 보정분개라고 한다.

(1) 재정자금의 재분류

재정자금으로 보유하고 있는 예금이나 적금 등 금융상품을 회계기말로부터 만기가 1년 이내이면 단기금융상품으로, 만기가 1년을 초과하면 장기금융상품으로 재분류하는 분개이다. 회계기간중에는 현금과예금으로 관리하고 있는 경우 회계기말에 결산보정분개를 통해서 단기 및 장기 금융상품으로 재분류하는 것이다. 또한 전년도에는 장기금융상품으로 회계처리되었으나 당 회계연도말 현재에 만기가 1년 이내로 도래하면, 장기금융상품에서 단기금융상품으로 재분류하는 것이다.

① 현금과예금의 금융상품 대체

(차) 단기금융상품	×××	(대) 현금과예금	×××
장기금융상품	×××		

② 장기금융상품의 단기금융상품 대체

(차) 단기금융상품	×××	(대) 장기금융상품	×××

(2) 장기차입부채의 유동성 대체

장기차입부채에 속하는 장기차입금이나 지방채증권 중 회계기말로부터 1년 이내에 만기가 도래하는 부분을 유동성장기차입부채로 재분류하는 분개이다.

(차) 장기차입금	×××	(대) 유동성장기차입금	×××
지방채증권	×××	유동성지방채증권	×××

(3) 보조금 반납 확정액 계상

국고보조금이나 시·도비보조금을 사용한 후 회계기말에 보조금 중 남은 금액을 반납하기 위해 부채로 계상하는 분개이다.

〈결산보정분개〉

(차) 국고보조금수익	×××	(대) 일반미지급금	×××

전년도 보증금을 당기에 반납할 때에는 부채의 상환으로 처리하면 되지만, 실제로는 일반미지급금으로 계상한 금액과 반납하는 금액이 차이가 생기는 수가 많다. 이 경우에는 일반미지급금을 실제 반납하는 금액으로 수정하는 회계처리를 한 후 현금지급에 대한 회계처리를 해야 한다.

① 전년도 보조금 조정

(A) 전년도에 일반미지급금으로 계상한 금액보다 실제 반납할 금액이 적은 경우

(차) 일반미지급금	×××	(대) 기 타 수 익	×××

(B) 실제 반납할 금액이 일반미지급금보다 많은 경우

(차) 기 타 비 용	×××	(대) 일반미지급금	×××

② 전년도 보조금 반납시

(차) 일반미지급금	×××	(대) 현금과예금	×××

(4) 사용수익권 설정 및 상각

사용수익권이란 지방자치단체가 취득한 자산을 지방자치단체 이외의 자가 계약에 의해 일정기간 동안 운영하여 수익을 얻을 수 있는 권리를 의미한다. 수증자(민간사업자 포함)는 자산을 배타적으로 사용할 수 있는 권리를 지방자치단체로부터 부여받았으므로, 사용수익권을 무형자산으로 인식한다. 지방자치단체는 사용수익권을 부여한 자산의 사용이 제한되므로, 사용수익권을 해당 자산의 차감항목으로 인식한다.

지방자치단체가 기부채납 또는 BTO 사업에서 자산(일반유형자산, 주민편의시설, 사회기반시설 포함)을 취득한 대가로 무상사용허가권 또는 관리운영권을 부여한 경우에 사용수익권이 설정된다. 그러나 민간위탁대행사업을 통하여 지방자치단체가 투자비를 지출하고 완공시에 지방자치단체에 귀속되는 자산은 사용수익권 설정 대상에 포함되지 않는다. 이러한 경우에는 투자비 전액을 지방자치단체가 부담하므로, 투입된 전체 금액을 자산의 취득원가로 계상하고 사용수익권은 인식하지 않는다.

자산취득시에는 수증자가 인식하는 무형자산(사용수익권)과 동일한 금액으로 사용수익권을 대변에 기록한다. 회계기말에는 자산의 감가상각비와 사용수익권의 상각을 각각 기록한다. 사용수익권 상각의 회계처리는 사용수익권을 계약기간 동안 상각한 금액을 차변에 기록하고, 대변에는 순자산 증가항목인 양여・기부로생긴자산증가로 기록한다.

〈자산취득시〉

(차) ○○자산	×××	(대) 사용수익권	×××

〈결산보정분개〉

(차) 감가상각비	×××	(대) 감가상각누계액	×××
(차) 사용수익권*	×××	(대) 양여・기부로생긴자산증가	×××

* 사용수익권 상각액＝사용수익권÷사용수익 계약기간

제 3 절 재무제표의 작성

1. 통합재무보고 및 내부거래의 제거

(1) 통합재무보고

현행 예산회계는 일반회계, 특별회계, 기금 등에 대해서 각각의 결산서를 작성하고 지방자치단체 전체의 재정을 통합한 결산서를 작성하지 않기 때문에 종합적인 재정상황을 알기가 어렵다. 이에 반해 재무회계는 일반회계, 지방공기업특별회계, 기타특별회계 및 기금을 통합한 통합재무제표를 작성하도록 하고 있다. 그러나 통합재무제표의 범위에는 지방공사 및 지방공단은 포함되지 않음을 유의해야 한다.

통합재무제표를 작성하는 절차는 먼저 개별 회계실체의 재무제표를 1차적으로 통합하여 유형별 회계실체의 재무제표를 작성한 후, 4개의 유형별 회계실체의 재무제표를 2차적으로 통합하여 통합재무제표를 작성하는 방법을 사용한다. [도표 13-4]는 통합재무제표의 작성절차를 보여준다.

[도표 13-4]
통합재무제표의
작성절차

개별 회계실체의 재무제표 작성 (예 : 토지구획정리사업 특별회계)	1차 통합 ➡	유형별 회계실체의 재무제표 작성 (예 : 기타특별회계)	2차 통합 ➡	통합 회계실체의 재무제표 작성 (예 : 4개 유형별 회계실체 전체)

(2) 내부거래의 제거

통합재무제표 작성에 있어서 중요한 문제는 지방자치단체의 개별 회계실체간 또는 유형별 회계실체간에 이루어지는 내부거래를 제거해야 하는 것이다. 회계실체간의 내부거래를 제거하지 않을 경우 지방자치단체의 자산과 부채, 수익과 비용 등이 부풀려져 보고되기 때문에, 내부거래를 상계처리해서 순액으로 표시해야 한다.

예제 13-1 내부거래의 예

① 일반회계에서 기타특별회계로 100억원을 예탁하고, 기타특별회계는 이를 예수금으로 처리하였다.

② 회계기말에 각 회계별 자산과 부채는 다음과 같다. 이에 의해 각 회계를 단순히 합산하여 재정상태표를 작성한다.

〈일반회계〉

자 산	1,000억원	부 채	700억원

〈기타특별회계〉

자 산	300억원	부 채	150억원

③ 내부거래인 예탁금과 예수금을 상계하여 재정상태표를 작성한다.

풀이

① 〈일반회계〉

(차) 예 탁 금	100억원	(대) 현금과예금	100억원

〈기타특별회계〉

(차) 현금과예금	100억원	(대) 예 수 금	100억원

②

합산재정상태표

자산총계	1,300억원	부채총계	850억원
		순자산총계	450억원

③ 〈내부거래 상계〉

(차) 예 수 금	100억원	(대) 예 탁 금	100억원

통합재정상태표

자산총계	1,200억원	부채총계	750억원
		순자산총계	450억원

앞의 예에서 본 내부거래 상계는 회계장부에서 하는 것이 아니고 다열식(multicolumn) 통합재무제표 양식에 있는 '내부거래'에서 하는 것이다.

내부거래는 회계의 성격에 따라 채권 · 채무거래, 수익 · 비용거래 및 출자 · 자본거래로 구분한다. 채권 · 채무거래는 융자금과 차입금, 예탁금과 예수금과 같이 한 회계실체는 자산이 증가하고 상대 회계실체는 부채가 증가하는 거래로서 자산과 부채를 상계하게 된다.

수익·비용거래는 이자수익과 이자비용 또는 전입금수익과 전출금비용처럼 한 회계실체는 수익이 발생하고 상대 회계실체는 비용이 발생하는 경우로서 수익과 비용을 상계하게 된다.

출자·자본거래는 한 회계실체는 자본전출금(자산)으로 기록하고 상대 회계실체는 자본금의 증가로 기록하는데, 일반회계에서 공기업[2]으로 자본전출금을 지급하는 경우가 이에 해당된다. 이때 자본전출금과 자본금은 내부거래이므로 상계처리한다. 그러나 공기업경상전출금의 경우에 현금을 지출한 일반회계는 전출금비용으로, 현금을 받은 공기업은 전입금수익으로 회계처리하며 통합시에 상계처리한다. [도표 13-5]는 내부거래의 예를 종합하고 있다.

[도표 13-5]
내부거래의 예

구 분	세 입	세 출
채권·채무 거래	(차) 현금과예금 (대) 장기차입금	(차) 장기융자금 (대) 현금과예금
수익·비용 거래	(차) 현금과예금 (대) 전입금수익	(차) 전출금비용 (대) 현금과예금
	(차) 현금과예금 (대) 이 자 수 익	(차) 이 자 비 용 (대) 현금과예금
출자·자본 거래	(차) 현금과예금 (대) 자 본 금	(차) 공기업특별회계 자본전출금 (대) 현금과예금

(3) 통합재무제표의 작성

재무제표는 지방자치단체의 재정상황을 표시하는 가장 중요한 재무회계 결산서로서 재정상태표, 재정운영표, 순자산변동표, 주석, 필수보충정보 및 부속명세서로 구성된다. 통합재무제표는 유형별 회계실체인 일반회계, 기타특별회계, 기금회계 및 지방공기업특별회계의 재무제표를 통합하여 작성한다.

통합이란 회계실체간의 내부거래를 상계한 다음 통합하는 것을 말한다. [도표 13-6]은 다열식 재정상태표의 통합방식을 보여준다.

2) 여기서 공기업은 지방공기업특별회계의 회계실체인 '지방자치단체의 상·하수도 사업소'를 의미하며, 지방공공기관인 공사, 공단, 출자 및 출연 기관 등은 지방자치단체 통합재무보고 대상에 포함되지 않는다.

[도표 13-6]
다열식
재정상태표의 예

과 목	일반회계	기타 특별회계	기금회계	지방공기업 특별회계	내부거래	계
… 예탁금 …	10,000	5,000	3,000	1,000	2,000	17,000

표에서 보듯이, 예탁금이라는 과목에 대해서 일반회계, 기타특별회계 등 유형별 회계실체의 예탁금을 합산하고 유형별 회계실체간의 내부거래를 제거한 후의 금액으로 재정상태표에 표시되는 것을 알 수 있다.

지방자치단체의 통합재무제표를 작성하기 위해서는, 각 유형별 회계실체에 속하는 개별 회계실체를 합산하여 유형별 회계실체의 재무제표를 먼저 작성해야 한다. 이때에 각 유형별 회계실체내의 개별 회계실체간의 내부거래를 제거한 후에 유형별 회계실체의 재무제표를 작성해야 한다.

지방회계기준은 재무제표를 당해 회계연도분과 직전 회계연도분을 비교하는 형식으로 작성하도록 규정하고 있다. 기간별 비교가능성을 확보하기 위해서는 계속성의 원칙이 지켜져야 하며 회계정책상의 변화 등 회계변경이 발생한 경우 그 내용을 주석으로 충분히 공시하도록 규정하고 있다.

2. 재무제표의 작성

(1) 재무제표의 구성

재무제표(financial statements)는 지방자치단체의 재정상황을 표시하는 중요한 요소로서 재정상태표, 재정운영표, 현금흐름표, 순자산변동표, 주석(註釋)으로 구성된다. 재무제표의 부속서류는 필수보충정보와 부속명세서로 한다.

(2) 재무제표 작성의 개관

결산보정분개가 끝난 후의 수정후시산표는 회계기말 현재 지방자치단체가 보유하는 모든 회계과목의 확정된 결산금액을 표시하는 것이다. 이 수정후시산표로부터 수익과 비용 항목을 정리하여 재정운영표를 작성하고, 자산・부채・순자산 항목을 정리하여 재정상태표를 작성한다. 이 작성 작업은 전산시스템에 의해 자동적으로 이루어진다. 또한 순자산변동표 역시 해당 항목을 전산시스템이 정리하여 자동적으로 작성하도록 되어 있다.

(3) 주석의 작성

지방자치단체의 재정상태나 운영실적, 기타 재무보고의 내용과 관련하여 설명이 필요한 사항은 재무제표의 주석으로 표시하게 된다. 지방회계기준은 다음과 같이 주석에 대해 규정하고 있다.

> 제41조(주석) ① 주석(註釋)은 정보이용자에게 충분한 회계정보를 제공하기 위하여 채택한 중요한 회계정책, 회계과목의 세부내역 및 재무제표에 중대한 영향을 미치는 사항을 설명한 것을 말한다.
> ② 이 규칙에서 규정한 주석(註釋)사항 외에 필요한 경우에는 다음 각 호의 사항을 주석(註釋)으로 공시한다.
> 1. 지방자치단체 회계실체간의 주요 거래내용
> 2. 삭제
> 3. 타인을 위하여 제공하고 있는 담보보증의 내용
> 4. 천재지변, 중대한 사고, 파업, 화재 등에 관한 내용과 결과
> 5. 채무부담행위 및 보증채무부담행위의 종류와 구체적 내용
> 6. 무상사용허가권이 주어진 기부채납자산의 세부내용
> 7. 그 밖의 사항으로서 재무제표에 중대한 영향을 미치는 사항과 재무제표의 이해를 위하여 필요한 사항

위 규정에서 보는 것처럼 주석은 재무제표를 작성하기 위한 주요한 회계정책 및 회계과목의 세부내역, 재무제표에 중대한 영향을 미치는 사항을 설명하는 것이다. 주석은 크게 필수적 주석사항과 보충적 주석사항으로 구분되며, 필수적 주석사항은 지방회계기준의 각 조항에서 공시를 하도록 규정한 사항을 말한다. 보충적 주석사항은 정보이용자의 이해를 돕기 위하여 지방자치단체의 판단에 따라 공시를 하는 것을 말한다. 주석은 재무제표의 해당 과목에 기호를 붙이고

동일한 기호에 대해 그 내용을 간결하게 표시하는 방식으로 작성한다.

(4) 필수보충정보의 작성

재무제표에 대한 주석이나 부속명세서 이외에 지방자치단체의 재정상태와 재정운영에 관한 의사결정을 위해 추가적으로 제공되는 정보를 보충정보라고 한다. 이 가운데 반드시 공표하는 것이 요구되는 사항을 필수보충정보(RSI : Required Supplementary Information)라고 하여 지방회계기준 제42조에서 다음과 같이 규정하고 있다.

> 제42조(필수보충정보) ① 필수보충정보는 재무제표의 내용을 보완하고 이해를 돕기 위하여 필수적으로 제공되어야 하는 정보를 말한다.
> ② 필수보충정보는 다음 각 호의 정보를 말한다.
> 1. 예산결산요약표
> 2. 별지 제5호서식에 따른 지방자치단체의 성질별 재정운영표
> 2의2. 별지 제6호서식에 따른 일반회계의 재정운영표
> 2의3. 별지 제7호서식에 따른 개별 회계실체(일반회계는 제외한다)의 재정운영표
> 3. 관리책임자산
> 4. 예산회계와 재무회계의 차이에 대한 명세서
> 5. 그 밖에 재무제표에는 반영되지 아니하였으나 중요하다고 판단되는 정보
> ③ 제2항의 예산결산요약표 및 예산회계와 재무회계의 차이에 대한 명세서는 예산결산이 완료된 후에 첨부할 수 있다.

대표적인 필수보충정보의 예로는, 현금주의에 의한 예산결산의 내역을 보여주는 "예산결산요약표"와 발생주의에 의한 재무회계결산의 차이로 인해 두 결산서상의 금액 차이와 조정내역을 표시하기 위한 "예산회계와 재무회계의 차이에 대한 명세서"가 있다. [도표 13-7]은 예산회계와 재무회계 차이명세서의 양식을 보여준다.

[도표 13-7]
예산회계와 재무회계의 차이에 대한 명세서

(단위 : 천원)

<table>
<tr><th colspan="2">구 분</th><th colspan="2">내 역</th><th>금 액</th></tr>
<tr><td colspan="2">예산회계</td><td colspan="2">세계잉여금</td><td></td></tr>
<tr><td colspan="2">발생주의조정 :</td><td colspan="2">조정액 계</td><td></td></tr>
<tr><td rowspan="19"></td><td rowspan="6">가산항목</td><td colspan="2">징수결정과 수납액 차이</td><td></td></tr>
<tr><td colspan="2">발생주의 기간수익</td><td></td></tr>
<tr><td colspan="2">지방채상환</td><td></td></tr>
<tr><td colspan="2">자산취득</td><td></td></tr>
<tr><td colspan="2">…</td><td></td></tr>
<tr><td colspan="2">소 계</td><td></td></tr>
<tr><td rowspan="13">차감항목</td><td rowspan="3">감가상각비</td><td>일반유형자산</td><td></td></tr>
<tr><td>주민편의시설</td><td></td></tr>
<tr><td>사회기반시설</td><td></td></tr>
<tr><td colspan="2">기타비유동자산상각비</td><td></td></tr>
<tr><td rowspan="3">대손상각비</td><td>지방세채권</td><td></td></tr>
<tr><td>세외수입채권</td><td></td></tr>
<tr><td>기 타</td><td></td></tr>
<tr><td colspan="2">퇴직급여</td><td></td></tr>
<tr><td colspan="2">발생주의 기간비용</td><td></td></tr>
<tr><td colspan="2">지방채수입</td><td></td></tr>
<tr><td colspan="2">자산매각</td><td></td></tr>
<tr><td colspan="2">…</td><td></td></tr>
<tr><td colspan="2">소 계</td><td></td></tr>
<tr><td colspan="2">재무회계</td><td colspan="2">재정운영결과</td><td></td></tr>
</table>

이 외에도 지방자치단체의 성질별 재정운영표, 일반회계의 재정운영표, 개별 회계실체(일반회계는 제외)의 재정운영표와 관리책임자산내역이 필수보충정보로 표시된다. 관리책임자산은 자산의 특성상 가치측정의 어려움 등으로 정부자산으로 인식하지 않는 문화재, 예술작품, 역사적 문건, 자연자원 등을 말하며, 그 종류와 수량 등을 필수보충정보로 공시해야 한다.

[도표 13-8]은 관리책임자산명세서 양식을 보여준다.

[도표 13-8]
관리책임자산명세서

구 분	내 역	자산명	금 액	관리부서	소유자	비 고
유산자산	유형문화재	○○백자		○○과	○○도	○○박물관
	무형문화재					
	기념물					
	민속자료					
천연자원	도립공원					
기타관리 책임자산						

※ 작성방법
① 금액 등의 내용은 해당 사항이 있는 자산에 대해서만 기재(외부로부터의 유상취득 등)
② 관리책임자산은 당해 지방자치단체의 자산에는 해당되지 않지만, 자산과 마찬가지로 계속적인 유지·관리가 필요한 자산을 말함
③ 관리책임자산에는 소유권은 없지만 관리상의 책임이 있는 재산, 비용으로 회계처리하였지만 계속적인 관리가 필요한 문화재와 박물관의 유물, 예술작품, 역사적 문건 등이 포함

(5) 부속명세서의 작성

부속명세서는 재무제표에 표시되는 재무회계과목에 대한 세부내역을 표시하는 명세서이다. 지방자치단체의 부속명세서는 지방정부회계의 특성을 반영하여 설정하고 있다. [도표 13-9]는 부속명세서의 종류예시를 보여주며, [도표 13-10]은 미수세금명세서 양식을 보여준다.

[도표 13-9]
부속명세서의 종류예시

구 분	부속명세서(기업회계에 준용)	정부회계 특성 반영
자산	유가증권명세서, 미수금명세서, 선급금명세서, 융자금명세서, 보증금명세서, 유형자산명세서, 재고자산명세서, 미수수익명세서, 선급비용명세서	재정자금명세서, 미수세금명세서, 사회기반시설명세서, 공유재산의 용도별명세서, 주민편의시설명세서
부채	차입금명세서, 미지급금명세서, 예수금명세서, 예수보증금명세서, 미지급비용명세서, 선수수익명세서, 퇴직급여충당부채명세서	지방채증권명세서
순자산	기부채납명세서	관리전환명세서, 순자산세부내역서
수익	자산임대료명세서, 사용료명세서, 수수료명세서	징수교부금명세서, 정부간이전수익명세서
비용	감가상각명세서, 퇴직급여명세서	연금부담금명세서, 정부간이전비용명세서
기타		회계실체별 재무제표

[도표 13-10]
미수세금명세서

회 계	구 분	예산과목	연도별	금 액	비 고
합 계					

※ 작성방법
① 구분 : "관리과목"을 기재(1103－01～1103－17)
② 예산과목 : 예산과목의 과목번호 및 과목명 기재
③ 연도별 : 미수세금별 연도별 구분 기재(예 : 2000년도⇒2000)

객관식 문제

1 지방자치단체의 재무제표에 속하지 않는 것은?

① 결산총평 ② 재정상태표
③ 재정운용표 ④ 순자산변동표

해답_①

재무제표는 재정상태표・재정운영표・순자산변동표・주석 등으로 구성된다.

2 회계연도 동안 회계실체가 수행한 사업의 원가와 회수된 원가정보를 포함한 재정운영결과를 나타내는 재무제표는?

① 재정상태표 ② 현금흐름표
③ 재정운영표 ④ 순자산변동표

해답_③

기업재무제표의 포괄손익계산서와 유사한 것이 지방자치단체회계의 재정운영표이다.

3 지방자치단체의 주석에 포함되지 않는 것은?

① 회계실체간의 주요 거래내용
② 타인을 위하여 제공하고 있는 담보보증의 내용
③ 채무부담행위 및 보증채무부담행위의 종류와 구체적인 내용
④ 예산회계와 재무회계의 차이에 대한 명세서

해답_④

예산회계와 재무회계의 차이에 대한 명세서는 필수보충정보이다.

4 지방자치단체 회계기준에 관한 규칙상의 필수보충정보에 해당되는 것은?

Ⅰ. 예산결산요약표 Ⅱ. 성질별 재정운영표 Ⅲ. 관리책임자산

① Ⅰ, Ⅱ ② Ⅰ, Ⅲ
③ Ⅱ, Ⅲ ④ Ⅰ, Ⅱ, Ⅲ

해답_④

필수보충정보는 예산결산요약표, 성질별 재정운영표, 일반회계의 재정운영표, 개별 회계실체(일반회계는 제외한다)의 재정운영표, 관리책임자산, 예산회계와 재무회계의 차이에 대한 명세서 및 그 밖에 재무제표에는 반영되지 아니하였으나 중요하다고 판단되는 정보를 포함한다.

5 당 회계연도중에 임차료 1,200만원을 지급하고 아래와 같이 회계처리하였다. 이 중 800만원은 다음 회계연도의 임차료인 경우, 당 회계연도말에 옳게 회계처리한 것은?

(차) 임 차 료	1,200만원	(대) 현금과예금	1,200만원

① (차) 임 차 료 400만원 (대) 현금과예금 400만원
② (차) 현금과예금 800만원 (대) 임 차 료 800만원
③ (차) 임 차 료 800만원 (대) 선급임차료 800만원
④ (차) 선급임차료 800만원 (대) 임 차 료 800만원

해답_④

당 회계연도중에 기록된 임차료 1,200만원을 수정하지 않으면, 당 회계연도의 임차료가 800만원 과대계상된다. 따라서 당 회계연도말에 임차료 800만원을 감소시키고, 다음 회계연도 임차료에 해당하는 선급임차료 800만원을 기록한다.

6 당 회계연도중에 재산임대료 600만원을 수납하고 아래와 같이 회계처리하였다. 이 중 400만원은 다음 회계연도의 재산임대료수익인 경우, 당 회계연도말에 옳게 회계처리한 것은?

(차) 현금과예금	600만원	(대) 재산임대료수익	600만원

① (차) 재산임대료수익 400만원 (대) 선수재산임대료수익 400만원
② (차) 선수재산임대료수익 400만원 (대) 재산임대료수익 400만원
③ (차) 현금과예금 200만원 (대) 재산임대료수익 200만원
④ (차) 재산임대료수익 400만원 (대) 현금과예금 400만원

해답_①

당 회계연도중에 기록된 재산임대료수익 600만원을 수정하지 않으면, 당 회계연도의 재산임대료수익이 400만원 과대계상된다. 따라서 당 회계연도말에 재산임대료수익을 400만원 감소시키고, 다음 회계연도 재산임대료수익에 해당하는 선수재산임대료수익 400만원을 기록한다.

7 차기 회계연도에 차입금이자비용 600만원을 현금으로 지급하는데, 이 중 당 회계연도에 해당하는 차입금이자비용은 200만원이다. 아직 기록되지 않은 당 회계연도분의 차입금이자비용을 당 회계연도말에 옳게 회계처리한 것은?

① (차) 차입금이자비용	200만원	(대) 현금과예금	200만원
② (차) 차입금이자비용	200만원	(대) 일반미지급비용	200만원
③ (차) 차입금이자비용	400만원	(대) 현금과예금	400만원
④ (차) 차입금이자비용	400만원	(대) 일반미지급비용	400만원

해답__②

당 회계연도분에 해당하는 차입금이자비용 200만원을 기록하지 않으면, 당 회계연도의 차입금이자비용(비용)과 일반미지급비용(부채)이 각각 200만원 과소계상된다. 따라서 당 회계연도말에 차입금이자비용의 차변과 일반미지급비용의 대변에 각각 200만원을 기록한다.

8 위의 문제 7에서, 차기 회계연도에 차입금이자비용 600만원을 현금으로 지급할 때의 회계처리로 올바른 것은? (단, 차기 회계연도초에 결산수정분개의 역분개인 기초재수정분개를 하지 않았다고 가정한다)

① (차) 일반미지급비용	600만원	(대) 현금과예금	600만원
② (차) 차입금이자비용	200만원	(대) 현금과예금	600만원
일반미지급비용	400만원		
③ (차) 차입금이자비용	400만원	(대) 현금과예금	600만원
일반미지급비용	200만원		
④ (차) 차입금이자비용	600만원	(대) 현금과예금	600만원

해답__③

차입금이자비용 600만원을 차기 회계연도에 현금으로 지급하였을 때, 현금과예금의 감소 600만원을 대변에 기록한다. 또한 차변에는 당기 회계연도말에 부채로 기록한 일반미지급비용 200만원이 감소하고, 차기 회계연도에 해당하는 차입금이자비용 400만원이 발생한 것을 기록한다.

9 차기 회계연도에 이자수익 600만원을 현금으로 수납하는데, 이 중 당 회계연도에 해당하는 이자수익은 200만원이다. 아직 기록되지 않은 당 회계연도분의 이자수익을 당 회계연도말에 옳게 회계처리한 것은?

① (차) 현금과예금 200만원 (대) 이 자 수 익 200만원

② (차) 이 자 수 익 200만원 (대) 현금과예금 200만원

③ (차) 미수이자수익 200만원 (대) 이 자 수 익 200만원

④ (차) 미수이자수익 400만원 (대) 이 자 수 익 400만원

해답_③

당 회계연도분에 해당하는 이자수익 200만원을 기록하지 않으면, 당 회계연도의 이자수익(수익)과 미수이자수익(자산)이 각각 200만원 과소계상된다. 따라서 당 회계연도말에 이자수익의 대변과 미수이자수익의 차변에 각각 200만원을 기록한다.

10 위의 문제 9에서, 차기 회계연도에 이자수익 600만원을 현금으로 수납할 때의 회계처리로 올바른 것은? (단, 차기 회계연도초에 결산수정분개의 역분개인 기초재수정분개를 하지 않았다고 가정한다)

① (차) 현금과예금 600만원 (대) 이 자 수 익 600만원

② (차) 현금과예금 200만원 (대) 이 자 수 익 600만원
미수이자수익 400만원

③ (차) 현금과예금 600만원 (대) 이 자 수 익 400만원
미수이자수익 200만원

④ (차) 현금과예금 600만원 (대) 이 자 수 익 200만원
미수이자수익 400만원

해답_③

이자수익 600만원을 차기 회계연도에 현금으로 수납하였을 때, 현금과예금의 증가 600만원을 차변에 기록한다. 또한 대변에는 당기 회계연도말에 자산으로 기록한 미수이자수익 200만원이 감소하고, 차기 회계연도에 해당하는 이자수익 400만원이 발생한 것을 기록한다.

찾아보기

윤 재 원

고려대학교(경영학박사)
지방자치단체 회계기준심의위원회 위원 역임
국가회계제도심의위원회 위원 역임
현, 홍익대학교 경영대학 교수
한국회계기준위원회 위원

개념을 알면 쉬운 재무회계(청람)
"국가재무제표의 활용성 제고방안에 관한 연구"(상업교육연구)
"발생주의 예산회계제도 도입의 유용성에 관한 연구"(세무와회계저널)

조 형 태

서울시립대학교(세무학박사)
한국공인회계사
삼일회계법인, PwC New York 근무
국가회계자문위원회 위원 역임
현, 홍익대학교 경영대학 부교수

"국가추정재무제표 작성방안에 대한 연구"(회계저널)
"공공기관 통합재무보고의 현황과 개선방안에 대한 연구"(회계저널)
"국가재무제표 유용성 제고를 위한 재정지표 개선방안 : 정보이용자 관점을 중심으로"(정부회계연구)

이 계 형

홍익대학교(경영학박사)
한국조세재정연구원 국가회계재정통계센터 근무
한국지방재정공제회 지방투자분석센터 수석연구위원
현, 한국지방재정공제회 지방회계통계본부 통계관리부장

"지방채 활성화를 위한 재무 보고 개선 방안 : 신용평가모델을 기반으로"(정부회계연구)
"지출준칙과 개인적 및 집단적 지출 관리 필요성에 대한 연구"(정부회계연구)

황 선 필

홍익대학교(경영학박사)
서울대학교 한국행정연구소 지속가능회계재정연구센터 근무
사단법인 재정성과연구원 근무
현, 순천향대학교 회계학과 조교수

IFRS 회계원리(신영사)
"지능정보사회의 공공부문 회계감사"(감사논집)
"공익법인회계기준 도입으로 인한 재무보고의 변화와 개선방안에 대한 연구"(정부회계연구)

국가 · 지방자치단체 **정부회계**

2025년 8월 20일 제1판 1쇄 인쇄
2025년 8월 25일 제1판 1쇄 발행

저 자 윤재원 · 조형태 · 이계형 · 황선필
발 행 인 권 영 섭
발 행 처 (주) 신 영 사

저자협의 인지생략

경기도 파주시 심학산로 12(출판문화단지)
등 록 : 1988. 5. 2 / 제406-1988-000020호
전 화 : 031-946-2894(代)
F A X : 031-946-0799
e-mail : sys28945@naver.com
홈페이지 : http://www.shinyoungsa.co.kr

정가 27,000원 ISBN 978-89-5501-900-1